다시개벽의 심학

동학학술총서 407

다시개벽의 심학

오문환 지음

다시개벽의 심학

머리말

동학을 연구하면서 어떤 인연인지 천도교의 마음공부도 시작하게 되었다. 천도교 영등포교구의 월산 김승복 선생님의 안내를 받게 되어 연구 대상에 불과하였던 동학·천도가 어느덧 삶의 중요한 일부가 된 것이다. 이렇게 되면 객관적 연구를 하지 못한다고 염려하시는 분들도 계시지만 동양학을 공부하다 보니 옛날 선비들은 대부분 마음공부를 기본 바탕에 깔고 학문과 생활을 둘로 여기지 않았던 사실을 알게 되었다. 배운 것을 실천한다고 해서 객관적인 연구를 못 한다는 것은 학문에 대한 일종의 선입견적 입장일 뿐이다. 나 개인으로서는 지행합일이라는 동양적 입장이 좀더 매력적으로 다가왔다. 안타깝게도 동양학의 지행합일적 전통은 원만하게 전승되지 못하고 단절의 아픔을 경험하였다. 이러한 상황에서 동학·천도를 연구하면서 마음공부도 하게 된 것은 지금 생각하면 개인적으로 무척이나 다행스러운 일이다. 수행을 통한 체득體得과 심득心得은 연구에 적지 않은 도움이 되기 때문이다.

책의 머리말을 학문과 수행의 이야기로 시작하는 이유는 독자들의 이해를 구하기 위함이다. 이 책은 학술지에 발표했던 논문들과 천도교 교양지에 발표했던 에세이들을 한데 모았기 때문에 다소 당혹스러울 수도 있을 것이다. 논리적이기보다는 직관적이며, 객관적이기보다는 주관적인 언설들을 너른 마음으로 이해해 주면 고마울 것 같다. 구태여 성격이 다른 글들을 하나로 엮은 이유는 동학의 성격과도 무관하지 않다.

아시다시피 동학·천도교를 창시한 수운 최제우는 만권시서萬卷詩書라고 하는 견문과 독서보다 주문 수행을 강조했다. 해월 최시형은 수도에서는 신분·지식·재산보다 정성이라는 수행이 더욱 중요하다고 하였다. 의암 손병희의 다음 시는 의미심장하다.

"군자는 앎이 없으나 알지 못하는 것이 없고,
소인은 앎이 있으나 알지 못하는 것이 있느니라."
(君子無知不知無 小人有知不知有)

그 뜻을 풀어 보자면 수행을 통하여 일체의 지식으로부터 마음이 자유로워져 완전히 빈 상태가 되었을 때 비로소 모르는 것이 없는 만사지萬事知에 이르게 된다는 것이다. 여기에서 동학·천도에서는 학學보다는 수도修道가 강조되고 있음을 볼 수 있다.

동학 연구자들이 일반적으로 정치사회적 운동의 맥락에서 이해하는 '후천개벽' 또는 '다시개벽'을, 이 책에서는 마음공부(心學)의 측면을 강조하고자 하였다. 인간 변혁의 심학적 성격은 지금까지 잘 조명되지 않았다.

책은 세 개의 부로 구성하였다.

제1부에는 다시개벽을 새로운 마음의 탄생이라는 시각에서 다룬 글들을 실었다. 천심·도심·본심·양심 등으로 불리는 새로운 마음을 다시 여는 심학으로 동학·천도교를 재조명한 글들이다. 대상 세계가 아닌 주관의 마음이 바뀌는 문제이므로 체험적인 성격이 강할 수밖에 없다.

제2부는 다시개벽을 새로운 생활양식의 맥락에서 접근한 글들이다. 동학이 제시하는 전범적인 생활양식을 해월의 삶에서 살펴보고, 사회적 삶은 생명과 평화의 개념으로 다루었으며, 생활을 안내하는 도덕·윤리적 특징은 칸트와 비교하면서 규명해 보는 글을 실었다. 생활 속의 도덕 실천이라는 동학의 특성을 느낄 수 있을 것이다.

제3부는 다시개벽이 지향하는 공동체적 삶을 현재 남북의 정치 이념을 비판하는 방식으로 그려 보고 있다. 동학에서 남북이 공감할 수 있는 통일 철학의 가능성을 찾는다는 취지로 남북 간에 가장 일반적으로 이해되고 있는 생각의 차이인 의식-물질의 이원성과 개인-계급의 이원성을 해소시켜 보고자 하였다.

다시개벽은 문명적 대전환을 예고하는 성격이 강하다. 이 점에 대해서는 제1부의 팔절을 분석하는 글에서 짤막하게 다루었다. 실상 동학의 다시개벽 또는 후천개벽을 '정신문명', '위험사회', '문명충돌' 등의 현대적 담론들과 토론하고 싶었지만 이후의 과제로 미루어야 할 것 같다. 이 책에서는 생명 위기에 대한 거대담론보다 마음공부를 통한 도덕 실천에 초점을 맞췄기 때문이다.

학술지에 발표되었던 글들은 모두 세 분 이상의 토론을 거쳐서

게재되었던 글이다. 투고된 글을 읽고 좋은 토론을 해 주셨던 익명의 선생님들께 이 자리를 빌어서 감사드린다.

끝으로 이 책을 출간해 주신 〈도서출판 모시는사람들〉의 박길수 대표님과 편집과 디자인을 맡아 주신 이주향 님께도 감사드린다.

2006.1
오문환

다시개벽의 심학

차 례

머리말

제1부 마음의 다시개벽: 하늘 마음

제1장 수운의 다시개벽의 심학 / 15
1. 시원과 본체 탐구 / 15
2. 참사람의 뜻: 천황씨 운의 회복 / 23
3. 심학과 교육: 수심정기 / 31
4. 도덕 문명 공동체: 지상천국 / 41
5. 모든 것이 새로워짐 / 52

제2장 활발하면서도 고요한 마음 / 57
1. 도와 학 / 57
2. 기운공부 / 61
3. 성품공부 / 72
4. 하나로 돌아감 / 82

제3장 천도와 인도: 팔절 분석을 중심으로 / 89
1. 예고된 개벽 / 89

2. 밝음과 정성 / 92

3. 하늘의 덕과 공경 / 95

4. 하늘의 명령과 두려움 / 102

5. 하늘길과 마음 / 108

6. 다가오는 개벽 / 114

제2부 생활의 다시개벽: 도덕적 삶

제4장 해월의 믿음·공경·정성의 삶 / 121

1. 사람의 길 / 121

2. 믿음, 공경 그리고 정성의 생활 / 123

3. 생활의 길 / 137

제5장 동학·천도교의 생명·평화 사상 / 141

1. 생명을 보는 눈 / 141

2. 생명의 실상을 그려낸 글 / 146

3. 생명의 중심: 적정 / 151

4. 생명의 활동: 활발 / 160

5. 생명의 완성: 평화 / 174

제6장 동학과 칸트의 도덕론 비교 / 179

1. 근대적 주체와 도덕 / 179

2. 도덕의 선험성:

'선한 자유의지'와 '내 마음이 네 마음이다' / 184
　　3. 도덕 실천론: 도덕법과 사인여천 / 197
　　4. 영구 평화와 개벽 / 211

제3부 공동체의 다시개벽: 통일 철학

제7장 동학·천도교의 통일 철학:
　　　개체성과 계급성 비판 / 217
　　1. 통일 철학으로서의 동학 / 217
　　2. 개체성 비판과 영적 주체 / 221
　　3. 계급성 비판과 우주적 공동체 / 229
　　4. 동귀일체 / 238

제8장 동학에서 찾아 본 통일 철학 / 243
　　1. 새로운 생각 / 243
　　2. 신과 자연 / 245
　　3. 개인과 인민 / 251
　　4. 하나로 돌아감 / 256

참고문헌 / 259
찾아보기 / 263

제1부 마음의 다시개벽

제1장 수운의 다시개벽의 심학

제2장 활발하면서도 고요한 마음

제3장 천도와 인도: 팔절 분석을 중심으로

제1장 수운의 다시개벽의 심학*

1. 시원과 본체 탐구

　근본을 생각할 때 우리 생각은 대개 시원始原으로 치닫는다. 그러나 시원을 알기는 매우 어렵다. 왜냐하면 지금·여기에 매여 있는 의식으로는 시원에 이르지 못하기 때문이다. 그렇기 때문에 시원을 찾는 의식은 언제나 미궁에 빠져들곤 한다. 그러나 시원에 이르는 길이 없는 것은 아니다. 지금·여기로부터 의식이 자유롭게 되면 시원에 이를 수 있다. 예로부터 많은 성인과 현철은 시공간을 넘어서는 마음을 탐구해 왔다. 시공간 안에 존재하는 모든 것들은 왔다가 사라져 간다. 오직 시공간을 넘어선 마음만이 그 처음과 끝을 올바르게 바라볼 수 있다. 그렇지만 시공간을 넘어선 마음은 시공간에 매인 마음과 소통하기가 매우 어렵다. 그래서 성인의 마음과 말을 이해하기는 쉽지 않다. 시공간을 넘어선 언행을 시공간

---

* 이 글은 〈사단법인 한국민족종교협의회〉가 주최한 〈민족전통정신문화와 정신개벽-2004 민족종교 정신문화 제4차 정기학술강좌〉(2004년 4월 23일, 세종문화회관 컨퍼런스홀 4층)에서 발표한 글을 수정·보완한 것임. 이후 한국민족종교협의회 편,『민족종교의 개벽사상과 한국의 미래』, 한국민족종교협의회, 2004에 게재되었다.

의 언어로 이해하기 어렵기 때문에, 경전 연구에서는 초월적 측면 연구와 시공간의 역사학적·사회정치학적 입장이 상충되곤 하였다. 대부분의 종교 경전을 두고서 벌어지는 양자의 견해는 쉽게 통합하기 어렵다.

인도의 우파니샤드는 우주는 '옴AUM'이라는 소리로 꽉 차 있다고 말한다. 따라서 옴의 비밀에 이르면 우주의 모든 비밀을 알게 된다고 한다. 옴AUM에서 '아A'는 탄생을, '우U'는 지속을, '음M'은 파멸을 뜻한다. 이에 따르면 우주는 과거 어느 시점에 태어나서 현재를 지나 미래 어느 시점에 종말을 하는 것이 아니라, 탄생·유지·괴멸의 동시 사건이다. 즉, 지금 우주는 끊임없이 탄생하고, 유지되고, 괴멸하고 있다. 그러므로 지금·여기에 온전히 충실할 수만 있다면, 우리는 시원을 찾아서 과거로 소급하거나 내일을 찾아서 미래로 여행할 필요 없이 현재 속에서 과거와 미래를 모두 찾을 수 있다. 현재 안에 들어 있는 시원과 종말을 보기 위해서는 마음이 일체의 장애물로부터 해방되어, 오직 현재에 온전히 집중하여, 그 중심에 이르러 멈추어야 한다고 주장한다.

우주 근본에 대한 시간적 사유가 시원에 집착한다면, 공간적 사유는 우주 본체 또는 중심에 집중한다. 과학자는 물질의 중심을 천착하고 심학자心學者는 마음의 중심을 탐색한다.

우주 만물을 이루어낸 근본적인 핵심 물질이 무엇인가를 깊이 사유하고 분석한 결과, 현대 물리학은 물질의 핵을 분석하면 일정한 패턴을 가진 소립자의 세계가 나타난다는 사실을 증명하기에 이르렀다. 그렇지만 그 소립자들은 더 이상 원자의 핵처럼 딱딱한 어떤 실체가 아니라 물렁물렁한 추상적인 에너지 패턴이라는 사실이 밝혀졌다. 그러므로 소립자의 이름들도 추상적이다. 물질을 이루는 근원 요소가 일종의 에너지 패턴이라면 그 에너지는 어디로부터 왔을까?

과학 탐구는 아직까지 소립자라는 에너지 패턴을 넘어서지 못하고 있다. 과학 이성은 관찰 가능한 대상을 넘어서는 그 어떤 것도 잡아 내지 못하기 때문이다.

비유로 말하자면, 과학이라는 잠자리채는 잠자리를 잡는 데만 유용하지 결코 공기나 물을 잡을 수는 없다. 과학 이성의 그물망은 소립자라는 에너지 패턴 넘어서까지를 잡으려고 하지만, 그 망이 너무나 성글어 물질의 근본 본체는 잠자리채를 빠져 나가는 공기나 물처럼 빠져 버리기 때문에 잡을 수가 없는 것이다. 소립자를 이루는 근본 본체가 무엇인지를 파악하기 위해서는 또 다른 방법이 필요하다. 보이지는 않지만 엄연히 존재하는 마음을 연구하는 심학자들은 모든 것을 잡아 낼 수 있는 의식에 관심을 집중하여 나름대로의 경지를 개척하였다. 동양은 서양보다 이러한 마음 연구에 깊이 천착하였다. 그렇기 때문에 대만의 모종삼 교수는 동양의 언어는 기본적으로 '마음 경계의 언어'라고 말한다.

이 영역은 더 이상 과학자의 연구 대상이 아니며 합리적 이성 영역만도 아니다. 이런 의미에서 영적 과학 또는 영적 철학 영역이라 부를 수도 있겠다. 물론 이러한 개념은 스스로 모순되는 개념이다. 왜냐하면 어떤 경우에도 대상화되지 않는 영성을 대상화하려 하고, 어떤 경우에도 논리화될 수 없는 영성을 논리화하려는 시도들이기 때문이다. 노자의 표현처럼, 아는 자는 말하지 않는다. 글이나 말 또는 생각으로 표현할 수 없는 경계에 이르렀을 때 우리는 비로소 겸손이라는 미덕을 생각한다. 그러므로 겸손은 동양의 아름다운 풍속이다.

시공간 차원에 매여 있는 의식으로는 시원과 본체의 문제를 이해할 수 없다고 한다면, 우리는 영원히 시원·태초·근본·본체, 중심의 문제를 풀 수 없을 것이다. 인간의 의식이 시공간을 넘어설 수 없고 근본적 문제를 이해할 수 없다면 너무 절망적이다.

그러나 그 절망의 벽을 넘어선 사람들이 있었다. 그 덕분에 우리는 시공간을 넘어서는 초의식, 영적 의식 등을 말하고 천심天心, 도심道心, 본성本性, 본심本心, 붓디Bhuddi 등을 이야기하게 되었다. 만약 이런 의식이 없다면 궁극의 실체나 궁극의 기운에 대하여 말하지 못했을 것이다. 물론 말로 한다고 해서 그 궁극의 자리를 제대로 표현해 낼 수 있다는 뜻은 아니다. 지구를 보기 위해서는 인공위성을 타고 지구를 바라볼 수 있는 위치에 이르러야 하고, 세포를 보기 위해서는 현미경을 이용해야 하는 것과 마찬가지로, 시간과 공간을 넘어서는 궁극의 시원 또는 중심을 알기 위해서는 시간과 공간을 초월하여 '바라보는 마음'을 갖추어야 한다. 그렇지 못하면 그 실상을 우리는 영원히 알 수 없을 것이다. 이는 매우 어려운 문제이다. 왜냐하면 내 마음이 바로 그렇게 되어야 하기 때문이다.

개벽은 시원의 문제이며, 근본의 문제이며, 본체의 문제이며 중심의 문제이다. 시원·근본·본체·중심이 열리는 것이 개벽이기 때문에, 우리는 시공간에 매인 의식을 가지고 시공간을 초월한 경계를 말해야 하는 어려움에 처하게 된다. 말할 수 없는 것을 말해야만 하는 곤란한 처지를 경험해 본 사람은 개벽을 말한다는 것이 어떤 의미인지를 쉽게 추론할 수 있다. 그러므로 동학에서는 일찍이 크게 한번 열리지 않고서는[1] 보이지 않고 알 수 없는 세계를 느끼거나, 생각하거나, 말하거나, 행할 수 없다고 했다. 이 글은 이렇게 보이지 않는 세계를[2] 보이는 생각이나 글로써 그려 내려는, 외견상으로 볼 때 실패할 수밖에 없는 일을 하려고 한다. 비록 시원이나 본체를 그려 내지는 못하더라도 이 글은 시원이나 본체의 흔적이나 그림자는 잡아 낼 수 있을 것이다. 글이나 말 또는 생각은 어차피 그림자일 수밖에 없다고 한다면, 생각이나 말 또는 글로써 그 시원과 본체를 잡아 내지 못한다고 슬퍼할 이유가 없다.

개벽이란 우주 최초의 탄생을 뜻한다. 동양학에서 대개 하늘이 열리는 것을 개開라 하고 땅이 열리는 것을 벽闢이라 한다.[3]

---

1 해월, 「천지이기」, "確徹大悟然後 能睹此玄妙之理也."
　수운 저작의 경우는 『東經大全』과 『용담유사』 癸未版을 저본으로 한다. 본 문헌은 韓國學文獻研究所 編, 1979, 『東學思想資料集』 壹·貳·參, 亞細亞文化社 에 영인되어 있다. 해월의 저술은 「內修道文」, 「內則」, 「遺訓」이 있으며 서울대 중앙도서관 奎章閣圖書 문서번호 17295 東學書 30책에 실려 있다. 愼鏞廈가 『韓國學報』12(1978), 198-202쪽에 전재하고 해설을 붙였다. 해월의 말을 孫天民이 한자로 옮긴 「理氣大全」도 해월의 저서이다. 『韓國學報』21(1980), 150-155쪽. 해월의 언설은 天道教史編纂委員會, 1981, 『天道教百年略史』, 未來文化社와 李敦化, 1970, 『天道教創建史(影印本)』, 景仁文化社에 시기별로 정리되어 있다. 의암의 저작은 崔起榮·朴孟洙 編, 1977, 『韓末天道教資料集』1·2에 잘 정리되어 있으나 여기 실린 글 가운데 「準備時代」 같은 경우는 의암 저작이 아닌 것으로 천도교에서는 보고 있으며, 의암 저술들 중 여기에 실리지 않은 글들도 있다. 이 글에서는 수운, 해월, 의암의 저작들을 이들 문서를 토대로 천도교중앙총부에서 펴낸 『天道教經典』 포덕138년(1998)판을 참고한다. 인용 출처는 호와 편명만 표기한다.
2 수운은 「용담가」에서 그 경지를 "천은이 망극하여 경신사월 초오일에 글로 어찌 기록하며 말로 어찌 성언할까 만고 없는 무극대도 여몽여각 득도로다."라고 하여 그 경지를 분명히 하였다.

개벽은 하늘과 땅이 갈라지는 처음의 시작을 일컫는 말이다. 하늘과 땅이 갈라지기 이전은(未判) 오직 하나만 있을 따름이다. 하나만 있다는 것은 없다는 말과 똑같다. 하나라는 것은 일체 활동이 없다는 뜻이며 하나가 된다는 것은 일체 활동을 멈추는 것이다. 생각도 멈추고, 말도 멈추고, 행동도 멈춘다. 오직 고요할 뿐이다. 여기(無)에서 처음으로 시작되는 것을 일컬어 개벽이라 한다. 비록 신이 전지전능全知全能하지만 하나만 있는 상태에서는 아무 것도 할 일이 없다. 볼 수 있지만 볼 것이 없고, 들을 수 있지만 들을 것도 없고, 느낄 수 있지만 느낄 것도 없고, 할 수 있지만 할 것이 없다. 왜냐하면 모두가 하나이기 때문이다. 세상의 파노라마도 없고 다양한 놀이도 없다. 오직 공공적적하고 고요하여 일체 움직임이 없는 것이다. 이러한 상태에서 처음으로 시작하는 것을 천지개벽天地開闢이라 하였다. 개벽으로 말미암아 다양한 우주 만물이 탄생한 것이다. 개벽을 이해하려면 하늘과 땅이 열리기 이전의 마음이 필요하다. 이미 하늘땅이 열린 지금·여기에서 하늘땅이 열리기 이전의 경지로 들어가는 것을 '다시개벽' 또는 '후천개벽'이라 한다. '다시개벽' 또는 '후천개벽'은 동학의 독특한 표현이다.

 수운은 1860년 4월 5일 하늘과 땅이 열리기 이전의 본래 마음을 깨달았다고 한다. 하늘이나 땅에 매이지 않는 마음을 우리는 흔히 '하늘 마음'이라고 하는데, 그때 이 마음이 열렸다는 것이다. 수운은 천주로부터 '내 마음이 네 마음(吾心卽汝心)'이라는 말과 '귀신이라는 것도 나니라.'는 말을 들을 때[4], 태초의 또는 근본의 마음이

---

3 黃元吉 註解, 中華民國五十七年, 『道德經精義』, 臺灣: 自由出版社, 104-5쪽.

곧 활동하는 자기 마음과 똑같다는 사실을 깨달아 '사람이 곧 하늘'이라는 가르침을 폈다. 하늘과 땅이 열려(開闢) 우주의 처음이 열렸듯이, 경신년의 체험을 하고 나서 수운은 자기 마음이 하늘과 같아지고 땅과 같아져서 새로운 사람이 되었음을 선언한다. 마음이 하늘과 같아졌다는 것은 고요하고 끝이 없기가 하늘과 같다는 것이고, 땅과 같아졌다는 것은 마음이 무궁한 창조와 변화의 힘을 운영하는 중심이라는 뜻이다. 다양성을 뜻하는 땅을 만들어 내는 주체를 흔히 '귀신'이라고 불렀다. 그러므로 '귀신이라는 것도 나니라.'는 하늘의 말씀은 우주 만물을 창조·변화시키는, 활동하는 마음도 하늘 마음이라는 뜻이다. 이렇듯 내 마음이 하늘처럼 고요하면서도 땅처럼 무궁한 조화를 운용하는 진리를 아는 것을 수운은 '다시개벽' 또는 '후천개벽'이라고 하였다. 그러므로 '다시개벽'이나 '후천개벽'이란 무엇보다도 먼저 깨달음임을 알 수 있다.

 천주가 하늘과 땅을 열어 우주의 처음을 열었듯이, 수운은 자신의 마음으로 하늘과 땅을 새롭게 열었기 때문에 '다시개벽'과 '후천개벽'을 선언하였다. 하늘과 땅이 다시 열렸으니 후천이다. 수운의 깨달음과 함께 새 역사가 시작되었기 때문에 인류 전체가 새 도덕과 새 문명의 시대로 접어들게 되었음을 뜻한다. 따라서 '후천개벽'은 새로운 우주 기운과 짝을 이루어 나간다. 수운은 이를 '여세동귀與世同歸'[5]라 하였다. '다시개벽' 또는 '후천개벽'의 우주적 맥락을 뜻한다.

---

4 수운, 「논학문」.
5 수운, 「논학문」.

이 글에서 수운의 '다시개벽'을 세 가지로 분석해 보려고 한다. 첫째, 다시개벽은 참사람이 된다는 뜻을 가지고 있다는 점을 분석한다. 둘째, 다시개벽은 마음이 하늘에 통하여 무극대도를 깨닫고 땅의 덕에 합하여 무위이화하는 마음공부이자 종교이며 근본 교육이라는 점을 분석할 것이다. 마지막으로 다시개벽은 개체 수준에서의 근본적 열림이지만, 동시에 우주적·사회적 맥락에서의 도덕 문명과 도덕 정치를 연다는 의미를 가지고 있음을 분석할 것이다. 지금까지 개벽은 정치적 맥락, 역학易學적 맥락, 심학적 맥락에서 주로 논의되었으나[6] 수운의 다시개벽은 이 모든 이해들을 관통하고 있음을 분석하여 하나로 종합할 것이다.

동학의 '다시개벽' 사상을 상징적으로 보여 주는 개념이 천황씨天皇氏이다. 천황씨는 동양 문명의 시조로 일컬어진다. 문명이 천황씨로부터 시작되었다는 것이다. 그러면 천황씨는 어떻게 하여 문명을 열 수 있었는가?

---

[6] 수운의 '다시개벽'은 19세기 말 다양한 종교 분파에서 다양하게 이해되고 실천되었다. 가령 천도교는 의암 이후 정치적 맥락에서 도덕 정치 실현을 다시개벽의 중대한 사업으로 보았다. 강일순의 증산 계열은 주로 역학적 맥락에서 우주적 차원의 근본적 변화를 다시개벽으로 보아 결정론적·예언적 성격이 강하다. 소태산 박중빈의 원불교는 주로 심학적 차원에서의 '인심개벽'을 강조하였다. 그러나 동학·천도교에는 세 가지 성격이 통합되어 있다.

2. 참사람의 뜻: 천황씨 운의 회복

'다시개벽'은 참사람이 되는 길이다. '다시개벽'은 인간됨의 길이며 철학이다. 참사람이 된다는 뜻은 무엇인가? 수운의 천황씨 논의에서 우리는 사람됨의 뜻을 명료하게 찾아낼 수 있다. 뿐만 아니라 '다시개벽'이 곧 참된 사람이 됨을 뜻함도 알 수 있다. 먼저 처음 사람이었다고 하는 천황씨의 운을 수운이 다시 회복하였다는 것이 무슨 뜻인지를 살펴보자.

수운은 「불연기연」에서 천황씨를 자세하게 다룬다. 수운은 「불연기연」에서 천황씨는 어떻게 하여 아버지 없는 처음 사람이 되었으며 어떻게 그것이 가능한가를 묻는다. 천황씨는 과연 어떻게 아버지 없는 최초의 아버지가 되었는가? 이 문제는 쉽게 대답하기 어려운 종교적 질문이지만, 수운은 이 질문에 간단명료하게 비유적으로 대답한다.

수운은 '갓난아기는 배움이나 지식이 없이 어머니를 아는데 어찌하여 그러한가.'[7]라고 질문한다. 태어나면서부터 알았다고 해도 대답은 되고, 저절로 알았다고 해도 대답은 되지만 흔쾌하지 않다. 나면서부터 알았다는(生而知之) 것은 유가식 표현이며, 저절로 알았다는 것은(無爲而化) 노장식 표현이다. 어찌되었든 갓난아기는 포태 중에 어머님과 하나였기 때문에 나자마자 어머니를 저절로 안다고 할 수 있다. 그러므로 유가의 표현처럼 나면서부터 그냥 아는 것이

---

7 수운, 「불연기연」.

고, 노장의 표현처럼 자연스럽게 저절로 아는 것이다. 유가나 도가는 실상은 같은 사실을 달리 표현한 것에 불과하다.

태아는 어머니가 먹는 것을 먹고, 어머니가 움직이는 대로 움직이고, 어머니가 생각하는 대로 생각한다. 어머니와 태아는 탯줄로 하나로 이어져 있기 때문이다. 어머니와 태아는 하나인 것이다. 천주와 사람의 관계도 이와 같다고 할 수 있다. 그렇게 보면 사람이 자신이 곧 천주라는 사실을 아는 것은 갓난아기가 어머니를 아는 것과 똑같다. 그렇지만 세상 사람은 이 사실을 알지 못했는데, 수운에 의하면 천황씨가 처음으로 이 사실을 알아 최초의 사람이 되었다. 천황씨는 최초의 사람이 되어 동물의 삶을 청산하고 인간의 생활양식과 정치 공동체를 이루어 선천 문명을 열었다. 이후 사람들이 이 사실을 잊고 있었는데, 수운이 다시 사람이 곧 하늘이라는 사실을 자각하였다.

해월은 수운을 '천황씨'에 비유하는데[8] 그것은 수운 스스로 자신이 곧 천주임을 깨달아 새로운 도덕과 문명을 형성하는 주춧돌을 놓았기 때문이다. '자기 자신이 곧 하늘이다.'라는 진리를 수운이 비로소 밝게 깨달았다는 것이다. 그러므로 동학의 핵심은 자기 하늘을 자신이 깨닫는 것이다. 수운은 「팔절八節」로 이 점을 명료하게 설명하였다.

팔절은 '명덕명도성경외심明德命道誠敬畏心'이라는 동양 사상의 핵심 개념들을 풀이한 글이다. 수운은 "밝음이 있는 바를 알지 못하거든 멀리 구하지 말고 나를 닦으라."[9]고 하여, 진리의 등불은 밖에

---

8 해월,「개벽운수」, "運則 天皇氏始創之運也."

있는 것이 아니라 자신 안에 있음을 분명히 하였다. 천주는 옥경대나 하늘나라에 있는 것이 아니라, 내 자신 가장 깊은 곳에 고이 모시고 있다(侍天主)는 것이다. 천황씨도 수운도 이 사실을 한 올 터럭만큼의 의심도 없이 확연히 깨달아 각각 선천과 후천 문명을 여는 시조가 되었다는 것이다. 그러므로 '다시개벽'은 내가 나를 아는 것이다. 내가 곧 천주임을 아는 것이다. 그러므로 「후팔절」에서 수운은 "도가 있는 바를 알지 못하거든 내가 나 된 것이요 다른 것이 아니니라."[10]고 하였다.

깨달음을 찾아서 높은 산과 깊은 숲을 헤맬 아무런 이유가 없는 것이다. 뿐만 아니라 도를 찾아, 스승을 찾아서 여기저기를 기웃거릴 필요도 없는 것이다. 오로지 자기 안에 간직된 '본래의 나'를 찾으면 된다. 실상을 알고 보면 다양한 종교, 다양한 철학, 다양한 스승들의 본모습은 오직 하나의 천주가 다양하게 드러난 모습일 따름이다. 이를 아는 사람은 생활 전체가 천주의 은덕이며 가르침인 줄 안다. 그러면 저 하늘과 저 땅이 있는 이유도 이 진리를 가르치기 위함이며, 부모와 스승이 있는 것도 이 진리를 가르치기 위함일 뿐인 줄 안다. 달리 말하면 우주 만물은 모두 내 안에 간직된 '본래의 나'인 천주를 내가 깨닫게 하기 위하여 존재할 따름이다. 이것이 존재의 위대한 실상이다. 동시에 이것이 사람됨의 뜻이다.

'내가 곧 하늘'이라는 진리가 청천백일(靑天白日)처럼 의심의 구름이 한 점도 없는 경지에 이를 때 비로소 사람은 '다시개벽' 된다.

---

9 수운, 「전팔절」, "不知明之所在 遠不求而修我".
10 수운, 「후팔절」, "不知道之所在 我爲我而非他".

의심의 구름이 걷혀 푸른 하늘이 열리고 무궁조화가 모두 내 안에 들어오는 것이다. 이때 마음은 오직 고요하고 고요하며, 동시에 흐르는 물처럼, 살랑거리는 바람처럼 자연스럽다. 이러한 마음 경지를 수운은 무극대도無極大道라 하였고 또 무위이화無爲而化라 하였다. 무극대도란 그 고요함을 묘사하기 위함이며, 무위이화란 함이 없이 자연스럽게 이루어지는 활동을 묘사하기 위함이다. 무극대도나 무위이화는 본체와 활동을 표현하는 것이고, 고요한 마음과 활동하는 마음을 묘사하는 것일 따름이다.

동학에서 다시 하늘이 열린다는 것은 내 안에 모셔진 하늘이 내 안에서 열리는 것이며, 다시 땅이 열린다는 것은 하늘의 무궁조화의 힘에 열려 통하여 내가 자유로이 운용함을 일컫는다. 하늘이 열림으로써 사람은 하늘을 모신 사람임을(侍天主) 깨닫고, 땅이 열림으로써 사람은 조화에 자리잡는다(造化定). 내 안에 하늘의 신령이 있음을 느껴 아는 것이며(內有神靈), 밖으로는 하늘의 기운에 통하여져 있음을 아는 것이다(外有氣化).[11] 나와 하늘이 하나로 통하여져 있으므로 하늘의 넓고 넓은 덕을 알기 위해서는 밖을 헤맬 필요가 없으며, 오직 내 몸이 어떻게 화하여 났는지를 알면 된다.[12]

동학·천도교가 사람의 탄생을 어떻게 설명하는지를 보면 이 문제가 한결 분명해진다. 과연 하늘이 사람을 낳는가? 사람은 하늘의 아들딸인가?

---

11 수운, 「논학문」.
12 수운, 「전팔절」, "不知德之所在 料吾身之化生", 덕이 있는 바를 알지 못하거든 내 몸의 화해 난 것을 헤아리라.

사람은 정자와 난자가 만나서 세포 분열을 하여 태어난다. 그러나 동학에 의하면 정자와 난자의 만남만으로 수정이 이루어지지 못하고, 생명이 탄생하기 위해서는 하늘의 기운이 내려와야 한다. 다시 말하자면 정자와 난자가 결합하여 사람이 되기 위해서는 혼원일기渾元一氣 또는 지기至氣가 작용해야 한다는 것이다. 그러나 과학은 이 하나의 혼원일기를 보지 못하고, 오직 보이는 정자와 난자만 볼 뿐이다. 반면 동학의 심학은 정자와 난자 이전에 하나의 혼원일기를 볼 수 있으며, 그 기운이야말로 생명의 부모라 한다.

이러한 주장은 음양오행陰陽五行으로 한결 쉽게 이해할 수 있다. 동학에서 말하는 혼원일기 또는 지기는 음양이나 오행이라는 기운을 낳은 근원의 힘이다. 태극이라 말할 수도 있다. 수운은 천주 기운의 모양은 태극太極과 궁궁弓弓이라고 했다. 음이나 양은 모두 태극의 두 측면이기 때문에 음에도 태극이 깃들어 있고 양에도 태극이 깃들어 있다. 음양 두 기운이 있는 것은 바로 태극이 있기 때문이다. 음양 두 기운을 가능하게 하는 근원의 기운을 동학에서는 바로 지기 또는 혼원일기라 한다. 음양 두 기운이 합할 때 두 기운을 조화시키는 하나의 기운이 내려와야 생명이 깃든다고 말한다. 이처럼 음양의 조화에 의하여 비로소 생명이 탄생하는데, 이때 조화하도록 하는 근원의 힘이 바로 혼원일기이다. 이 기운의 감응이 있어야 모든 것이 화생한다. 이러므로 해월은 천지가 곧 부모라天地父母 하였다. 생명을 낳은 진짜 부모는 다름 아닌 천지라는 것이다. 즉, 모든 생명의 참 부모는 한울님이라는 뜻이다. 이를 5만년 동안이나 몰랐는데 수운에 이르러 알게 되었다고 한다. 그리하여 수운에 이르러 비로소 사람은 자신을 낳아 준 천지에게 처음으로 효도하게 되었다고 한다.[13] 이러한 해월의 설명은 수운 심법의 정곡을 간단명료하게 표현하였다.

생명의 탄생도 천주의 기운에 의하여 이루어졌고, 살아가는 것도 또한 천주에 의거한다는 것이 동학의 입장이다. 해월은 물오동포物吾同胞와 인오동포人吾同胞를 말하였다.[14] 사람은 사물과 협동하면서 살아가고, 다른 사람들과 협력하면서 살아간다고 하였다. 생명이 태어난 것은 한울님의 덕이지만 태어나서 먹고 살아가는 것도 한울님의 덕이라는 것이다.

협동의 상징으로 해월은 밥을 이야기하여 '밥 한 그릇을 먹는 것이 만사를 아는 것'이라 하였다.[15] 밥 한 그릇이 식탁에 놓이기까지 자연의 협동과 사람의 협동이 필요하다는 뜻이다. 사람은 밥만으로 사는 것이 아니라 호흡을 해야 살고 우주 기운과 소통해야만 살 수 있다. 이처럼 사람은 하늘이 베푼 덕으로 살아가기 때문에 생명이 하늘에 달린 것이라 한다. 사람이 이처럼 하늘 덕으로 태어나 살아간다는 것을 밝게 알게 될 때 도에 가까워진다. 수운은 「탄도유심급」에서 '덕을 오직 밝히는 것이 도'라고 하였다.[16] 즉, 생명이 태어난 것도 생명이 살아가는 것도 오로지 다 하늘의 덕이라는 것을 의심 없이 밝게 아는 것이 곧 도道라는 뜻이다. 하늘의 이치와 하늘의 기운이 모두 이 한 몸에서 작용하고 있으니 이를 명확하게

---

13 해월, 「천지부모」.
14 해월, 「이천식천」.
15 해월, 「천지부모」. "天依人 人依食 萬事知 食一碗."
16 수운, 「탄도유심급」. "德惟明而是道."

아는 것이 곧 깨달음이다.

　내 생명이 이처럼 우주와 연결되어 있음을 아는 것이 곧 후천개벽이다. 우주가 하나의 몸이며 하나의 기운임을 깨달아 실천하기 위해서는 내 마음이 개벽이 되어야 한다. 마음이 우주의 기운과 만물에 열려 있음을 알 수 있는 사례를 하나 들어 보자.

　해월은 어린 아이가 나막신을 신고 빠르게 마당을 달려가자 자기 가슴을 쓸어내렸다. 왜냐하면 땅의 기운과 해월의 마음이 하나로 통하여져 있기 때문에, 비록 땅이 밟혔지만 해월은 그 아픔을 마음으로 느꼈던 것이다. 그러므로 해월은 '땅을 어머니의 살처럼 소중히 하라.'고 일렀다.[17] 이러한 마음이 열리는 것이 후천개벽이다. 좁혀 말하자면 벽闢이다. 내 마음이 땅의 기운과 하나로 이어져 통하면 땅의 아픔이 내 아픔으로 느껴진다. 땅도 먼지도 하나의 기운에 통해 있기 때문에 땅에 열린 마음은 먼지 안에서도 천주의 모습을 보고, 흩날리는 티끌에서도 천주의 기운을 느낀다. 수운은 이러한 마음의 경지를 다음처럼 시로 읊었다.

　　조각조각 날고 날리는 붉은 꽃의 붉음이여.
　　가지가지 피고 피는 초록 나무의 초록이여.
　　부슬부슬 흩날리고 흩날리는 하얀 눈의 하양이여.
　　넓고 넓어 아득하고 아득한 파란 강의 파랑이여.[18]

17　해월, 「성경신」.
18　수운, 「화결시」, "片片飛飛兮 紅花之紅耶 枝枝發發兮 綠樹之綠耶 霏霏紛紛兮 白雪之白耶 浩浩茫茫兮 淸江之淸耶."

이렇듯 마음이 열리면 우주 만물은 그 이면에서 오로지 하나의 색깔이 관통되어 있을 뿐이다. 색깔이라고 하지만 유채색이 아니라 무채색이다. 색보다는 빛이 더 정확한 말일 수 있다. 눈에 보이지 않는 본래의 빛이 모든 사물들을 관통하고 있는 것이다. 본래의 빛이 우리 눈에 보이는 것은 반사와 굴절로 일어난 변이 때문일 뿐이다. 내 마음이 우주 만물을 관통하고 있는 보이지 않는 빛과 하나가 된 사람이 천황씨이며 수운이다. 이것이 후천개벽의 핵심이다. 이 점은 우주 기운과의 소통을 다루는 절에서 좀더 자세하게 논의할 것이다.

이제 사람됨의 의미가 뚜렷해졌다. 안으로는 하늘처럼 무한하며 고요한 마음을 가지고, 밖으로는 우주 삼라만상과 하나로 통하여 호흡하고 느끼는 활발한 마음을 가진 존재가 바로 사람이다. 이렇게 될 때 우리는 참사람이 되었다고 하는 것이다.

동학이 천황씨의 운이라는 것은 이처럼 '사람이 하늘'이라는 위대한 깨달음의 운을 열었다는 것이다. 마치 천황씨가 이 깨달음을 기초로 도덕을 정립하고 문명을 시작하였듯이, 동학도 후천 도덕을 열고 후천 문명을 연다는 것이다. 물론 천황씨는 처음으로 사람이 되는 데 그친 분은 아니다. 사람이 되어 다른 사람들로 하여금 참사람이 되도록 가르친 분이기도 하다. 마음공부와 교육을 처음으로 베푼 분이 또한 천황씨인 것처럼, 수운은 새로운 마음공부와 교육의 길과 종교를 열었다.

3. 심학과 교육: 수심정기

'다시개벽'의 마음공부로 참사람이 되어 그 덕을 다른 사람에게 베푸는 것이 '교教'이다. '교'의 개념에는 종교와 교육이라는 뜻이 둘 다 들어 있다. 『중용』에서 말하듯이 교란 수도이며, 도는 하늘 성품을 알아 따르는 데 있고, 성품은 하늘의 명령(天命)을 따르는 본래의 모습이다.[19] 그러므로 교란 내 마음의 본성으로 와 있는 하늘의 명령을 따르는 종교다. 종교religion의 의미가 하늘과의 관계를 다시 잇는 것이라는 해석과 상통한다. 그러나 『중용』에 따르면 교란 비단 위로 하늘의 명령에 따르는 것일 뿐만 아니라, 아래로 창생에게 하늘의 뜻을 그대로 전하는 일이라는 점에서 교육이기도 하다. 마음으로 하늘의 법칙과 이치를 깨닫고 참사람됨의 뜻을 깨달아 다른 여러 사람들에게 베풀기 시작하면서 교육이 시작된다.

사람은 교육을 받음으로써 비로소 사람이 된다. 그러면 사람들에게 무엇을 어떻게 가르칠 것인가? 사람들에게 무엇을 가르칠 것인가의 문제는 매우 중요하다. 수운은 1860년 천주로부터 주문으로 사람을 가르치라는 말을 하늘로부터 들었다고 한다.[20] 동학에서 가르침과 배움의 핵심은 주문에 있음을 알 수 있다. 그러므로 주문을 분석하면 가르칠 것이 무엇인지 명확해질 것이다.

'후천개벽'은 수운의 표현으로 하자면 내 마음 안에 '천주 조화

---

19 『中庸』, "天命之謂性 率性之謂道 修道之謂教."
20 수운, 「포덕문」, "受我呪文 教人爲我則 汝亦長生 布德天下矣."

天主造化를 갖추는 것이다. 내 안에 천주를 모시고 조화에 합하는 것이(侍天主 造化定) 본주문의 요체이다. 이는 존재의 실상이고 이를 한시도 잊지 않을 때 마침내 '다시개벽'하여 만사를 알게 된다(永世不忘 萬事知). 이처럼 수운은 주문에서 먼저 존재의 실상을 밝히고 나아가 사람이 가야 할 길을 제시하고 있다. 시천주 조화정이 하늘의 길이자 존재의 실상이라면, 영세불망 만사지는 사람의 가야 할 길이다. 주문은 매우 압축된 글이기 때문에 좀더 의미를 분석할 필요가 있다. 시천주와 조화정의 뜻은 수심정기守心正氣로 쉽게 이해할 수 있다. 또 수심정기는 의암의 견성각심見性覺心 개념으로 접근하면 더 쉽게 이해할 수 있다.

우선 의암의 견성각심 개념으로 주문의 뜻을 찾아 들어가 보자. 의암은 내 마음 안에 들어온 천주를 성性이라 하였으며, 천지의 조화에 통해진 마음을 심心이라 하였다. 의암은 성을 '우주의 원리원소原理原素'라고도 표현하였다. 다시 말하자면 성은 우주를 만든 근원적인 질료이면서 동시에 원리라는 것이다. 흥미로운 것은 의암이 이전의 유가나 불가와 달리 성 개념으로 천지 본체와 우주 만물을 설명하고 있다는 점이다. 불가나 유가에서 성은 어디까지나 사물이나 사람 안에 내재화된 우주 법칙이나 원리를 의미했을 뿐, 천지 본체와 우주 만물을 설명하는 개념으로는 사용되지 않았다. 그러나 의암은 유가와 불가의 달리 성 개념으로 형이상적 본체와 형이하적 현상을 동시에 설명하고 있다. 수운이 천지라는 본체와 귀신이라는 사람과 음양이라는 자연 사물이 하나로 관통되어 있음을 밝혔듯이[21] 의암은 성심性心으로 본체와 인간 그리고 자연 사물을 일관하여 설명하는 것이다. 따라서 의암에게 있어서 성심론은 본체론이며 인간론이며 자연론이라 할 수 있다. 유학자들이 본체론을 말할 때는 이기론, 인간론을 말할 때는 성심론, 자연론을 말할 때 음양론으로 각각 개념을 달리 하여 논의한 점과 대비된다.

의암이 말하는 심心은 우주를 탄생시킨 최초의 기운(至氣)을 뜻하기도 하며, '궁을심弓乙心·궁궁심弓弓心·영부심靈符心'으로 표현되는 도심道心 또는 천심天心을 말하기도 하며, 자연 사물의 음양 기운을 움직이는 혼원일기를 의미하기도 한다. 의암이 말하는 마음이란 하늘의 기운과 사람의 기운 그리고 자연의 기운이 하나로 관통된 마음을 뜻한다. 즉, 하늘의 무궁한 조화에 통한 마음이다. 마음이 무궁조화에 통하면 하늘이 행사하는 조화를 사람이 또한 행할 수 있으니, 이런 마음을 수운은 영부심 또는 궁을심이라 불렀다. 이러한 마음은 대개 도심 또는 천심 등으로 일컬어진다. 중요한 것은 이 마음이 열리면 우주 만물을 창조한 기운을 사람이 자신의 뜻대로 통제할 수 있다는 점이다. 그러므로 각심覺心에는 이 마음을 깨달아 사용한다는 뜻이 있다고 할 수 있다. 이러한 경지가 열리는 것을 벽闢이라 한다.

반면 고요하여 있는 듯 없는 듯한 무한한 하늘 마음을 성품이라 한다. 성품은 불교식으로 표현하면 태어나지도 않고 죽지도 않으며(不生不滅), 때가 묻지도 않으며 깨끗하지도 않으며(不垢不淨), 늘어나거나 줄어들지도 않는다(不增不減). 이러한 표현은 모두 성품의 고요하고 무한하고 초월적인 성격을 묘사하기 위함이다. 의암은 우

---

21 수운, 「도덕가」, "천지 역시 귀신이요 귀신 역시 음양인 줄 이같이 몰랐으니…."

주 만물을 이룬 근본 이치와 근본 재료가 바로 이 성품이라고 하였다. 그러므로 우주의 실상은 성性이라 할 수 있으며, 본래 고요하고 비어 있다고 하겠다. 따라서 성을 본다는 것은(見性) 다양하고 현란한 파노라마에서 움직이지 않고 물들지 않고 흔들리지 않는 빈 본체 자리를 본다는 뜻이다. 이러한 경지가 열리는 것을 개開라 한다. 하늘이 열린다는 것이다. 하늘이 열린다는 것은 우주 삼라만상이 본래 다 하늘로 만들어졌음을 아는 것을 뜻한다.

견성각심見性覺心은 의암이 개벽을 다른 개념으로 표현한 것임을 알 수 있다. 이처럼 의암은 『무체법경』에서 성품과 마음, 즉 개벽을 간결하면서도 논리적으로 체계를 갖추어서 철학화하였다. 그 핵심 요점은 내가 내 하늘을 깨달아 내 마음을 공경하고, 내 마음을 정성하고, 내 마음을 믿으며, 내 마음을 법으로 삼는 것이다.[22] 이것이 앞으로 오만년을 이어갈 수운과 해월 그리고 의암이 서로 마주보는 거울처럼 주고받은 심법이다.

내 마음이 고요해지고, 신령스러워지고, 물들거나 흔들리지 않는 그 경지를 천주라 하여 공경하고, 천지부모라 하여 섬기기도 하며, 성이라 하여 본래 면목을 보게 된다. 또한 내 마음이 활발히 움직여 우주 만물과 뭇 사람들의 마음에 어떤 장애도 없이 완전히 통하면 천지 조화에 이르러 하늘이 베푸는 덕을 나도 베풀고, 하늘이 행하는 조화를 나도 행하고, 하늘이 쓰는 마음을 나도 자유로이 쓴다. 그리하여 어린이와 며느리도 하늘이 드러난 형상임을 알며, 새 소리에서 하늘 소리를 들으며, 땅을 어머님 살처럼 소중하게 여긴

---

22 의암, 「무체법경」, 신통고, "自心自誠 自心自敬 自心自信 自心自法."

다. 이처럼 마음이 고요한 하늘과 활발한 조화에 통하는 것을 견성각심이라 하고, 개벽이라 한다.

사람은 견성하여 '하늘 명령'을 알고 각심하여 우주 기운에 통함으로써 참사람이 되므로, 교육과 학문의 핵심은 견성각심에 있다. 따라서 견성각심은 사람이 반드시 가야 할 길이며, 반드시 받아야 할 가르침(敎)의 실질 내용이라 할 수 있다. 교육의 핵심이며 사회의 벼리이며 법 질서의 핵이다. 이 자리로부터 도덕과 윤리가 나오며 또한 교육이 나온다. 이른바 천황씨가 문명을 연 것은 견성각심했기 때문이다. 천황씨의 문명뿐만 아니라 억조창생들의 마음도, 견성 해탈한 성인들의 마음도 모두 이 자리에 뿌리를 내리고 있다. 의암은 이를 위위심(爲爲心)이라고도 하였다.[23] 위위심이란 말 그대로 위하고 위하는 마음이다. 오로지 베푸는 마음이다. 해월의 표현으로 하자면 천지부모의 마음이다. 우주 만물을 모두 내 자식처럼 아끼고 사랑하고 품는 마음이다. 이 마음에서 하늘도 나왔고, 땅도 나왔고, 성인도 나왔다.

견성하여 사람이 반드시 가야 할 천도를 밝히고, 각심하여 깨달음의 혜택을 햇살과 바람처럼 우주 창생에게 널리 펴는 것을 천덕이라 한다. 수운은 이렇게 천도를 이루고 천덕을 세우는(道成德立) 것을 동학의 사명으로 보았다. 포덕천하, 광제창생, 지상천국이라는 동학의 구호도 이로부터 나왔다. 창생이 모두 비·이슬·서리·눈(雨露霜雪)의 덕에 의하여 생명을 화생하여 살아가다가 환원하듯, 모든 사람들이 하늘의 덕을 알게 하는 것이 수운이 말하는 동학·천

---

23 의암,「무체법경」, 성범설.

도의 목적이다. 이렇게 덕을 펴는 것이야말로 창생을 어둠에서 구하는 길이며, 또한 이 땅에 하늘의 뜻을 구현하는 길이다.

개벽은 교육의 핵심이다. 동학 교육 철학의 핵심은 한편으로는 고요하고 초월적인 마음의 경지를 여는 것이며, 다른 한편으로는 우주 간에 활동하는 조화의 기운에 통하여 범우주적인 인격체가 되는 것이다. 의암은 전자를 견성이라 하고 후자를 각심이라 하였고, 해월은 견성을 이치에 통한다고 하였고 각심을 우주 기운과 한 줄기로 통한다고 하였다. 수운은 전자를 천도를 이룬다고 하였고 후자를 천덕을 세운다고 하였다. 각기 표현은 다르지만 교육 철학의 근본은 다름 아닌 내 마음의 고요한 성품과 활동하는 마음을 활짝 여는 것이다. 동학은 사람됨의 근본을 가르치는 교육임을 알 수 있다. 이제 수운의 수심정기를 한결 쉽게 이해하게 되었다.

수운 심학의 핵심은 수심정기守心正氣다. 공자가 '인의예지仁義禮智'라는, 인간이 내면 깊숙한 곳에 고이 간직하고 있는 보편적이고 객관적인 덕성을 찾아냈다면, 이러한 덕성에 이르는 구체적인 공부인 '수심정기守心正氣'를 다시 정한 분은 수운이다.[24] 다시 말하자면 마음공부를 통하여 누구나 인의예지의 덕성을 완전히 체득하는 구체적인 공부법인 '수심정기'를 수운이 비로소 열었다는 것이다. 수운은 자신이 창안한 이 공부법을 확신하였다. 그러므로 유학에서 비록 10년을 공부해서 터득하면 속성이라고 하지만, 자신의 공부법대로 하면 3년 안에 깨달음이 이루어진다고 확언하였다.[25] 그

---

24 수운, 「수덕문」.
25 수운, 「도수사」.

만큼 수심정기의 공부법을 자신하였다. 동학 교육 철학의 핵심이자 개벽의 구체적 방법인 수심정기를 조금 더 자세하게 살필 필요가 있다.

수심정기는 말 그대로 천심 또는 도심을 지키고 혼원일기 또는 지기를 바르게 운용하는 법이다. 사람은 누구나 천주를 자기 안에 모시고 있기 때문에 이를 찾아 지키기만 하면 되고, 또한 누구나 천지 조화의 기운에 통하고 있기 때문에 기운을 올바른 방향으로 사용하면 된다. 수심정기하기 위해서는 내 마음이 천주 마음이라는 사실을 잠시도 잊지 말고 생각해야 하며, 내 기운이 또한 천지 기운과 하나로 통해져 있어 어떤 경우에도 막히지 않도록 해야 한다는 뜻이다. 해월은 내 마음을 공경하지 않는 것이 천지를 공경하지 않는 것이며, 내 마음이 불안한 것이 천지가 불안한 것이기 때문에, 내 마음을 공경하지 않고 편안치 않게 하는 것이 하늘에 거역하고 부모에게 불효하는 것이라 하였다.[26]

내 마음이 천주 마음이며 내 기운이 천지 기운과 통해 있으니, 마음과 기운을 나쁜 방향으로 쓰면 우주 전체에 나쁜 영향을 미친다. 따라서 언제나 바르고·밝고·착하고·정의로운 방향으로 써야 한다. 여기에서 윤리와 도덕이 나온다. 윤리와 도덕은 '나와 너', '나와 그것'이 본래 하나의 기운으로 통해 있음을 깨달아 체득한 곳에서부터 나온다. '나와 너'가 하나이므로 내가 싫은 것을 다른 사람에게 행하지 않으며, '나와 그것'이 하나이기 때문에 내가 싫

---

26 해월, 「수심정기」, "我心不敬天地不敬 我心不安天地不安 我心不敬不安 天地父母長時不順也 此無異於不孝之事."

은 것을 자연에게 행하지 않는다. 달리 표현하면 내가 나를 아끼듯이 다른 사람을 아끼며, 내가 나를 사랑하듯이 자연을 똑같이 사랑한다. 해월은 다른 사람을 하늘과 같이 섬기라(事人如天)하였으며, 자연 사물을 하늘로 공경하라고(敬物) 가르쳤다.

수심정기의 마음공부는 천주 마음을 직관으로, 이성으로, 감정으로, 욕망으로 제한하는 그 어떤 이데올로기나 교육에도 반대한다. 지금까지 인류는 인간을 여러 관점에서 정의하여 왔다. 가령 인간을 도구적 존재, 사회·정치적 존재, 경제적 존재, 언어적 존재, 생각하는 존재, 영적 존재 등과 같이 다양하게 정의하여 왔다. 그러나 인간은 어떤 정의라도 그 규정 너머에 있다. 어떤 정의도 인간을 제한할 수 없다. 사람됨의 의미는 '규정되지 않음', '규정을 넘어섬'에 있다고 하겠다.

동학은 그 어떤 규정으로도 인간을 규명할 수 없다고 본다. 왜냐하면 인간은 일체의 규정이나 정의를 넘어서는 초월·무한·영원의 존재이며, 하늘 마음을 가졌기 때문이다. 따라서 인간은 언제나 규정이나 제한을 넘어서는 것이 그 근본 특성이다. '사람이 하늘'이라는 의미는 바로 사람은 그 어떠한 제한이나 구속을 넘어선다는 뜻이다. '내가 곧 하늘'이라는 자각을 하여 한 올의 의심도 없이 굳게 믿고, 정성 들이고, 공경하는 것이 마음을 지키는 공부다. 인류 역사상 참으로 위대한 의식 혁명이며, 완전한 종교 혁명이며, 일체 제한으로부터의 완전한 자유다. 그렇기 때문에 수운은 '하늘이 열린다.'고 표현하였다.

개벽은 인류가 꿈꾸어 왔던 완전한 종교 혁명이다. 이 점에서 동학은 종교 진화의 끝이라고도 말할 수 있다. 구원은 일사불란한 조직 체계를 갖춘 교황청에 있지도 않으며, 신의 부르심을 받았다고 하는 성직자에게도 있지 않다. 인간은 신의 노예도 아니며, 종도 아니며, 아들도 아니다. 인간은 곧 신이다. 이 위대한 깨달음이 수운에 의하여 열린 것이다. 그러므로 구원과 해방은 오직 '본래의 나'에게 달려 있다. 그러나 '본래의 나'는 결코 개체의 몸에 한정되지도 않으며, 조직에 한정되지도 않으며, 교단에 한정되지도 않으며, 특정 국가에 한정되지도 않으며, 심지어 무궁해 보이는 우주에도 한정되지 않는다. 본래의 자기 자신은 하늘에 무한히 열려 있으며 창조와 변화의 힘에 무궁히 통해 있다.

'본래의 나'에게 열리면 새로운 사람이 태어나, 밖으로 드러나는 생각과 말과 행동이 모두 바르게 된다. 기운을 바르게 하는 것은 마음을 바로 쓰는 것이다. 해월은 도는 사람을 대하고 물건을 접하는(待人接物) 데에 있다고 하였다.[27] 수심정기하여 무엇을 할 것인가? 사람을 대하고 사물을 접하는 일상생활을 올바로 하자는 것이다. 학문과 수도의 목적은 죽은 뒤의 천국에 가는 것도 아니며, 몽상 속의 무릉도원으로 가는 것도 아니다. 지금·여기에서의 일상생활을 하늘의 명령에 어기지 않고 바르게 하는 것이다. 즉, 일상생활을 올바로 하는 것이 바로 수심정기 마음공부의 핵심이다. 현실의 도덕적 완성이 바로 수심정기인 것이다. 일상생활에서 수심정기 마음공부를 통해서만이 하늘이 열리고 땅이 열리는 날을 맞이할 수 있다. 그러므로 일상생활을 올바로 하는 것이 곧 대도이다. 일상생활에서 완성된 하늘을 동학·천도에서는 '지상천국地上天國

---

27 해월, 「대인접물」.

이라 부른다. 해월은 후천개벽의 일상 세계를 활짝 열었다. 해월은 일상생활에서 우주의 대도와 대덕의 경계를 열어 펼쳤다.

수심정기 공부는 철학적 사유에서 논리적으로 이끌어 낸 명제가 아니라, 수운이 경신년 4월 5일 천주 체득에서 이끌어 낸 마음공부법이다. 수심정기는 사람이 따라야 하는 도덕이며 사회가 지켜야 하는 윤리이며 정치의 정수이다. 천주와 하나가 되는 경지를 논리적·이성적으로 설명하기 위해 철학적 사유가 뒤따르게 되었다. 이 점을 혼동하면 '도덕 형이상학'의 의미를 이해하지 못한다.

도덕 형이상학의 개념은 대만 철학계의 거두인 모종삼牟宗三이 제기한 개념이다. 그는 동양 철학의 특징을 도덕 형이상학으로 설명했으며, 서양 철학에는 도덕에 대한 형이상학적 설명만이 있을 뿐이라고 하였다. 다시 말하자면 동양은 천도와 천덕에 합일한 인격의 체득을 설명하고 묘사하고 논리화하는 가운데서 형이상학이 완성된 반면, 서양은 형이상학적 사유를 전개하는 가운데서 인간 행위의 도덕적 규범과 원칙을 몇 가지 도출해 내는 데 머물고 있다는 것이다. 동양의 도덕은 득도라는 체험에서 나온 실체인 반면, 서양의 도덕은 형이상학적 사유에서 논리적으로 추론했을 뿐이라는 것이다.[28] 그러므로 서양의 경우 도덕은 어디까지나 형이상학적 이상에 머물 뿐이지만, 동양은 그렇지 아니하여 실제로 마음이 열려 도덕의 경지에 이른 인격체가 반드시 전제된다고 본다. 동학의

---

28 모종삼의 도덕 형이상학에 대한 더 자세한 논의는 유동환, 1998, 「칸트 철학의 유학적 재해석: 모종삼의 도덕 형이상학을 중심으로」, 『시대와 철학』 9, 한국철학사상연구회, 110-115쪽.

도덕도 수운의 도통에서부터 나왔으며 여기에서 사람을 교화하는 교육관이 나온 것이다.

수심정기는 일상생활을 구체적으로 안내하는 도와 덕이다. 후천개벽은 일상생활 속의 구체적인 공부인 수심정기와 떼어 놓을 수 없다. 후천개벽은 일상생활 안에서 올바로 생각하고·말하고·행동하는 도덕 교육이지, 결코 미래의 특정 시점으로 연기되는 종말론적 성격이나 실현 불가능한 형이상학적 유토피아가 아니다. 수심정기는 지금·여기에서 실천할 수 있는 도덕 교육인 것이다.

개인적으로는 주문 공부를 통하여 자신의 본래 면목을 실현하고, 사회적으로는 정치·사회적인 운동을 통하여 도덕적 공동체를 구현할 수 있다. 그러므로 '다시개벽' 또는 '후천개벽'은 단지 개인의 도덕 수행에 머무는 것은 아니다. 왜냐하면 '다시개벽' 또는 '후천개벽'은 내 기운을 올바로 하는 데서부터 출발하지만, 그것은 개인 차원을 넘어서 우주 전체와 긴밀하게 연결되기 때문이다. 그러므로 '다시개벽' 또는 '후천개벽'은 문명적 성격을 갖는다.

4. 도덕 문명 공동체: 지상천국

'다시개벽'은 우주 기운의 변화와 함께하기 때문에 문명적 대전환을 내포한다. 수운은 "십이제국 괴질운수 다시개벽 아닐런가."[29]라고 하여 '다시개벽'을 '괴질운수'와 연관시켜 말한다. 원인을 알

---

29 수운, 「안심가」.

수 없는 질병이 온 세계에 만연하고, 이전 시대는 종말을 고하면서 새로운 시대가 열린다는 것이다. 질병은 기운의 변화와 관계된다는 점에서, '다시개벽'이 우주의 기운 변동과 긴밀한 관계를 갖고 있음을 알 수 있다. 질병은 기운 작용이다. 생명을 위협할 정도로 우주의 기운이 크게 바뀌는 시기를 겪으면서 세계는 '다시개벽'이라는 문명의 대전환을 한다는 뜻이다. 여기에서 '다시개벽'이 단순히 개인적·정치적 차원이 아니라 문명 전체의 대변혁과 관계가 있음을 알 수 있다.

수심정기를 살피면서 기운에 대하여 약간 논의하였으나 조금 더 자세하게 분석할 필요가 있다. 동학에서 말하는 기운은 전 우주를 하나로 관통하는 기운이다. 그렇기 때문에 '혼원일기渾元一氣'라고도 하고 '지기至氣'라고도 한다. 그러면 이 하나의 기운은 흔히 말하는 음양陰陽과 어떤 관계가 있는가? 위에서 생명 탄생을 설명할 때 보았듯이 혼원일기는 음양의 근본 바탕이라 할 수 있다. 혼원일기는 음양 두 기운이 조화調和하거나 상극相克하는 근원의 힘이다. 말하자면 혼원일기에서 음양의 기운이 나오고, 음양에서 오행의 기운이 나오고, 이어서 우주 만물이 화생한다. 물론 음양오행론적인 설명을 빌려 혼원일기의 위상을 생각해 본 것이다.

수운은 우주 만물 화생化生을 담당하는 근원의·하나의·우주의 힘에 통하는 것을 매우 중시하였다. 그렇기 때문에 동학 심학은 지극한 우주 한 기운과 통하는 데서부터 시작한다. 이를 동학에서는 강령降靈이라 한다. 이른바 지극한 기운이 지금·여기에 있는 나와 통하기를 간절히 바라는 21자로 구성된 강령주문과 본주문으로 이러한 강령을 체험할 수 있다고 한다. 강령주문은 '지기금지원위대강

至氣今至願爲大降'이다. 뜻은 "지극한 하나의 우주 기운이 지금 이 순간에 나에게 크게 내리기를 간절히 원한다."는 것이다. 본주문은 위에서 살펴본 바대로 '시천주조화정영세불망만사지'이다. 천도교에서는 강령주문과 본주문을 합하여 크게 소리 내어 외우면 실제로 지극한 우주의 한 기운이 몸에 내려온다고 가르친다. 지극한 우주 기운이 내려와 접하는 것을 강령이라 한다. 내려 온다고 하지만 실제로는 신령神靈이 깨어나는 것이다.

강령은 동학 마음공부의 기초다. 강령으로 사람은 우주 기운과 떨어지려야 떨어질 수 없는 관계에 있다는 사실을 체득한다. 사람은 우주 기운과 소통하는 존재라는 사실을 여러 가지로 깨닫는다. 우주 기운에 열리면 어떤 변화가 나타나는가? '다시개벽' 또는 '후천개벽'의 개념에서 알 수 있듯이, 춘하추동이라고 하는 우주 기운의 변화 자체보다도 중요한 것은 이러한 외적 기운 변화에 대한 마음의 경계이다. '다시개벽'이란 자시子時에 하늘과 땅이 갈라지는 것을 의미하는 것이 아니라, 무엇보다도 먼저 내 마음의 열림을 뜻하기 때문이다. '다시개벽'이 되면서 어떤 일이 일어나는지를 먼저 마음 차원에서부터 논의할 필요가 있다.

첫째, 우주 기운에 열려서 소통하면 사람은 우주적 존재라는 사실을 깨닫는다. 밖으로 보면 우주 기운과 소통하는 것이고 안으로 보면 우주 의식의 깨어나는 것이다. 이로써 사람은 더 이상 각자위심各自爲心이라고 하는 개체주의나 고립주의에 빠지지 않고, 우주에 열린 존재가 되고, 우주적 공동체성의 실상을 깨닫는다.

우주적 공동체성에 대해서는 위에서 밥과 공기의 예를 들어서 비교적 충분하게 설명하였다. 동학의 우주적 공동체성에서 가장 흥미로운 점은 강령 이전에는 보이지 않던 우주 기운과의 소통이다. 생태 위기로 말미암아 현대인은 원하든 원치 않든 자기 생명이 지구의 생태계와 긴밀한 관계가 있음을 깨닫게 되었다. 그렇지만 아직까지 자신의 생명이 우주의 보이지 않는 기운과 일분 일각이라도 떨어질 수 없이 이어져 있다는 점까지는 자각하지 못하였다. 강령을 통하여 비로소 우주와 인간은 떨어질 수 없는 영적 그물망에 놓여 있다는 실상을 자각하게 된다. 그렇게 함으로써 인간은 우주와 호흡하는 인간이 된다.

이처럼 '다시개벽' 또는 '후천개벽'이란 나의 생명이 끊임없이 보이지 않는 우주 기운과의 소통하면서 유지된다는 사실에 대한 뚜렷한 자각에서부터 출발한다. 이 우주 기운은 볼 수도, 만질 수도, 들을 수도, 알 수도 없지만 이로부터 떨어져 고립된 존재는 아무것도 없다. 사람뿐만 아니라 동식물과 무생명체까지 모두가 보이지 않는 우주 기운 속에서 살아간다는 사실을 깨달을 때, 우리는 그때까지 느끼지 못했던 새로운 세계로 들어선다. 내 마음이 우주의 시작부터 끝까지 관통하고 있는 보이지 않는 기운을 관통하여 소통하면, 나는 우주에 통하지 못하는 곳이 없게 된다. 비유하면 우주와 소통한다는 것은 우주를 자기 몸처럼 사용할 수 있다는 것을 뜻하기도 한다. 이렇게 설명하면 신비주의를 연상시킨다. 사실상 사람이 보이지 않는 기운과 소통하면 신비라고 표현할 수밖에 없는, 이성의 경계선을 넘어선 현상들이 나타난다. 이러한 영역을 철학적으로 밝히는 것보다, 수운은 보이지 않는 기운과의 소통을 어떻게 설명했는지를 보는 것이 더 낫겠다.

보이지 않는 기운과의 소통을 설명하기 위하여 수운은 '불연기연不然其然이라는 개념을 사용하였다. 수운에 의하면 보이지 않는 기운 세계는 일반 의식 차원에서는 '그렇지 않은', 불가능해 보이는 세계이다. 그렇지만 이 보이지 않는 기운의 세계가 없는 것은 결코 아니며, 보이는 모든 존재들이 궁극적으로 자기 존재를 뿌리내리고 있는 근원의 세계이다.

이 보이지 않는 궁극의 기운 바다가 열리는 것이 '다시개벽'이며 '후천개벽'이다. 그렇게 될 때 보이지 않던 것이 보이고, 들리지 않던 소리가 들리고, 느낄 수 없었던 것이 느껴진다. 불가능이 가능해진다. 이전까지는 없었던 새로운 세계가 열리는 것이다. 해월은 우리들의 눈에 보이는 물을 양수陽水라 하였고, 보이지 않는 물을 음수陰水라 하였다.[30] 지금까지 보이지 않던 음수가 보이게 될 때 새로운 세계가 열렸다고 하는 것이다. 물고기가 물 속에서 살 듯이 우주 삼라만상이 모두 보이지 않는 물 속에서 살아가고 있다는 사실을 올바로 보게 된다. 그렇지만 사람이 볼 수 있는 세계는 아니다. 마음의 눈으로만 볼 수 있는 세계이다.

의암은 물고기가 아무리 눈이 밝아도 물 밖을 볼 수 없다고 하였다.[31] 눈 자체가 바뀌지 않고는 제한된 세계 건너를 볼 수 없다. 또는 새로운 눈이 열리지 않는 한 이 세계를 볼 수는 없다. 즉, 마음의 눈이 열리지 않고는 불연의 세계는 볼 수 없다. 마음이 눈이 열릴 때 우주의 삼라만상이 모두 이 보이지 않는 물 속에서 살아가고 있다는 사실을 자각하고, 사람은 비로소 자신이 우주 기운 바다에

---

30 해월,「천지이기」.
31 의암,「명리전」, "魚目聰明 精不穿海外之陸."

서 노니는 물고기와 다름없다는 사실을 깨닫는다. 물고기와 물이 떨어질 수 없듯이 나는 더 이상 우주와 떨어질 수 없는 존재라는 사실을 뼈에 사무치도록 깨달아, '우리는 하나다'라는 사실을 마음과 몸으로 느끼게 된다.

해월은 타인과 나는 한 동포요(人吾同胞), 사물과 나도 한 동포(物吾同胞)라 하였다.[32] 동포애를 느끼기 이전에는 우리 모두는 외로운 여행자에 불과하다. 그러나 한 동포임을 깨달아 느끼면서 우리는 자연과 소통하고 신과 소통하는 위대한 생명으로 다시 태어난다. 하나의 기운에 열림으로써 우리는 하나의 우주 가족이 된다.

둘째, 내 마음을 내가 개벽하면 남을 선하게 대해야 한다는 마음이 자신도 모르는 사이에 솟아난다. 수운은 제자들이 천령이 강림하였다고 하는데 무슨 뜻이냐는 질문에, "가면 반드시 돌아온다(無往不復)[33]는 이치를 깨달았다."고 말했다. 어떤 예외도 없는 인과 법칙을 알면, 살생은 금하지 않아도 자연히 하지 않는다. 자연을 보호하려고 애쓰지 않아도 자연과 하나가 되어 소요한다. 왜냐하면 우주는 내가 한 그대로를 정확하게 되돌려 주기 때문이다. 상대방에게 행한 것이 그대로 나에게 돌아오는 것을 몸소 느끼기 때문이다. 이 법을 체득하면 사람은 굳이 착하려 들지 않아도 착하게 되고, 정의로우려 하지 않아도 정의롭게 된다. 다른 사람을 공경하는 것이 곧 자신을 공경하는 것인 줄 알고, 자연을 공경하는 것이 곧 자신을 공경하는 것인 줄 알기 때문이다.

---

32 해월, 「삼경」.
33 수운, 「논학문」

그러나 공경의 길은 쉽지 않다. 자연에는 거짓이 없지만 사람은 거짓을 꾸며낼 수 있기 때문에, 선의를 악으로 보답하는 사람까지 공경하기란 참으로 어려운 일이다. 그러나 공경의 극치는 악마라고 하는 존재까지도 하늘로 공경하는 데 있다. 공경이 극치에 이르면 악마까지도 다스릴 수 있는 마음의 힘을 얻게 된다. 자연을 공경하면 자연도 사람의 뜻대로 움직일 수 있다. 마음의 힘이 우주의 가장 어두운 곳까지, 인간의 가장 사악한 구석까지 미칠 수 있을 때 비로소 개벽이라 할 수 있다. 어둠이 더 이상 없는 그 경지를 일컬어 개벽이라 한다. '다시개벽'이란 하나의 먼지 티끌까지도 하늘의 밝음에 완전히 드러나는 우주 기운의 큰 열림이다. 마음으로 우주의 가장 어두운 곳까지 뚫고 들어갈 때, 비로소 사람은 '다시개벽'이 되고 '후천개벽'이 된다.

이렇게 한 사람이 열리면 우주가 함께 열린다. 해월은 '한 사람이 착해짐에 천하가 착해진다.'[34]고 하였다. 이렇게 한 사람의 마음이 바뀜에 우주 전체가 화하는 것도 또한 '다시개벽'이라 한다. 어떻게 한 사람의 변화가 모든 사람의 변화를 이끌어 내는가? 그것은 모든 사람들의 마음은 근원이 하나이기 때문이다. '후천개벽'이란 바로 근원의 마음이 열려 일체의 기운에 통하는 것이기 때문에 비록 한 사람의 마음 변화라 하지만 그 기운이 미치지 않는 곳이 없다. '다시개벽'이란 사람의 마음 변화와 우주 기운의 변화가 동시에 진행된다는 사실을 살펴보았다.

셋째, 내 마음이 바뀌어 우주의 한 기운에 열리면 다른 사람을

---

34 해월, 「대인접물」.

돕는 것이 나를 돕는 것이라는 어진 마음이 생겨나고, 자연이 그러하듯 모든 억지를 버리고 자연보다도 더 자연스러운 '무위이화無爲而化'를 행한다. 여기에서 유가에서 말하는 인륜·도덕이 생겨나고, 도가에서 말하는 '도법자연道法自然'이 생겨난다. 부처가 말하는 자비심이 생겨나고, 예수가 말하는 사랑이 솟아난다. 사람은 개벽함으로써 다른 사람들과 화합할 뿐만 아니라 자연과도 조화하는 도덕 문명을 이루게 된다.

나에게 본래 갖추어진 하늘 성품에 충실한 마음을 부모님께 베풀면 효이고, 친구에게 베풀면 믿음이고, 형제자매에게 베풀면 우정이고, 뭇 중생에게 베풀면 덕이고, 나라에 베풀면 충성이다. 천하 백성들 모두에게 베풀면 도덕 정치가 선다. 우주 만물에게 베풀면 우주 봉사(天德)가 된다. 그 베풂에 끝이 없으므로 무궁하다고 하겠다. 그러므로 이러한 하늘의 덕을 천하에 널리 펴서 지상천국을 건설하는 것은 동학의 지고한 이상으로 설정되었다.

남에게 피해를 입히면 '무왕불복無往不復'의 이치로 그 손해가 곧바로 나에게 돌아온다. 반대로 남에게 덕을 베풀면 무왕불복의 이치로 복이 나에게도 돌아온다. 그러므로 다른 사람에게 해를 입힐 것이 아니라 덕을 베풀어야 한다. 이것이 선善의 길이다. 마음 기운을 바르게 쓰는 것이 중요한 이유도 이 때문이다. 하늘은 거울과 같아서 있는 그대로를 비추어 줄 따름이다. 하늘은 올바로 보고 올바로 듣기 때문에 속일 수 없다. 이렇기 때문에 억지가 아닌 자연스러운 도덕이 생긴 것이다. 철학적으로 사유하여 어떤 원리 원칙을 찾아 내어 남을 돕는다거나 남을 배려하는 것이 아니다.

사람이 자기의 하늘 성품을 깨달아 무궁하게 다른 사람들에게 베푸는 사회를 수운은 지상천국이라 하였다. 지상천국은 '다시개벽'하여 이룩할 수 있는 자연스러운 세계다. '다시개벽'하지 아니하고 지상천국의 도래를 기대하는 것은 한겨울에 봄꽃을 기다리는 것과 같다. 의암은 개벽을 초록 이파리가 노랗게 물들어 쓸쓸히 떨어지는 가을에 비유하였다. 오직 마음을 개벽한 사람만이 이러한 우주 기운의 변화 속에서도 지는 낙엽처럼 죽지 않는다고 하여, '이신환성以身換性'을 강조하였다.[35] 이신환성이란 몸을 주체로 살아가는 데서 성품을 주체로 살아가는 대전환을 뜻한다.

생명체의 일대 위기인 '후천개벽'을 당하여 살아남는 길도 자기 안에 모신 천주의 마음을 회복하고 천주의 자연한 기운에 통하는 데 있다. 뿐만 아니라 새로운 문명을 창조하는 주체도 바로 내 본래의 자연한 마음인 '궁을심弓乙心'이다. 바로 내 본래의 마음이 도덕 문명 시대를 돌이킨다(弓乙回文明).[36] 도덕을 이룬 사람이 새로운 문명을 여는 것이다. 이 문명에서는 자연과 인간 그리고 신은 완전히 하나로 통한다. 사람의 뜻을 신도 알고 자연도 안다. 사람은 신의 뜻을 제 몸으로 온전히 체득하여 자연에 어긋나지 않는 자연 문명을 건설한다. 과연 그러할 수 있을까?

수운은 성인이 나면 천년에 한 번씩 맑아지는 황하가 맑아진다고 하였는데, 강이 스스로 알아서 그런지 아니면 운이 회복하여 그런지를 묻고 있다.[37] 어찌하여 성인이 탄생하는데 황하가 맑아진다

---

35 의암, 「인여물개벽설」.
36 해월, 「강시」.
37 수운, 「불연기연」.

는 말인가? 성인의 마음을 자연도 알며 천주도 안다. 자연은 천주의 뜻에 의하여 드러난 형상이다. 천주가 뜻을 바꾸면 자연은 복종할 수밖에 없다. 그 천주의 뜻을 알아 실행하는 사람이 성인이니 어떻게 자연이 성인의 뜻을 거스를 수 있겠는가? 그리하여 황하는, 비록 황토의 중국 대륙을 흐르지만 성인의 맑은 마음에 감응하여 맑아진다. 불가능이 가능해지는 것이다. 수운이 이러한 비유로써 설명하고자 하는 바는 바로 새로운 도덕 문명이 오직 성인에 의해서만 열린다는 사실이다.

넷째, '후천개벽'으로 우주 기운이 바뀌면서 사람들의 공동체 생활 양식이 달라진다. '후천개벽'은 일대 정치 혁명이라 할 수 있다. 수운은 "개벽시 국초일을 만지장서 나리시고 십이제국 다 버리고 아국운수 먼저 하네."[38]라고 하였다. 사람의 마음 변화가 우주 기운의 변화와 맞물려 돌아가듯이, 후천개벽의 결과 인류가 공동체 삶을 꾸려가는 양식인 정치도 달라진다. 그러므로 동학은 세상과 함께 돌아간다(與世同歸)[39]고도 하였다. 후천개벽이 정치적 일대 변혁과 깊은 관계가 있다는 것은 수운이 동학의 운을 최초의 왕이라고 하는 천황씨의 운에 비유한 데서도 알 수 있다. 이러한 언명들은 모두 '후천개벽'으로 달라지는 정치적 삶에 대한 논의이다.

그러나 유감스러운 것은 '후천개벽'에 의하여 도래할 정치적 삶에 대한 자세한 논의를 어디에서도 찾아보기 어렵다는 점이다. 단지 도래할 새로운 정치 공동체에서는 '다시개벽'을 이룬 사람들의

---

38 수운, 「안심가」.
39 수운, 「탄도유심급」.

정치적 역할이 증대할 것이며, 정치가 조직적 권력이나 일인일표의 다수표에 의하여 전횡되지는 않을 것이라고 추측할 뿐이다. 동학의 정치적 지향성은 동학혁명과 3·1운동으로 시대와 사회 상황의 요청에 부응하는 데서 표출되었기 때문에, 후천개벽의 정치적 이상은 이들 지나간 역사 실천 속에서 찾을 수 있다.

여기서 한 가지 제기하고 싶은 문제는 동학이 지향하는 정치적 삶은 단순한 자유 민주주의의 정치적 삶이나 공산주의의 정치적 생활과는 다른 맥락의 정치적 삶이라는 점이다. 후천개벽으로 도래할 새로운 삶은 서구의 맥락보다는 동양의 맥락에서 더 쉽게 이해될 수 있는 성질의 것이다. 한마디로 말한다면 동학이 지향하는 이상 정치는 도덕 정치이다. 천황씨가 최초의 왕이 된 것도 다름 아닌 자기 본래의 마음을 깨달았기 때문이며, 요·순·우가 천하의 권력을 서로 주고받은 것도 이들이 모두 '윤집궐중允執厥中'이라는 본래의 마음 중심을 깨달았기 때문이다.

도덕 정치 개념은 의암에 이르러 '교정쌍전教政雙全' 개념으로 발전되어, 권력과 도덕은 떨어지지 말아야 한다는 정치 철학이 된다. 만약 권력이 도덕을 잃으면 껍데기만 남고, 도덕이 권력을 잃으면 미혹하게 된다고 하였다.[40] 현대 민주주의를 형식과 절차만 있는 껍데기 민주주의라고 비판은 하지만, 그 내용이 무엇인지 분명하게 말하는 정치 철학자는 찾아보기 쉽지 않다. 반면에 인간 삶이 영위되는 현실 세계를 버리고 산속이나 수풀 속으로 도피하는 종교가와, 현상계와 동떨어진 초월적 신의 모습은 도처에서 찾아볼

---

40 의암, 「천도태원경」.

수 있다. 진정으로 어려운 것은 혼탁한 현실의 흐름 한 가운데에서 삶을 영위하면서, 흔들리지 않고 물들지 않고 고요한 삶을 살아가는 성스러운 인격이다. 그렇지만 도덕 정치는 전설로만 남아 있을 뿐 아직까지 체감되지 않는다. 도덕 정치가 실감되고 도덕 문명을 보게 되는 날이 '후천개벽'의 날이기도 하다.

5. 모든 것이 새로워짐

해월은 동학이 천지가 개벽하던 큰 운수를 다시 회복하였다고 하였다. '다시개벽'의 운이란 포태의 수를 받아[41] 일체 만물이 모두 다 새롭게 태어난다는 뜻이다. 비단 자연 만물만 새로워지는 것이 아니라 사람도 새로워지고 하늘도 새로워진다는 뜻이다.[42] 모두가 완전히 새로이 태어난다는 것이다. 이렇게 새로운 문명을 잉태하여 낳는 일이 천주가 수운에게 맡긴 일이다. 새로운 문명을 잉태하여 탄생시킨다는 것은 무슨 뜻인지, 지금까지 세 가지 항목에 걸쳐서 살펴보았다. 그것을 요약하면서 글을 맺고자 한다.

첫째는 '다시개벽'은 먼저 사람이 새로운 사람으로 태어나는 것이다. 새로운 사람으로 태어난다는 것은 사람이 자신 안에 천주를 모시고 있으며 천주의 혼원일기와 통해져 있어 조화를 뜻대로 통제할 수 있는 우주적 존재라는 사실을 깨닫는 것이다. 수운은

---

41 해월, 「개벽운수」.
42 해월, 「개벽운수」.

1860년 천주를 만나서 지금까지 앓고 있던 질병을 치유할 수 있는 영부靈符와 새 사람이 되는 공부법인 주문呪文을 받았다. 새로운 존재로 태어나기 위해서는 영부로 현재 앓고 있는 신체·정신·영의 질병을 치료해야 하며, 주문으로 새로운 존재로 태어나야 한다. 달리 말하자면 사람은 물질·지식·종교의 질병으로부터 자유로워지기 위해서는 자기 안에 모셔져 있는 천주의 기운인 영부를 받아 내어 자유로이 활용할 수 있어야 한다. 질병을 치유할 뿐 아니라 사람은 하늘 사람이며 하늘 기운이라는 사실도 마음에 한 점 의심 없이 투명해져, 의암의 표현대로 우주의 황제로 올라서야 한다. 이것이 우주에 있어서 인간의 진정한 위치이다. 사람의 진면목이며 참사람됨의 뜻이다.

둘째로 '다시개벽'으로 자기의 사람됨의 뜻을 알았으면, 다음으로 할 일은 다른 사람에게도 이 도덕을 널리 가르치는 교육과 공부이다. '다시개벽'은 사람이 하늘이 되는 길이며, 불가능을 가능하게 만드는 교육이며, 지금까지는 느끼지 못했고 없었던 새로운 차원을 느끼고 구체화하는 도덕이다. 하늘의 명령을 깨달아 부모에게 행하고, 이웃에게 베풀고, 자연과 화목함으로써 도덕 문명이 밝아지게 되었다. 부모에게 효를 행하니 가족이 생겨나고, 이웃에게 베푸니 도덕 사회가 이루어고, 자연과 화목하니 뜻하는 일들이 무위이화로 성공하여 자연 문명을 태어나게 되었다.

그러나 아직까지 도덕 교육은 시행되지 않고 단지 인간은 자신의 지향하고 구성하는 이성을 자각했을 뿐이며, 사회를 이성의 관심과 이익에 따라서 구성하고 건축할 줄 알게 되었을 뿐이며, 자연을 유한한 과학적 지식의 울타리 안에서 약탈하고 이용할 뿐이다.

아직까지 인류는 깊은 영적 깨달음에 이르지 못했으며, 우주 만물 전체를 관통하는 하나의 거대한 기운을 느끼지 못하고 있다. 이에 따라 인간은 영성을 상실하여 도덕심을 잃게 되었고, 타인과 자연 사물이 모두 하나의 생명의 망이라는 사실을 느끼지 못한다. 하늘은 고립되었고, 인간은 타락하였고, 자연은 파괴되었다.

'다시개벽'은 하늘을 가렸던 구름을 치워 버려 청천백일靑天白日을 회복하는 길이며, 자연 만물의 약동하는 기운과의 소통을 막아 놓았던 온갖 질곡들을 완전히 풀어 버려 온전히 사통팔달하는 것이다. 그리하여 바로 내가 하늘이 되며, 바로 내가 하늘의 무궁조화를 선하게 다스리는 것이다. 이를 수운은 지화지기 지어지성至化至氣至於至聖[43]이라 하였다. 사람이 지극한 우주의 기운과 하나가 되고 사람이 지극한 성인이 되는 것이다.

셋째로 다시개벽은 '만고없는 무극대도'로 정치 권력을 도덕화하는 것이다. 그렇게 함으로써 그 덕이 만방에 미칠 수 있게 된다. 비록 '다시개벽'을 통하여 참사람이 되고 교육을 통하여 제자들에게 '수심정기'의 가르침을 베풀었지만, 도덕은 여기에서 멈추는 것이 아니라 반드시 모든 중생에게 차별없이 골고루 시행되어야 하니, 도덕 정치의 필요성은 여기에서 대두되는 것이다. 개벽이 도덕 정치나 도덕 문명으로 확장될 수밖에 없는 이유는 '다시개벽'은 비록 내 마음에서 시작되지만 우주 기운과의 완전한 소통이기 때문에 사회적·정치적 상황으로부터 고립될 수 없기 때문이다. 그러므로 다시개벽으로 사람은 자신의 우주성을 깨닫고, 도덕이 무엇인

---

43 수운, 「논학문」.; 해월, 「수도법」.

지 깨닫기 때문에 필연적으로 정치를 통하여 뭇 창생을 해방시킬 뜻을 품는다. 이것이 도덕 정치이며 '교정쌍전'이다.

그러나 현실은 그렇지 아니하여, 도덕과 권력은 각자의 영역을 분할하여 나날이 각각 미망에 빠져 버렸고, 껍데기만 남았다. 도덕은 사람들로 하여금 더 이상 생명의 성스러움과 우주적 연계망을 느끼도록 해 주지 못하고 이른바 성직 계급의 전유물이 되었으며, 권력은 오로지 수단과 방법을 가리지 않고 다수 표를 차지하는 절차적 정당성 놀이에만 빠져 있다. 종교는 사회보다 더 타락했으면서도 오히려 초월을 빙자하고, 정치는 사람됨의 뜻을 키우고 보호하는 본래의 목적을 잊고 오로지 술수와 전략, 음해와 분열이 주종이다. 생활과 유리된 종교는 공허해졌고, 도덕 실현의 내용이 없는 권력은 효율적인 지배와 통제 기술만 발달시키고 있다.

'다시개벽'은 마치 몸과 마음을 함께 완성하여 참사람을 낳듯이, 도덕과 권력을 화해시켜 인류가 지금까지 꿈꾸어 왔던 이상적·도덕적 정치 사회를 탄생시킨다. 도덕이 정치화하고 정치가 도덕화하는 것이 '후천개벽'이다.

제2장 고요하면서도 활발한 마음*

1. 도와 학

'다시개벽'은 내 마음으로 하는 것이다. 내 마음으로 하늘도 열고 땅도 열고 뭇 사람들을 여는 것이 '다시개벽'이다. 내 마음이 천도에 통하는 것이며, 내 마음이 동학을 공부하는 것이다. 크게 보아 마음은 두 가지 방향으로 작용한다. 하나는 높고도 무한한 하늘을 향하는 마음이고, 다른 하나는 넓지만 유한한 땅을 향하는 마음이다. 둘 중 어느 하나가 없어서는 온전한 마음공부라 할 수 없다. 예로부터 성인이 하늘을 우러르고 땅을 굽어본다는 것은 마음의 두 방향을 묘사한 것이다. 그러므로 고요한 성품 공부와 활발하게 작용하는 마음 기운 공부가 병행되어 왔다. 선가(禪家)에서는 일찍부터 고요한 마음은 움직이지 않는 산(山)에 비유하였고, 활발한 마음은 흘러가는 물(水)에 비유하였다.

수운은 천주로부터 '내 마음이 네 마음(吾心卽汝心)'이라는 말을 들어 사람의 마음이 하늘과 같다는 것을 배웠고, '귀신이란 것도 나니라(鬼神者吾也).'라는 말을 들어[1] 하늘 마음은 또한 모든 움직이

---

* 『신인간』 645호~647호(포덕145.5~7).

는 기운의 주인이라는 진리를 깨달았다. 수운이 하늘로부터 들은 이 두 가지 말은 도의 본체와 학의 공부를 뜻하며, 주문에서 시천주의 본체와 조화정의 기운 작용을 뜻하며, 심성론에서 고요한 본성 마음과 움직이는 기운 마음을 뜻한다.

이 가르침은 해월에게 전해져 다른 말로 표현되었다. 좀 더 설명을 하자면 도道는 무형유적無形有跡한 하늘의 본체를 일컫는 말이며,[2] 이 본체를 마음으로 통하면 천주를 내 마음에 모시어 마음은 고요하고 완전히 비게 된다. 이때의 마음을 성性이라 한다. 학學이라는 것은 광대무변한 우주 만물을 창조하고 변화하는 활활발발한 기운에 완전히 통하는 마음공부를 뜻하며, 조화가 정定해지면 내 마음은 우주 만물과 한 기운으로 소통하여 자연과 함께 춤추는 마음이 된다. 이때 마음을 활발한 마음이라 한다.

이렇듯이 동학·천도교의 심법은 수운이 경신년에 체험한 두 구절이 일이관지一以貫之되어 전개되었다고 할 수 있다. 해월은 한편으로는 천주를 부모처럼 모시는 천지부모天地父母를 강조하였고, 다른 한편으로는 나날이 먹는 음식과 일용행사가 모두 천주의 덕이라는 사실을 깊이 깨닫는 식고食告를 중시하였다.[3] 천지부모란 우주 만물의 근본인 고요한 성性의 또 다른 표현이며, 식고食告는 활발한 기운의 조화 작용인 마음 기운(心)의 다른 이름이다.

고요하면서 활발한 마음의 신묘한 경지는 동학·천도교의 심법

---

1 수운, 「논학문」.
2 수운, 「논학문」, "夫天道者 如無形而有迹."
3 해월, 「천지부모」.

에 의하여 밝게 밝혀졌으니, 여기에서는 그 근본 뜻을 수운·해월·의암을 통하여 이해하고자 한다. 의암은 고요하면서 활발한 마음을 철학적으로 체계화하여 종합하였다. 의암은 내 마음이 모신 천주를 성품이라 하였고, 내 마음이 통한 우주적 혼원일기를 마음이라 하여 도와 학을 성과 심으로 결정結晶하였다. 성심은 고요하고 활발한 마음의 두 경지를 뜻하며 성심일여性心一如이다. 즉, 도학일여道學一如요, 이기일원理氣一元이며, 성심쌍전性心雙全이다. 마음 한편은 하늘처럼 무한하고 고요하며 영원하다. 그렇기 때문에 하늘 마음이라 한다. 동시에 마음의 다른 한편은 우주 기운처럼 활발하여 모르는 것이 없으며, 통하지 아니하는 곳이 없으며, 명령하지 않는 것이 없다. 그렇기 때문에 귀신이라 한다.

사람은 몸과 마음 그리고 영성으로 나누어 볼 수 있다. 몸, 마음, 얼이라고도 표현할 수 있다. 마음은 몸과 얼을 잇는 매개자이면서 몸과 얼을 소통시키는 주체이기도 하다. 수양론으로 보자면 몸과 얼을 조화시키는 마음공부이지만, 우주론으로 보자면 하늘과 땅을 조화시키는 마음공부라고도 할 수 있다. 하늘 마음으로 양편을 온전하게 조화시켜 자기 마음의 통제 아래 두는 것을 우리는 '수심정기守心正氣'라 하기도 하고, '도성덕립道成德立'이라고도 하고, '견성각심見性覺心'이라 표현하기도 한다. 한마디로 개벽이다. 하늘이 열린다는 것을 수운은 구미산의 꽃소식으로 비유했고, 우주 기운 바다에 통하는 것을 용담물의 흐름에 비유하였다.[4] 구름 한 점 없는 가을 하늘에 떠 있는 태양처럼 밝고 밝은 것이 하늘의 도이며, 우

---

4 수운, 「절구」.

주 삼라만상에 흘러 통하지 아니하는 곳이 없는 감로수를 무궁토록 흘려 보내는 것이 하늘의 덕이다.

　이 위대한 도와 덕을 어떻게 이룰 수 있을까? 참으로 이 한 몸에 이런 경지를 열 수 있는가? 나아가 인류 문명 전체를 도덕의 빛으로 개명시킬 수 있는 것인가? 의심스럽고 의심스럽다. 동학·천도교의 탄생과 역사는 이러한 일이 가능하다는 것을 입증하기 위함이라 할 수 있다. 도덕의 빛이 밝아져 온 천하가 어둠의 질곡에서 해방될 수 있음을 입증한 것이 동학·천도교의 역사다. 아직까지 동학·천도교의 싹이 자라나 꽃을 피웠다고 보기는 어렵다.

　해탈과 자유의 길은 오직 마음공부를 통해서만 가능하다. 동학의 마음공부는 한편으로는 성품 공부이며 다른 한편으로는 기운 공부이다. 한편으로는 하늘에 통하여 그 무한하며 고요한 경지에 이르는 것이며, 다른 한편으로는 하늘의 기운에 통하여 내 마음으로 우주의 기운을 뜻대로 행사하는 것이다. 이를 위한 구체적 수행이 주문이다. 수운은 주문을 통하여 사람은 성인·대인·신선·군자가 될 수 있다고 확신하였다. 주문을 통하여 사람 마음이 하늘 마음이 될 수 있다는 것이다. 주문을 통하여 사람 기운이 하늘 기운에 통할 수 있다는 것이다. 직접 주문의 길을 걷지 않고서 이를 알 수 있는 방법은 없다. 그렇기 때문에 이 장에서는 동학·천도교의 수행론적 시각에서 마음이 하늘에 열리고 기운 조화에 열린다는 것이 무엇인지를 살펴보고자 한다.

2. 기운 공부

　먼저 기운 공부부터 살펴보자. 왜냐하면 기운 공부는 세상과 교류하고 소통하는 공부이기 때문에 무형의 비고 고요한 자리에 통하는 일보다 비교적 수월하기 때문이다. 기운 공부의 매개는 주문이다. 주문은 소리이며 소리는 기운이다. 주문은 기운이되 하늘의 기운이다. 그러므로 주문을 큰 소리로 오랫동안 반복함으로써 하늘의 기운과 소통하는 공부가 바로 주문 공부이다.

　같은 소리를 반복하는 수련은 단련이다. 뜨거운 불과 차가운 물을 들락거리면서 단련하는 것이다. 수련은 고요히 앉아 마음을 비우는 낭만적 시를 닮았다기보다는 땀 흘리면서 망치질하는 대장장이에 가깝다. 집중하여 불 속에 달구어야 하고, 때를 놓치지 말고 망치질을 해야 하고, 적당 시간 물 속에 집어 넣는 시련의 과정을 반복하는 과정이 수련이다. 다행스럽게도 성공적으로 그 과정을 마치면 세상에 어떤 것이라도 자를 수 있는 금강검을 탄생시킬 수 있다. 물불을 들락거리고 대장장이의 땀에 의하여 그 어떤 것이라도 자르지 못하는 것이 없는 명검이 탄생하는 것이다. 그리하여 그 지혜의 검으로 천하를 하나로 통일한다.

　마음도 이와 같아 슬픔과 분노의 바다에서 허우적거리기도 하고 기쁨과 희열에 들뜨기도 하면서 천국과 지옥을 오가기를 여러 차례 반복하면서, 어떤 상황에서도 평정을 잃지 않고 착함을 놓치지 않아 능히 세상을 이롭게 할 수 있도록 단련되는 것이다. 이렇게 마음이 강해질 때 몸은 마음에게 복종하여 온다.

사람 마음은 몸을 거부하기 힘들다. 사람의 마음은 몸을 다스리기는커녕 몸의 노예가 되기 십상이다. 그리하여 마음은 몸의 요구를 들어 주느라 분주하여 한시도 편안하고 조용한 날이 없다. 마음이 몸의 요구를 한번 들어 주기 시작하면 몸은 나날이 더 많은 것들을 요구하여 마음을 잠시도 가만 두지 않는다. 그렇게 되면 마음은 잠시도 편안한 시간을 찾을 수 없게 된다. 수련은 마음을 몸의 욕구로부터 해방시키는 작업이다. 마음으로 몸을 다스리는 작업이다. 수련의 과정을 통하여 마음의 힘을 얻은 사람은 몸을 자기 뜻대로 움직일 수 있다. 어떻게 마음으로 몸을 움직일 수 있는가? 우리는 과학적인 입장에 익숙해져서 마음으로 몸을 움직인다는 심학을 선뜻 이해하는 데 어려움이 많다.

세상의 모든 것은 하늘의 명령을 따른다. 오직 마음만이 명령을 따를 수도 있고 거역할 수도 있다. 선을 택할 수도 있고 악을 선택할 수도 있다. 마음의 선택권은 인간의 가장 위대한 축복이다. 그렇지만 그 선택권에는 반드시 그에 따르는 대가가 있다. 이는 우주의 근본 법칙이다. 수운은 이를 '무왕불복無往不復'[5]이라 하였다. 마음도 이 법칙에서 벗어나지 못하여, 선택할 자유는 있지만 선택의 결과로부터 자유롭지는 않다. 선택이 없으면 결과나 대가도 없지만 마음은 선택하기 때문에 언제나 그 결과를 받는다. 인과 법칙에는 예외가 없다.

그러나 우주의 인과법을 이해하는 과학과 심학의 태도는 다르다. 과학은 보이는 변수들 사이의 인과를 논하지만 심학은 보이지

---

5 수운, 「논학문」.

않는 변수를 중시한다. 보이지 않는 변수란 마음을 뜻한다. 심학은 마음을 모든 인과의 최대 변수로 본다. 그렇지만 과학자들은 보이지 않는 원인에 그다지 큰 관심을 두지 않는다. 왜냐하면 과학자들은 보이지 않는 변수는 관찰할 수 없고 설명할 수 없다고 생각하기 때문이다. 그래서 비과학적이라 주장하지만, 심학은 마음이야말로 모든 인과의 가장 결정적인 변수라 주장한다. 따라서 심학에서는 마음을 어떻게 쓰는가의 문제를 중시한다.

몸은 정확하게 인과법을 따른다. 물질의 법칙을 따르는 것이다. 그러나 우리는 마음으로 몸을 마음대로 움직일 수 있다는 사실을 너무 쉽게 간과한다. 어느 정도 한계는 있지만 뜻하는 대로 몸을 움직이는 것은 그다지 어려운 일이 아니다. 그럼에도 불구하고 과학자들이 마음을 중시하지 않는 것은 흥미로운 일이다. 과학자들은 암세포를 유발하는 여러 가지 보이는 원인들은 철저하게 연구하지만, 어떤 마음의 성향이나 생활 태도가 암세포를 유발하는 결정적 원인이 되는지는 크게 주목하지 않는다. 더욱 흥미로운 일은 마음이 어떤 행동을 할 것인지를 결정하지만, 과학자들은 마음은 보이지 않으므로 보이는 행태만을 연구하고자 한다. 그렇지만 심학자는 마음을 보고자 한다.

마음공부를 하는 사람들은 과학자들이 간과하는 보이지 않는 마음을 중시하여 이 마음을 알고자 한다. 특정한 마음의 자세가 암을 악화시킬 수도 있고 치료할 수도 있다는 사실을 중시한다. 모든 일에서 자기 잘못은 모르고 남을 원망하고 세상을 탓하고 미워하는 마음의 경향을 가진 사람은 암에 걸리기 쉽다고 한다.

의학도 암을 치료하지만 마음공부하는 사람도 암을 치료한다.

의학은 주로 약물을 쓰지만 수도자는 마음을 써서 치료한다. 과학은 약으로 암을 다스리는 데 익숙하지만 수도자는 마음으로 마음을 다스리는 데 익숙하다. 암을 치료하기 위해서는 우선 남을 탓하거나 세상을 원망하고 미워하는 마음을 버려야 한다.

해월은 '마음공부를 하는 사람은 냉수 한 사발이라도 약으로 쓰지 않는다.'고 하였다. 철저하게 마음을 약으로 삼는다는 뜻이다. 모든 사태에서 마음을 중심에 놓고 사유하는 것이다.

의암은 「위생보호장」에서 마음으로 기운을 움직이고 정精을 운영하여 몸을 움직이라고 하여 마음공부의 핵심 요령을 밝혔다.[6] 쉽게 말하면 매매사사에 자기 안에 모시고 있는 천주에게 마음으로 고하라는(心告) 것이다. 기운을 움직이든, 정력을 쓰든, 몸을 움직이든 먼저 마음을 내어 그 기운을 작동시킨 뒤에 몸을 움직이고, 정력을 쓰고, 기운을 운용하라는 뜻이다. 이것이 마음공부의 핵심이라 할 수 있다. 마음공부를 통하여 이런 생활이 익숙해지면 이 세상 모든 일을 마음으로써 하게 된다. 그러므로 마음공부는 건강을 증진하는 최대의 비결이고, 세상의 수많은 일들을 처리하는 최고의 처방이며, 사람들을 조화하여 화기애애한 공동체성을 증진시키는 비밀이며, 득도의 비결이다.

그렇다고 과학이 필요 없다는 것은 아니다. 과학은 질병 퇴치에 위대한 기여를 해 왔지만 마음의 힘을 약화시켜온 것도 또한 사실이다. 과학의 가장 큰 문제는 사람들로 하여금 모두 유물론자가 되게 만들었다는 점이다. 과학은 그 궁극에 이르러 물질을 움직이는

---

6 의암,「위생보호장」.

궁극적 힘이 마음이라는 사실을 깨닫는 데까지 나아가지 못했기 때문이다. 그러므로 사람들로 하여금 물질에 의존하는 마음을 크게 강화시키게 된 것이다.

현대 과학은 눈부시게 발전하여 물질을 구성하는 기운의 중심에는 마음이 작용하고 있다는 사실을 어렴풋하게나마 밝히고 있다. 동학·천도교의 마음공부는 마음으로 기운을 작동시켜서 물질을 움직이는 능력을 함양하여 내 마음이 곧 우주 만물을 움직이는 주인이라는 사실을 자각하는 삶을 사는 길이다.

실제로 필자는 그리 길지 않은 시간 동안 천도교 공부를 하면서, 천도교인들 가운데 주문 수련으로 병원에서는 불치병이라고 하는 병도 고치고, 경제적인 문제도 해결하고, 부부 간의 불화, 어린이 교육 문제 등을 해결해 나갔다는 분들을 보았으며 직접 이야기도 들었다. 하늘에 계신 어떤 절대자가 수도자를 가엽게 여겨 은총을 베푼 것이 아니라, 주문의 기운으로 하늘의 지혜가 열리고, 수도하는 분의 마음이 성장하여 하늘의 기운에 통하여 그런 문제들을 해결해 나갔다는 사실을 알게 되었다. 수련은 어떤 문제라도 참으로 경이로운 방식으로 해결해 내는 놀라운 능력을 주는 것이 분명하다. 그러나 천주의 능력은 짧고 얕은 사람의 지식으로는 측정할 수 없기 때문에 신묘神妙하다는 표현을 아니 쓸 수 없다.

하늘의 지혜는 무궁하여 풀지 못하는 문제가 없으며, 하늘의 기운은 무궁하여 다스릴 수 없는 문제가 없다. 그러므로 지혜로운 사람은 하늘의 무극대도를 깨닫고 무궁조화에 통하여 자신의 일상사와 공동체의 여러 가지 문제들을 해결해 나간다. 그러므로 우리가 수도하는 것은 비단 개인적 깨달음의 희열에 젖어 혼자서 천국에서 살자고 하는 것만도 아니며, 공적 문제를 다수결의 원리라는 미명하에 도가 아닌 세상의 힘으로서 해결하고자 하는 것도 아니다. 하늘의 무한하고 무궁한 마음의 힘에 의하여 모든 일들을 순리에 맞게 해결하자는 것이다.

현재 인류는 전대미문의 위기에 봉착해 있다. 오만한 이성의 힘이 초래한 위기라 할 수 있다. 생태계 위기와 전쟁의 위기는 수많은 사람들에 의하여 제기되기 때문에 재삼 거론할 필요가 없다. 문제는 이 위기를 어떻게 해결할 것인가이다.

전쟁터에서 총알은 선악을 가리지 않는다. 총알이 관통하면 착한 사람도 죽고 악한 사람도 죽는다. 그러므로 전쟁터에서는 선악이 중요한 것이 아니라 살아 남는 책략이 중요하다. 문명을 전쟁사로 보는 한 우리는 언제나 빈틈 없는 무장을 하고 싸울 준비를 해야 한다. 이렇게 생각하여 인류는 지금까지 전쟁의 역사를 겪어 왔다. 아마도 이런 경향이 쉽게 극복될 것 같지는 않다. 어쩌면 마음의 중심인 하늘을 공부한다는 종교 조직에서 암암리에 벌어지는 비열한 전쟁이 가장 치열할지도 모른다. 왜냐하면 외면적으로 표명하는 성스러움을 노골적으로 무시하지 못하기에 전쟁은 교묘해지고 은밀해지기 때문이다.

마음공부는 전쟁의 위기와 위선을 극복하는 길이다. 전쟁과 생태계 위기는 다른 사람과 나를 갈라 놓고, 인간과 자연을 이원화하는 데서부터 시작한다. 이원화가 곧 전쟁으로 치닫는 것은 아니다. 전쟁은 둘 줄 어느 하나가 우월성을 주장하면서부터 시작된다. 우월한 자가 열등한 자를 지배하고 정복하는 노정이 시작되기 때문이다. 그렇지만 마음이 사람과 사람, 사람과 자연을 잇는 하나의 하늘 기운에 동참하면서 단절이 아니라 소통이, 갈등이 아니라 협동이 본래의 모습인 줄 알게 된다. 그 때 우리는 싸울 준비를 하는 것이 아니라 미소 짓는 방법을 연구하게 된다.

기운 공부로써 대립되는 것을 조화調和시키는 안목이 확장될 때 마음의 힘은 증대한다. 조화(和)는 내 주장을 남에게 강요하는 것이 아니라 '나와 너'가 갖고 있는 공통된 마음을 드러낼 때 생겨나는 미덕이다. 조화는 음과 양을 균형 있게 상호작용시키는 능력이다. 조화는 서로 상반되는 것들을 통합시켜 전혀 새로운 존재로 거듭나는 공부다. 수련은 이렇게 서로 다른 것들을 소통시키는 능력을 계발하는 구체적인 방법이다. 즉, 전쟁사를 끝내고 협력과 평화의 시대를 여는 구체적이며 현실적인 길인 것이다.

기운 공부를 사회에 적용시키면 마을 간, 씨족 간, 부족 간, 영주 간, 국가 간, 이념 간, 종교 간 전쟁보다는 이들 사이의 소통이 존재의 실상이라는 사실을 밝게 인식하게 된다. 생태계 파괴와 핵문제로 인하여 타자의 멸망이 곧 나의 멸망이라는 사실을 인류는 어쩔 수 없이 느끼게 되었으나, 마음에서 온갖 차별이 사라지고 모두가 여여如如하게 보는 마음은 아직까지 열리지 못했다. 기운 공부로써 모두에게 똑같이 하나의 기운이 통하고 있음을 보게 될 때, 모든 존재는 근본에서 평등하며 하나로 연결되어 있다는 점을 사실로 느끼게 된다. 차이의 에너지가 너무 강하게 작용하면 하나로 관통하는 같음을 볼 수 없다. 보통의 마음으로는 다름의 이면에 숨어 있는 같음을 보지 못한다. 그렇다고 차이를 부정하는 것은 아니다. 차이를 잃게 되면 공空에 빠진다. 기운 공부는 무차별의 공空에 떨어지는 것이 아니라 다양성들이 조화를 이룰 수 있는 길이다.

기운 공부는 하늘 기운의 흐름이 언제 어디서나 막힘 없이 흐르도록 하는 데 있다. 내 몸에서 하늘 기운은 막히지 않고 흘러 통하지 아니하는 곳이 없어야 한다. 몸에서 기운이 막히면 병이 찾아온다. 막힌 기운을 소통시켜 주면 병은 저절로 낫는다. 하늘 기운은 모든 곳에 통하기 때문에 어떤 기운도 마음대로 다스릴 수 있다. 수운은 기운 공부를 '용담의 물이 흘러 네 바다에 이른다.'고 비유하였다. 내 몸의 기운이 그치지 않고 흘러 마침내 궁극적 존재와 합일하는 것을 이렇게 표현한 것이다. 온 지구가 하나의 기운으로 통하는 것을 이렇게 표현한 것이다. 실상 지구는 이미 하나의 마을이지만 세계인의 마음은 그렇지 못하다. 기운 공부는 시민 의식이 아니라 세계 의식을 가질 수 있도록 마음을 열어 준다. 세계 의식을 넘어 우주 의식에까지 열려야 한다.

변화무쌍한 계곡의 경계를 따라서 물은 소리도 없이 아래로 흘러 개울을 이루고 강을 이루어 마침내 바다에 이른다. 바다에 이를 때까지 비록 온갖 가지 파란만장한 경계를 겪지만 물은 흐르기를 멈추지 아니한다. 냇물은 흐르면서 천진난만한 어린아이의 몸을 씻어주기도 하고, 농부의 투박한 발을 적시기도 하고, 더러운 오물을 씻기도 하고, 기계의 기름과 독성의 물질들을 씻어내는 온갖 가지 덕을 베풀면서 사연들을 품고 마침내 바다에 이른다. 그러므로 물은 생명의 원천이며 문명의 젖줄이다. 기운 공부는 물과 같아서 어떤 변화에도 순응하면서 오직 세상에 이로울 뿐이다. 세상의 경계에 적응하면서 오로지 덕을 베푸는 물을 하늘 기운에 비유하여 설명한 것이다.

이렇게 이로운 강물도 어떤 때는 하룻밤 사이에 모든 것을 삼켜 버리는 무서운 모습을 보여 주기도 한다. 통제되지 않은 하늘의 기운은 때로는 수도하는 이들의 모든 것을 앗아가기도 한다. 그러므로 기운 공부를 할 때는 기운을 다스리는 마음이 올바라야 하고, 밝아야 하고, 착해야 하고, 정의로워야 한다고 의암은 강조하였다. 이렇게 마음 기운을 올바른 방향으로 쓰지 않고 착한 방향으로 쓰지 않으면 자신도 모르는 사이에 그 넓던 대도大道가 점점 좁아져 군색해진다.

해월은 모든 악이란 바로 이 군색한 마음에서 온다고 하였다.[7] 마음이 좁아지면 심지어 바늘 하나도 꽂을 자리가 없다고 한다. 그렇게 되면 세상 사람이 모두 적으로 보인다. 적이 많아질수록 마음은 더욱 옹색해진다. 언제 어디에서 적이 나를 공격해올지 모른다는 공포감으로 숨도 제대로 쉬지 못하고, 밥도 제대로 먹지 못하고, 사람의 얼굴도 제대로 쳐다보지 못한다. 증세가 심해지면 자신마저도 믿지 못하는 상황이 도래한다. 사정이 악화되면 정신분열증 현상이 나타난다. 이러한 현상은 전쟁을 경험한 사람들이 일반적으로 겪는 증후들이다.

이 세상에는 참됨도, 밝음도, 착함도, 정의도 없다고 하지만 그렇지 않다. 비록 상대적이기는 하지만 참되고, 밝고, 착하고, 정의로운 사람들이 있다. 적으로 포위되어 죽음의 공포와 매일 싸우는 불쌍한 중생을 구원하기 위하여 수운은 수심정기의 공부를 알려 주었다. 무극대도의 길은 갈수록 넓어져 편안하기가 이를 데 없으

---

7 해월, 「이심치심」, "心이 感情에 흐르면 狹隘窘迫하여 모든 惡德이 이로 생기는 것이니라."

나, 반대로 마음 기운을 좁게 쓰는 사람은 갈수록 길이 좁아져 면도날보다도 더 위태로운 길을 걷게 된다. 나중에는 발 한 걸음 옮겨 놓을 수 없는 절대 절망에 이르러 끝없는 심연의 나락으로 떨어진다. 누가 이런 길을 가기를 바라겠는가?

마음 한번 돌리면 절망이 희망으로, 나락이 천국으로, 불가능이 가능으로, 지옥이 천국으로 바뀌는 것이 기운 공부다. 이렇게 마음이 바뀌면 너그러워져서 어떤 악이라도 용서하고 포용할 수 있는 품이 열린다. 물론 마음을 이렇게 넉넉하게 쓰기가 얼마나 어려운지는 대부분의 사람들이 잘 알고 있다.

예리한 칼날을 뽑아 돌진해오는 망나니의 칼날을 피하면서 너그러운 마음으로 대응한다는 일이 얼마나 어려운가? 거의 불가능할지도 모른다. 고도의 무예를 터득하지 않고서는 언제 어떻게 심장이 난도당할지도 모른다. 마음의 신묘함을 터득한 사람만이 적절한 방어를 하면서 칼춤을 멈출 수 있을 것이다. 나아가 증오의 칼을 거두고 함께 드넓은 여여如如의 세계로 나아갈 수 있을 것이다. 그러나 고절한 무예를 익히지 못한 사람에게는 이러한 일은 꿈에 불과하다. 어떤 변화에도 대응할 수 있는 마음을 터득하지 못하는 한 이러한 일은 불가능할지 모른다.

이 세상에 똑같은 것은 없다. 우주 간에 멈춰 서 있는 것이 없기 때문이다. 모두가 움직이고 떨고 있기 때문에 똑같은 것은 하나도 없다. 몸을 공부한다는 것은 떨림을 그치고 고요에 빠져 버리는 것이 아니라, 떨리면서 동시에 흔들리지 않고 고요한 경지에 머물 줄 아는 공부다. 상대방의 변화무쌍한 초수를 읽어 내어 그때마다 적절한 대응을 해야 하는 것이다. 공부가 극치에 이르면 상대방의 어떤 공격에도 흔들리지 않는 고요의 경지에서 무심의 무예를 펼칠 수 있다. 오직 고요의 경지를 아는 고수만이 이렇게 무위이화의 초수를 시전할 수 있다.

마음이 너그러워지고 편안해지면 일체 다양성을 포용할 수 있게 된다. 반면 마음이 불안하고 옹색해지면 바늘 하나도 용납하기 힘들다. 마치 거울이 천변만화하는 변화의 순간순간을 한치의 왜곡도 없이 정확하게 비추지만 동시에 고요하고 물들지 않는 것처럼, 우리의 마음도 거울처럼 밖의 경계를 하나도 놓치지 않고 비추지만 동시에 밖의 경계에 조금도 흔들리지 않고 밖의 경계에 정확하게 대응하는 것이다. 고요에 이르러야 온갖 요란들을 이해하고 적절하게 조절할 줄도 알게 된다.

수운은 '천고청비天高聽卑'라 하였다.[8] 하늘은 듣지 못하는 소리가 없으며, 보지 못하는 광경이 없으며, 느끼지 못하는 경계가 없다는 뜻이다. 모든 것을 다 안다는 말이다. 몸을 공부한다는 것은 이렇게 고요한 마음으로 우주 간에서 이루어지는 모든 떨림과 진동들을 잡아내는 것이다. 모든 마음의 성향들과 한계들을 알아서 각각 그 쓰임에 알맞게 자리를 배치해 주는 마음이 열리는 것이다. 모든 진동을 안다는 것은 동시에 모든 것들을 통제할 줄 안다는 뜻이다. 내 마음이 밖의 경계에 따라서 정확하게 반응하면서도 그 고요함을 잃지 않는 성품 공부가 되어야 이런 경지가 열린다. 흔들리지 않는 고요를 우리는 성품, 영성, 도심, 천심, 붓디Bhuddi 등으로 부를 수 있다. 어떻게 부르든지 중요한 것은 내 마음이 이 고요의 경

---

8 수운, 「홍비가」.

지에 들어 직접 성품을 보고, 천주를 느끼고, 영성의 문으로 들어서는 것이다.

3. 성품 공부

수도는 한마디로 말하면 조용해지는 것이다. 거울은 온갖 경계를 다 비추지만 단 한 번도 물들거나 경계에 흔들려 움직인 적이 없다. 만약 움직인다면 거울이 아니다. 흔들리는 물이 일그러진 반영을 보여주듯이 내 마음이 흔들리면 모든 것이 찌그러진다. 그러면 세상에 제 모습을 갖춘 것은 아무 것도 없다. 그렇지만 내 마음이 고요하고 물들지 않고 흔들리지 않으면 세상은 본래 있는 그대로의 실상을 보여 준다. 세상을 탓하지 말고 먼저 마음을 고요하게 하라는 이유가 여기에 있다. 남을 탓하지 말고 먼저 자신을 되돌아보라는 이유도 여기에 있다. 마음공부는 자기 공부이다. 과학과는 방향이 정반대이다.

세상을 공부하는 것이 아니라 자신을 공부하는 것이 마음공부다. 그러나 흔들리지 않는 자기 마음을 보여 주는 사람이 적다. 세상 사람의 마음은 흔들려 본래의 흔들리지 않는 실상은 보여 주지 못하고 모두 흔들리는 가짜만을 보여 준다. 그리하여 세상에 가짜들이 가득 차게 되었다. 밖의 대상만 흔들리는 것이 아니라 보는 내 마음도 흔들리니 상이 올바로 맺힐 수가 없다. 즉, 내 마음의 거울도 일렁거리고 상대편의 마음도 일렁거리니 오로지 찌그러진 모습들만 세상을 횡행할 뿐이다. 세상이 이토록 일그러지고 찌그러진 이유는 우리의 마음이 고요해져 평평해지지 못했기 때문이다. 일그러진 세상을 탓하기 이전에 일단 내 마음을 먼저 평평하도록 하면 더 이상의 왜곡은 막을 수 있다. 그러므로 우선 자신의 마음부터 고치라고 하여 동학·천도교에서는 안으로 자기를 닦는 내수도內修道를 강조한다.

일단 내 마음이 고요해지면 모든 대상을 있는 그대로 볼 수 있는 능력이 생긴다. 내 마음은 거울 한 조각이 되는 것이다. 생각하는 그대로 모든 것을 비추는 거울과 같은 마음이 되는 것이다. 그리하여 모르는 것이 없게 된다. 이를 수운은 만사지萬事知라 하였다. 그리하여 아무리 겹겹이 싸고 또 싸서 깊숙이 감추어 두더라도 고요한 마음을 가진 사람을 속일 수는 없다. 가면을 쓰고자 하겠지만 가면 뒤의 음흉한 얼굴까지 감출 수는 없다.

마음이 고요한 사람은 알고 싶지 않아도 있는 그대로의 소리가 들려오고, 마음이 착한 사람은 보고 싶지 않아도 본래의 얼굴이 숨김 없이 드러난다. 수운이 하늘로부터 받은 그 마음이 해월에게도, 의암에게도, 그리고 무수한 제자들의 마음에게도 오늘날까지 비추어 내려오고 있다. 그 마음은 영원히 전해질 것이다.

수운이 해월에게 도를 전하면서 '물 위에 등불이 밝으니 물에 비친 등불과 아무런 차이가 없다(燈明水上無嫌隙).'고 하였다.[9] 물이 흔들리지 않아야 물 위의 등과 수면의 등이 아무런 차이가 없다. 만약 물이 흔들린다면 일그러져 같은 모양이 아니었을 것이다. 수운의 마음도 해월의 마음도 일체 흔들리지 않아 찌그러짐이 없었기

---

9 수운, 「영소」, "燈明水上無嫌隙 柱似枯形力有餘."

때문에 수운의 마음은 해월에게 그대로 전해진 것이다. 의암은 거울 앞에 거울 놓으니 그 서로 비춤이 무궁하다고 하였다. 양면에 큰 거울을 놓고 바라보면 그 비침이 무궁함을 알 수 있다. 진실로 고요한 마음은 그 비침이 무궁하여 오만년이 아닌 영원히 지속될 것인 줄 알 수 있다. 그 마음이 어디에 있는가? 146년 전에 그 마음이 있는가? 우주가 태어나기 이전에 그 마음이 있는가?

그 마음은 아득한 옛날부터 아득한 미래까지 인연도 없이 본래부터 그냥 있었다. 그렇기 때문에 내 마음을 조용히 하면 그 마음이 내 마음에서 드러난다. 어디로부터 온다거나 어디로 간다거나 하는 마음이 아니라 우주 간에 꽉 차 있어 오는 것도 없고 가는 것도 없다. 커튼을 열어젖히고 창문을 열면 쏟아져 들어오는 찬연한 햇살처럼 본래 있었던 것이다.

그러나 내 마음이 흔들리면 제 아무리 총명하고, 제 아무리 부유하고, 제 아무리 거대 조직에 막강 권력을 가졌다 할지라도 하늘의 뜻을 왜곡하고, 스승의 덕을 더럽혀서 어디 가서 용서를 구하고자 하여도 구원되지 못하는 죄를 범하게 된다. 그러므로 마음을 고요하게 하여 하늘의 가르침을 올바르게 받아 하늘 뜻에 어긋나는 일을 하지 말아야 할 것이다.

성품 공부는 마음이 이처럼 고요해져 일체 만상의 있는 그대로의 실상을 보기 위함이며, 전하기 위함이며, 가르치기 위함이며, 베풀기 위함이다. 천도란 있는 그대로의 실상을 바로 보고 바로 듣는(正示正聞)[10] 도라는 뜻이다. 내 마음이 이렇게 되는 것을 성품 공

---

10 의암, 「무체법경」, '신통고'.

부라 한다. 성품 공부로 마음이 고요에 들면 모든 것을 바로 보고 바로 듣게 된다.

바로 보고 바로 듣는 하늘 성품이 열린다면 무슨 어려움이 있겠는가? 해월은 그 옛날 유비가 천하에 뜻을 두고 준비를 했던 천하의 요새인 사천성의 성도成都로 가는 길이 험한 것이 아니라 마음길이 험하다고 하였다. 천도가 어려운 것이 아니라 마음이 어려운 것이라는 것이다. 공부가 어려운 것이 아니라 마음이 어려운 것이라는 것이다.

안에서 마음의 문을 걸어 잠그면 어느 누구도 문을 열 수가 없다. 마음의 문을 여는 주인공은 나다. 걸었던 자물쇠를 풀고 창문을 활짝 열고 봄빛을 맞이하고 님을 맞이하는 주인공도 나다. 나만이 내 마음을 열 수도 있고 닫을 수도 있다. 내 마음이 감옥이라는 사실을 자각하는 데서부터 깨달음은 온다. 나에게 최대의 적은 나다. 이상하게 들릴 수 있지만 작은 나는 큰 나를 가로막는 가장 큰 장애물이다. 그러므로 마음공부에서 마지막으로 제거해야 할 장애물은 바로 나인 것이다. 나를 허물어야 빗장을 열어젖힐 수 있는 것이다. 그렇지만 나는 장애물이면서 동시에 오직 나를 통해서만 빛의 세계로 나갈 수 있다. 나는 위대한 선택을 할 수 있는 존재다. 나는 모든 창문을 활짝 열어젖힐 수도 있고 모든 창문을 꽉 걸어 잠글 수도 있다. 나는 영원토록 암흑의 지하 감옥에서 썩을 수도 있고 청천백일의 밝음의 세계를 날 수도 있는 위대한 존재다.

마음을 그치라는(止) 가르침도, 마음으로 일어나는 일들을 관조하라는(觀) 가르침도, 마음을 비우라는(空) 가르침도, 마음을 집중執中하라는 가르침도 모두 마음을 고요히 하여 '본래의 나'를 깨닫기 위한 성품 공부이다.

　마음을 고요하게 하기 위해서는 밖에서 오는 일체의 자극적인 진동에 따라서 춤추지 말아야 한다. 마음은 미친 원숭이보다도 더 바쁘게 이 나무에서 저 나무로 옮겨다닌다. 춤추는 물질 세계에 매인 욕망이라는 이름의 마음을 쉬어야 한다. 마음은 이 사람에서 저 사람에로, 이 일에서 저 일로 쉴 새 없이 설치고 다닌다. 마음은 과거에서 오늘로, 오늘에서 내일로 갈피를 잡지 못하고 헤맨다. 시간과 공간이 마구 뒤섞여 종잡을 수도 없다. 나쁜 일을 생각하다가도 선한 일을 생각하기도 한다. 그러므로 인도에서는 세상 사람의 마음은 파리와도 같다고 한다. 어떤 때는 쇠똥에도 앉았다가 어떤 때는 신상神像에도 앉기 때문이다. 세상 마음은 어떤 때는 증오로 불타오르다가 어떤 때는 주체할 수 없는 사랑의 열정을 보여 주기도 한다. 양 극단이 한 사람 안에서 치열해질수록 그만큼 분열의 증세는 높아지고 강해진다. 거짓말을 많이 하는 사람은 자신도 모르는 사이에 미쳐 간다. 왜냐하면 진실과 거짓의 경계가 마음을 깨진 유리처럼 분열시키기 때문이다. 마음의 분열이 악화되면 손가락 하나만 까딱해도 맥없이 무너져 내린다.

　그러므로 해월은 진실한 사람이라야 도에 가깝고 영리한 사람은 도에서 멀다고 하였다.[11] 영리한 사람은 이중, 삼중…, 다중의 인격으로 사람을 속이기 때문이다. 영리한 사람은 남들의 눈에 보기에

---

11 해월, 「대인접물」, "外飾者道遠 眞實者道近 御人無碍者 可謂近道矣. 겉으로 꾸며대는 사람은 도에 멀고 진실한 사람이 도에 가까우니, 사람을 대하여 거리낌이 없는 자라야 가히 도에 가깝다 이르리라."

는 많은 일을 하는 것처럼 보인다. 영리한 사람은 남들의 눈을 잘 알기 때문에 카멜레온보다도 더 빨리 옷을 갈아입는다. 불쌍한 것은 그 겉모습에 속아서 헤어나기 힘든 늪에 빠져 진실의 도로부터 멀어지는 것이다. 그러나 마음공부를 하는 사람은 그러한 덫이나 늪에 잘 빠지지 않는다. 왜냐하면 진실한 사람은 겉모습에 따라 판단하지 않기 때문이다. 영리한 사람은 순간의 대응에 민첩하여 한 번 정한 목적과 방향에서 쉽게 옮기기 때문에 도를 통하기 어렵다고 한다.[12] 근본을 지키기보다는 곁가지에 바쁘기 때문이다.

해월은 먼저 천주를 확고하게 믿은 다음에 정성을 들이라고 하였다. 진심으로 하늘을 믿는다면 다른 사람을 속이거나, 다른 사람을 업신여기거나, 다른 사람에게 해를 입히는 일을 어찌 할 수 있겠는가.[13] 하늘을 믿지 않기 때문에 온갖 가지 나쁜 일을 아무런 거리낌 없이 행하는 것이다. 그렇다고 이러한 사람을 두려워할 필요가 없다. 왜냐하면 진실이 없는 허식은 오늘은 강한 것처럼 보이지만 내일이면 안개처럼 무상한 것이기 때문이다.

뿌리가 없는 나무가 자란들 얼마나 자라겠는가? 흔들리는 기둥에 무슨 큰 집을 짓겠는가? 수운은 내 마음의 기둥이 움직이지 않

---

12 해월, 「수도」, "眞實者 道通也 有才有能智者心柱難定故 心有移覆實難道通矣. 진실한 이라야 도를 통하는 것이니, 재주 있고 꾀 있는 사람은 심주를 정하기 어려우므로, 마음이 옮기고 번복되어 실로 도통하기 어려우니라."
13 해월, 「성경신」, "人之修行先信後誠 若無實信則 未免虛誠也 心信 誠敬自在其中也. 사람의 닦고 행할 것은 먼저 믿고 그 다음에 정성 들이는 것이니, 만약 실지의 믿음이 없으면 헛된 정성을 면치 못하는 것이니라. 마음으로 믿으면 정성 공경은 자연히 그 가운데 있느니라."

아야 도의 맛을 안다고 하였다.[14] 내 마음의 기둥이 흔들리지 않아야 진실을 알아볼 수 있고, 도덕적 사회와 올바른 정치를 세울 수 있는 것이다. 그렇게 마음기둥이 굳건해야 오만년 내려갈 도의 집을 지을 수 있는 것이다.

천하를 얻어 무소불위의 권력을 얻었지만 진시황 한무제가 무엇이 없어 죽었느냐고 수운은 묻고 있다. 역사에 길이 남을 일을 한 것 같지만 실상은 무상한 일이다. 왜냐하면 영생하는 궁을弓乙 마음과 창생을 위하는 마음(爲爲心)을 얻지 못했기 때문이다. 수운은 영생하는 불사약不死藥을 한 손에 들고 조롱만상할 것을, 늦게 난 것이 한이라 하였다.[15] 진시황 한무제는 당대의 위대한 권력자였지만 천황씨의 도덕 정치처럼 길이 이상으로 전해지지는 못했다. 그러나 수운이 새로이 연 후천 천황씨의 운은 오만년을 표준하면서 새로운 이상으로 길이 전해질 것이다.

절대 권력도 갔지만 수운도 갔다. 똑같이 갔지만 수운의 무극대도와 무궁조화는 우주의 처음부터 끝까지, 이곳에서 우주의 끝까지 미치지 아니하는 시간과 공간이 없기 때문에 영원할 것이다. 진리는 사라지지 않는다. 설사 사람이 기억하지 못하더라도 하늘이 알고 땅이 알기 때문에 영생과 하나된 마음은 영원히 산다. 스승은 제자들의 마음에서 영생한다. 부모는 자식의 마음에서 영원히 산다. 성인은 우주와 함께 영생한다. 전체 우주에 종말이란 없다.

---

14 수운, 「탄도유심급」, "固我心柱 乃知道味."
15 수운, 「안심가」, "진시황 한무제가 무엇 없어 죽었는고 내가 그때 났었더면 불사약을 손에 들고 조롱만상 하올 것을 늦게 나니 한이로다."

이제 밖에서 펼쳐지는 화려한 색깔에서 눈을 떼고 잠시 깊은 호흡을 해 보자. 그리고 다시 눈을 뜨고 흘러가는 물을 보듯, 밀려가는 구름을 보듯, 철썩거리는 파도를 보듯 그냥 바라만 보자. 미동도 하지 말고 오직 두 눈만 부릅뜨고 눈앞에서 진행되는 일들을 무심으로 바라다보자. 오직 바라봄만 남아 있을 때 마음은 깊이 가라앉아 냉정을 되찾는다. 깊은 심연에는 어떤 흐름도 없으며 오직 존재만 있을 뿐이다. 마음의 가장 깊은 곳으로 들어가 미동도 하지 않는 고요에 들여다보자. 바다의 심연은 어둡지만 마음의 심연은 오직 밝다. 밝다거나 어둡다거나 하는 생각조차도 없는 그냥 조용히 존재할 뿐이다. 그곳에 이르러 평안을 맛보자.

바퀴의 중심이 비었듯이 내 마음의 중심도 비어 있다. 그 빈 마음을 일러 성품이라 한다. 그 빈 마음을 일러 중中이라 한다. 그것이 '본래의 나'다. 그 고요한 중심이 우주를 창조하는 근본 이치이자 근본 재료이다. 그러므로 의암은 성性을 원리원소原理原素라고 설명한다.[16] 내 마음이 원리원소가 되면 나는 우주의 근본 재료가 되며 근본 이치가 된다. 즉, 나는 우주의 중심이 되며 천주가 된다. 내가 우주 만물을 창조하고 유지하고 환원시키는 원리와 원소가 된다는 것은 무엇을 뜻하는가? 그것은 우주 만물의 창조주가 된다는 뜻이며 삼라만상의 부모가 된다는 뜻이며, 우주 사회의 황제가 된다는 뜻이다. 모든 것이 이곳으로부터 나와서 존재하다가 환원하기 때문에 오직 마음이 이곳에 이른 사람만이 이 모든 과정을 원만하고 올바로 처리할 수 있다. 이러할 때 사람은 비로소 사람을

---

16 의암,「무체법경」,'성심변'.

천주로 섬길 수 있으며, 자연을 어머님의 살처럼 공경할 수 있으며, 천주를 언제·어디서나 잊지 않을 수 있는 것이다. 누구에게나 무한히 하늘의 덕을 베풀 수 있는 것이다. 마침내 뭇 창생들을 위하여 위대한 천주의 이치와 기운을 자유로이 활용하여 도덕 문명의 시대를 열 수 있는 것이다. 그러한 이상이 이루어진 세상은 지상천국이라 한다. 동학·천도교는 이 땅에 이러한 지상천국을 건설하는 것을 궁극 목적으로 삼는다.

동학·천도교는 인류와 우주 삼라만상에게 이 위대한 봉사를 하기 위하여 태어났다. 그러므로 천도교는 결코 어느 누구의 사유물이 아니며 우주 만유의 공유물이다. 천도교는 특정 사람, 특정 지역, 특정 종교, 특정 인종, 특정 나라를 위하여 존재하는 종교가 아니라 우주 간의 뭇 창생들에게 무한한 행복을 무궁하게 베풀기 위하여 태어난 참 생명이며, 참 교육이며, 참 도덕이며, 참 공동체이다. 천도교는 내가 하는 것도 아니요, 네가 하는 것도 아니요, 교단이 하는 것도 아니며, 대한민국이 하는 것도 아니다. 천도교는 천주가 나를 통하여, 너를 통하여, 천도교를 통하여, 대한민국을 통하여 새로운 도덕 문명을 새로이 이룩하기 위하여 존재한다고 하겠다. 중요한 것은 천주가 이 몸을 통하여 온전하게 그 뜻을 완성할 수 있도록 내 마음을 천주와 하나가 되게 하고, 내 마음을 천주의 기운과 하나로 통하게 하고, 내 마음을 전체 우주 삼라만상과 하나로 돌아가게 하는 일이다. 관건은 마음이 개벽되는 데 있다.

앞으로는 과학자들도 물질의 중심에 이르러 천주의 기운과 만나고 천주의 이치를 만나게 될 것이며, 그곳에서 만난 천주가 도덕을 닦는 사람들이 추구해온 본심·본성과 아무런 차이점이 없는 줄을 깨달을 것이다. 뿐만 아니라 도덕을 수행하는 사람들은 내 마음의 도덕과 자연의 운행이 한치도 어긋나지 않는 무위이화無爲而化의 경지에 이르러, 문명과 자연의 모순을 말하지 않으며 어느 한쪽에도 치우치지 않아 중도를 잡을 것이다. 수련으로 내 마음이 열릴 때 이 위대한 문명의 시대가 열리는 것이다. 수운이 '다시개벽'을 이야기한 이유도 여기에 있다. 마음이 하늘에 열리고 우주 기운에 열리니 이것이 개벽이다. 개벽은 모든 닫혔던 것이 완전히 열리는 것이다. 내 마음으로 모든 것을 여는 것이다. 비밀이 공개되고, 무지가 공개되고, 어둠이 도망치고, 악마가 항복한다.

하늘도 열리고 땅도 열리면 일체의 비밀이 사라져 버린다. 음모도 없으며 음해도 없다. 거짓도 없으며 위선도 없다. 이 모든 것들은 힘없이 녹아 버린다. 인간 삶을 갉아먹는 이 모든 부정적인 기운들은 우주가 하나의 기운으로 통해져 있으며 모든 사람들의 깊은 곳에는 하나의 하늘 마음이 자리잡고 있다는 사실을 모르기 때문에 나타나는 현상들이다. 우리들이 생각으로, 말로, 행동으로 하는 온갖 가지 악행들과 선행들을 천주는 하나도 빠짐없이 보고 듣는다. 천주가 보고 듣는 것이 아니라 천주를 자기 안에 모신 사람들이 보고 듣는 것이다. 이 진리에 눈을 뜨면 온갖 부정적인 것들이 힘쓰지 않아도 저절로 힘없이 무너져 내린다.

날이 새면 어둠은 자연스럽게 사라지는 것처럼 사악함은 연기처럼 사라진다. 개벽이 되면 세상의 온갖 부정적인 것들에 마음이 매여 죄인처럼 살던 삶을 청산하고 청천백일靑天白日의 대낮처럼 환한 세상에서 떳떳하게 살아간다. 개벽을 할 것인지 온갖 죄를 지으며 살 것인지는 내 마음이 결정한다. 개벽은 우주 삼라만상을 하나로 통일시킨다. 본래 우주는 하나였다. 새로운 것이 아니라 본래의 실상을 회복할 뿐이다.

4. 즐거움

  즐거움에는 두 가지가 있다. 하나는 형형색색의 다양성의 세계에서 느끼는 즐거움이며 다른 하나는 고요한 하나에서 즐기는 즐거움이다. 지금·여기에서 진행되는 우주 기운에 박자를 맞추면서 춤을 추면서 느끼는 즐거움은 감각적이며, 그 이면의 고요한 경지에 이르는 평화에서 느끼는 즐거움은 명상적이다. 전자는 조화 공부를 통하여 느끼는 즐거움이며, 후자는 성품 공부를 통하여 느끼는 즐거움이다. 수련이 고통이라 하지만 실상은 참 즐거움이다.

  너와 내가 차이가 있다는 것은 참으로 즐거운 일이다. 만약 세상 모든 사람들이 똑같다고 생각해 보라. 얼마나 징그러운 일인가? 다양한 맛을 볼 수 있는 것은 커다란 축복이다. 철학적으로 생각하면 우주가 태어나기 이전에는 오직 하나의 동일성만이 있었다. 그렇기 때문에 태초 이전에는 어떤 요란도 없었다. 오직 고요뿐이었다. 이런 세상에 무슨 재미가 있겠는가? 희극도 비극도 없으며, 눈물도 웃음도 없다.

  견딜 수 없는 침묵의 세계에서 다양한 색깔과 소리가 탄생하는 것을 우리는 개벽이라 한다. 하늘과 땅이 열리면서 만리만사가 시작된 것이다. 회색 공간에서 무지개 빛깔이 탄생하는 것이며 무색무취에서 온갖 산해진미의 맛이 우러나는 것이다.

어떤 사람들은 다양성 탄생을 천국으로부터의 추방이라 말하지만 그렇지 않다. 현란하고 소란한 세상과 소통하면서 산다는 것은 즐거운 일이다. 찬란한 현상계를 볼 수 있는 눈이 있고, 들을 수 있는 귀가 있고, 맛볼 수 있는 혀가 있고, 느낄 수 있는 감각이 있는 것은 커다란 축복이다. 이 모든 것들을 닫고 회색지대에서 산다는 것은 억울한 일이다. 이 모든 감각과 느낌들은 우리들로 하여금 살아 있다고 느끼게 한다. 그리고 장엄한 우주적 파노라마를 섬세한 데까지 즐길 수 있다는 것은 명민한 감수성을 지닌 사람들만이 느끼는 즐거움이다. 그러므로 감각의 문을 걸어 닫고 살 것이 아니라 감각을 완전히 열어야 할 것이다. 그러나 감각은 왔다가 가기 때문에 찰나적일 수밖에 없다. 이보다 더 즐거운 일은 정밀한 관념의 성을 만드는 일이다.

그러므로 감각적 즐거움보다 사유의 즐거움이 더욱 크다. 정밀하고 섬세한 생각의 실타래를 뽑아 나가면서 정치精緻한 사유의 비단을 짜는 일은 사람만이 할 수 있는 즐거움이다. 철학의 즐거움이다. 생각의 실타래를 풀어서 자연미 넘치는 아름다운 정원을 만들기도 하고, 황홀하게 복잡한 미로를 만들기도 하고, 우주를 넘나드는 위대한 상상의 세계를 창조하기도 한다. 생각하는 즐거움은 끝이 없다. 문명은 이 생각하는 마음이 지어낸 산물이다. 생각이 물질화할 때 그 즐거움은 배가된다. 그러므로 현대인은 과학적인 사유를 즐긴다.

과학의 발달로 말미암아 이제 사람은 예전에 신의 영역으로 신비에 부쳐졌던 생명의 씨줄과 날줄도 짤 수 있는 경지에 이르렀다. 머지않은 미래에 사람은 공장에서 물건을 생산하듯이 아기를 만들어낼 수도 있을 것이다.

　이미 컴퓨터는 사람이 들을 수 있고 볼 수 있는 영상과 소리를 자유자재로 만들어 낼 수 있게 되었다. 그리하여 현실보다 더 현실 같은 가상현실을 만들어 낼 날도 멀지 않다. 가상현실 세계에 들어가면 우리는 자신이 하고 싶던 수많은 역할들을 단 몇 시간 만에 경험해 볼 수도 있을 것이다. 영화에서나 보던 멋진 형사가 되기도 하고, 천재적인 화가나 음악가가 되기도 하고, 미지의 세계를 탐험하는 탐험가가 되기도 한다. 현실보다 더 현실 같은 멋진 신세계가 가상세계로 열리는 것이다. 워쇼스키Wachowski 형제는 이러한 가상세계를 매트릭스matrix라는 영화에서 매우 끔찍하게 그려내고 있지만 사람은 과학을 통하여 신이 즐기던 창조의 즐거움을 만끽하게 되었다.

　세상의 파동에 동조되면서 느끼는 즐거움은 참으로 큰 것이 사실이다. 그렇지만 역시 우리에게 가장 큰 즐거움은 우리 모두의 고향인 고요의 침묵으로 되돌아가는 즐거움일 것이다. 비록 말이나 글로 표현할 수는 없지만 일체 우주 삼라만상의 영원한 고향인 고요의 중심 자리에서 느끼는 평온과 고요는 영원한 즐거움이다.

　진시황과 한무제만 영생을 찾는 것이 아니라 즐길 줄 아는 마음이 있는 모든 존재들은 영생을 갈구한다. 그리하여 영원토록 감각적 즐거움, 사유의 즐거움, 사물을 창조하고 다루는 즐거움을 영속하고자 한다. 그렇지만 어디에서 영생을 찾을 것인가? 무릇 왔다가 가는 모든 것들은 어느 것도 우리에게 영생을 주지 못한다. 흔들림은 고요를 가져다 주지 못한다. 다양성은 하나를 모른다. 그렇기 때문에 하나의 고요를 갈구하고, 영생을 희구하고, 마음의 평안을 찾는다. 찾고자 하지만 찾기 어려운 것이 또한 이 고요이며, 영생이요, 평안이다. 오직 하나가 된 이후에야 오고가는 무상함에서 벗어나기 때문이다. 그렇지만 오가는 즐거움에 취한 마음으로는 오고감이 없는 고요를 어찌 헤아릴 수 있겠는가? 우리의 슬픔은 여기에 있다. 그렇기 때문에 예로부터 오고감이 없는 즐거움을 위해서는 오고가는 이 세상을 떠나야 한다고 하였다.

　오고감이 없는 세상은 어디에 있는가? 어디로 가야 하는가? 오고가는 이 세상 말고 또 다른 세상이 어떻게 있는가? 보이는 이 세상 말고 보이지 않는 또 다른 세상을 어떻게 믿을 수 있는가? 의심은 꼬리를 물지만 시원한 대답은 없다. 그렇다고 불생불멸하는 세상이 없다고는 말하기 어렵다. 왜냐하면 없다고 한다면 그 낙심과 낙담을 감당할 자신이 없기 때문이다. 세상의 무상함과 허무함을 달랠 길이 없기 때문이다. 한평생을 꿈처럼 살다가 모두가 다 사라진다고 생각하면 얼마나 허무한가. 그러므로 옛 사람들은 천국도 있고, 극락도 있고, 무릉도원도 있다고 말했다.

　있다고 꽉 믿어 버리면 그만이라고 하지만 솟아나는 의심은 어쩔 수 없다. 진짜 인생 무상을 달랠 수 있는 고향이 여기를 떠난 피안彼岸에 있는가? 젖과 꿀이 흐르는 천국은 요단강 건너서 가나안에 있는가? 지금·여기의 삶을 떠나야 갈 수 있다면 영생은 살아서 갈 수 없는 곳인가? 도대체 죽은 다음에 무엇이 또 있어서 간다는 말인가? 몸에 매인 마음이 가는가 아니면 몸에서 떠난 마음이 가는가? 몸에 매인 마음이 간다면 몸 없이 마음이 있을 수 있다는 것인데 그 마음은 또 어디서 생겼는가? 몸에서 떠난 마음이 간다면 그 마음을 내 마음이라 할 수 있는가? 참으로 알 수 없는 일이다.

그렇지만 왔다가 가면서 뿌려지는 슬픔과 기쁨의 무상함에서 벗어나려는 발버둥을 만족시켜 주기 위해서는 우리는 답을 찾아야만 한다. 이 답을 찾기 위하여 우리는 마음공부를 하는 것이다. 마음의 평안을 얻기 위하여 수도하는 것이다. 마음의 고요를 얻고 마음의 영생을 얻고자 수련하는 것이다. 우주 간의 일체 의심을 풀어헤치고자 공부하는 것이다.

수운이 그 답을 찾아 해월에게 전해주었고 해월은 의암에게 전수하였다. 그리고 의암은 「법문」을 통하여 인연 있는 모든 사람들에게 전해주었다. 바로 지금·여기에서 살아가는 '너는 반드시 하늘이 하늘된 것'이라는 내용이다. 영생은 피안이나 천국에 있는 것이 아니라 지금·여기에서 살아가는 '나'라는 말이다. 형형색색의 찬란한 색깔들이 모두 하나의 하늘일 뿐이라는 말이다. 삶이 무상한 것이 아니며, 감각적 즐거움이 헛된 것이 아니며, 마음으로 짜는 사유의 그물이 쓸모없는 것이 아니며, 과학으로 창조해 가는 세상이 헛된 것이 아니라는 뜻이다. 이 모든 것들이 다 천주가 드러난 모습이라는 것이다. 문제는 눈을 들어, 귀를 기울여 지금·여기에 소리도 없고 형상도 없이 숨어 있는 천주를 느껴보고 천주의 기운에 통해 보는 것이다. 지금까지 끊어졌던 자연과 천주를 내 마음으로 다시 이으라는 것이다. 천주와 자연을 찾아 대문 밖을 나서지 말라는 것이다. 귀를 안으로 돌리고, 시선을 안으로 돌리고, 모든 감각을 안으로 돌리라는 것이다. 그러면 지금·여기에서 당장 살아계신 천주를 만난다는 것이다. 인류 문명사에서 그토록 수많은 수행자들이 찾던 그 존재를 자기 안에서 만난다는 것이다. 마침내 그 존재와 만나면 어둠이 사라지고, 무지가 사라지고, 아집이 사라지고, 전쟁이 사라진다.

　화려하고 장엄하게 펼쳐진 우주 삼라만상이 모두 천주의 마음이요 천주의 기운이다. 저 하늘에 빛나는 별들과 저 산과 들을 가득 채운 동식물과 사람들 모두가 천주다. 살랑거리는 바람결과 창 밖에서 갓 피어나는 꽃망울과 가늘게 떠는 연초록 이파리 그리고 멀리서 노는 아이들의 소리가 모두 하늘이라는 것이다. 이 광경과 이 소리를 보고 들으면서 느끼는 이 마음 기운이 바로 천주의 마음이라는 것이다. 하늘이 있음으로써 듣고, 하늘이 있음으로써 생각하여 글을 쓰고, 하늘이 있음으로써 읽으면서 생각한다. 쓰는 마음이나 읽는 마음이나 한결같이 하늘 마음이니 무엇을 말한다는 생각도 없고 무엇을 읽는다는 생각도 없다. 눈을 감고 생각하면 모두가 같은 하나의 마음일 뿐이다. 단지 진달래는 붉은 색깔의 꽃을 피우고 개나리는 노란 색깔의 꽃을 피울 뿐이다. 색깔이 다르다고 말하지만 봄이 오니 꽃이 필 뿐이다.

　봄이 오면 외투를 벗어 던져야 한다. 봄바람이 스며들어 피부를 자극하도록 해야 하기 때문에. 봄이 오면 마음의 가식을 벗어야 한다. 봄기운이 파고들어 마음 바다에 파도를 일으키도록 해야 한다. 그리고 침묵해야 한다. 님은 고양이처럼 소리 없이 오기 때문에. 님의 얼굴을 보고 싶다면 숨소리를 죽이고 마음의 흔들림을 잠재워야 한다. 그러면 내 마음에 님의 숨결이 끼쳐오고, 님의 모습이 떠오르며 님의 노래가 들려온다. 그러나 이내 모든 것들이 고요의 바다로 침몰한다. 하얀 눈만 소리없이 쌓이는 한밤중처럼 모든 것이 고요하고 거룩한 침묵에 빠져든다.

제3장 천도와 인도:
팔절의 분석을 중심으로

1. 예고된 개벽

개벽은 원래 혼돈의 하나에서 하늘과 땅이 갈라져 처음으로 탄생하는 것을 일컫는 개념이지만, 동학·천도에서 개벽은 사람에 의하여 새로운 하늘과 새로운 땅이 탄생한다는 의미이다. 개벽은 사람에 의하여 이루어지기 때문에 먼저 사람이 바뀌어야 한다. 마음이 하늘의 마음에 열려 하늘 마음을 자기 안에 모시고, 하늘의 기운에 열려 우주의 기운에 통하는 것을 개벽이라 한다. 새로운 인간이 태어나 새로운 사회, 새로운 문명을 건설하는 것을 동학·천도에서는 '후천개벽' 또는 '다시개벽'이라고 하는 것이다. 따라서 동학·천도의 개벽론에서 가장 중요한 문제는 어떻게 새로운 사람이 태어나는가이다. 종교적으로 표현하면 사람이 어떻게 하늘 사람이 될 수 있는가의 문제이다. 수운은 이 새로운 사람을 동양 전통의 개념 8개로 설명하고 있다.

새로운 사람이란 하늘이 가는 길을 자신의 몸에서 그대로 구현한 사람이라 할 수 있다. 즉, 천도를 체현한 도덕적 인간이다. 수운은 천도와 인도의 일치를 '명덕명도성경외심明德命道誠敬畏心'이라는

8개의 개념을 통하여 설명하고 있다. 동학·천도에서 말하는 '후천개벽' 또는 '다시개벽'을 이룬 인격을 이해하기 위해서는 팔절八節을 좀더 자세히 분석할 필요가 있다.

팔절을 분석하기 전에 동학·천도를 '개벽운수'라고 하는 이유를 먼저 생각해 볼 필요가 있다. '개벽운수'를 달리 말하면 '천황씨의 운'이라 할 수 있다. 천황씨는 인류 최초로 문명의 새벽을 연 시조를 뜻한다. 천황씨에 의하여 비로소 인간은 문명적 삶을 시작하고, 도덕이 무엇인지를 알아 후세를 교육시키고, 모든 사람들이 각자의 능력에 따라 생활을 영위할 수 있도록 한 정치가 시행되어 문명의 새벽이 열렸다[1]는 것이다. 동학·천도가 바로 이 운수를 받았다는 것이다. 그러므로 동학·천도는 앞으로 사람을 하늘 사람으로 다시 태어나게 할 것이며, 하늘 사람이 되는 교육을 처음으로 시행할 것이며, 하늘 사람이 모여 사는 이상적인 정치 공동체를 건설할 것이라는 명령을 하늘에서부터 받았다는 것이다. 그러므로 수운이 동학·천도를 선포한 것은 단순히 서학에 대한 응전이나 서구 모더니티 문명에 대한 대응 수준이 아니라 인류 문명사의 일대 대전환을 구상하였음을 보여 준다. '후천개벽', '다시개벽', '천황씨의 운'과 같은 개념에는 문명의 새로운 장을 열겠다는 위대한 뜻이 담겨 있는 것이다.

수운이 동학·천도를 '천황씨의 운'으로 말하고 스스로 천황씨로 자처한 이유는 비교적 분명해졌지만 '운運'에 대해서 조금 더 생각해 볼 필요가 있다. 운이란 피할 수 없는 보편적 법칙성을 뜻한다.

---

1 수운, 「불연기연」.

역학易學의 맥락에서 사용되는 개념임에 주의할 필요가 있다. 운은 객관적이고, 보편적인 법칙의 뜻을 가지는 것이다. 동학·천도가 '천황씨의 운'이라는 것은 동학·천도가 왕으로서의 천황씨처럼 객관적 보편적인 정치 질서로 등장한다는 뜻이 내포되어 있는 것이다. 이때 개벽은 객관적 현실태로서의 개벽이다

　수운은 개벽은 엄청난 고통을 수반하여 온다고 말한다. 그러므로 "십이제국 괴질운수 다시개벽 아닐런가."라고 하였다. 십이제국이란 천하를 12간지에 따라서 분류한 것이므로 온 세상을 뜻한다. 전 세계가 생명의 일대 위험에 처하면서 우리나라부터 개벽이 시작된다는 것이다. 여기에서 개벽은 피할 수 없는 객관적 현실로 다가오는 개벽을 뜻한다. 그러므로 개벽은 현대 문명의 위기와 긴밀한 관계 속에서 논의될 수 있음을 알 수 있다.

　중요한 것은 이러한 문명적 위기의 시기에 우리나라에서 새로운 문명의 단초가 열린다는 수운의 언명이다. 즉, "개벽시 국초일을 만지장서 나리시고 십이제국 다 버리고 아국운수 먼저 하네."[2]라고 하여 개벽 시기에 세워질 새로운 국가의 건설 프로그램을 자신이 받았다는 것이다. 현재 문서로 전해오는 것은 없지만 이는 문명적 위기를 겪으면서 완전히 새로운 국가가 우리나라에서부터 등장함을 예고한다. 그 구체적인 모습에 대해서는 일체 말이 없다. 수운의 심법에 통한 사람이 수운이 당시 받았던 개벽시 국초일을 다시 받아 새롭게 국가를 건설한다고 추론할 수밖에 없을 것이다.

　이 글의 목적은 이처럼 예고된 개벽을 어떻게 맞이할 것인가 하

---

2 수운, 「안심가」.

는 실존적인 문제를 다루는 데 있다. 쉽게 말하자면 개벽을 여는 주인공으로 거듭나기 위한 존재론적 자기 변혁을 다루는 것이다. 따라서 팔절은 수양론의 문제이다. 예고된 보편적·객관적 개벽에 대비되는 실존적·주체적 개벽을 다루고 있는 것이다.

'명덕명도성경외심明德命道誠敬畏心'의 앞부분은 하늘의 도를 말하고 뒷부분은 사람의 도를 말하고 있다. 구조상 앞의 4자와 뒤의 4자는 정확하게 대응한다. 이 글에서는 하늘의 길과 사람의 길이 어떻게 일치하는지를 대조하면서 분석하고자 한다.

2. 밝음과 정성

해월은 "명덕명도 네 글자는 하늘과 사람이 형상을 이룬 근본이요, 성경외심 네 글자는 몸을 이룬 뒤에 다시 갓난아이의 마음을 회복하는 노정 절차"[3]라 하였다. 명덕명도 네 글자는 하늘과 우주의 근본이요, 성경외심 네 글자는 사람이 하늘 마음을 회복하는 절차라 하였다. 팔절은 하늘과 사람의 상응이자 진리와 마음의 조응이라 할 수 있다. 즉 본체계와 인간계의 조응이며 존재와 도덕의 대응이다. 앞과 뒤의 네 글자를 서로 대응시키면서 살펴보자.

밝음은 하늘에 있다. 하늘의 해와 달이 밝은(明) 것이다. 낮에는 태양이 밝고 밤에는 달이 밝다. 이보다 더 밝은 것은 없다. 눈이 아

---

3 해월, 「수도법」, "明德命道四字 天人成形之根本也 誠敬畏心四字 成物後克復 赤子心之路程節次也."

무리 밝아도 태양과 달이 있어야 볼 수 있다. 그러나 여기에서 말하는 밝음은 밖의 밝음이 아니라 내 마음의 밝음이다. 사람의 마음이 아무리 총명하더라도 보이지 않는 밝음이 내 마음에 있어야 진정으로 총명할 수 있다. 이 보이지 않는 밝음을 의암은 청명한 가을 하늘의 빛나는 태양과도 같은[4] '본래의 나'라고 하였다. 진짜 밝음은 내 안에서 영원히 빛나는 밝음이다. 그러므로 수운은 "밝음이 있는 바를 알지 못하거든 멀리 구하지 말고 나를 닦으라."[5]고 하였다. 또한 내 마음을 그 땅으로 보내라고 하였다.[6] 그리하여 그 밝음 자체가 되라는 것이다. 그러면 해와 달이 밝은 것이 아니라 '본래의 나'가 밝은 것임을 알게 된다. 이 본래의 밝음이 있기 때문에 태양도 달도 밝을 수 있다. 그러므로 밝고 밝은 것은 본래의 마음이다. 해월은 "해가 밝은 것은 사람마다 볼 수 있고 도의 밝은 것은 나 홀로 안다."[7]고 하였다. 내 안의 빛을 누가 볼 수 있겠는가?

내 마음이 밝아지면 그 빛으로 우주의 모든 것을 비추어 볼 수 있게 된다. 빛을 볼 뿐만 아니라 마음 자체가 빛이 된다. 마음이 빛과 하나가 되면 모든 것을 비출 수 있어 우주 간에 모르는 것이 없게 된다. 또한 그렇게 밝아지면 지하실에 가도 밝고, 한밤중에도 밝다. 뿐만 아니라 비바람도 이 밝음을 끄지 못하고, 먹구름도 이 밝음을 가리지 못한다. 영원한 밝음이다. 이 밝음이 우주의 근본이

---

4 의암, 「인여물개벽설」, "天晴日郞의 光明."
5 수운, 「전팔절」, "不知明之所在 遠不求而修我."
6 수운, 「후팔절」, "送余心於其地."
7 해월, 「강서」, "日之明兮人見 道之明兮獨知."

다. 우주의 삼라만상은 모두가 이 빛으로부터 나왔다. 빛으로부터 출생했다기보다는 우주 만물은 실상 빛의 덩어리이다. 만물은 굳어진 빛인 것이다. 굳어진 빛을 다시 해방시키는 것이 개벽이다.

굳어진 빛을 어떻게 열 것인가? 정성된 마음을 통하여 열 수 있다. 정성은 『중용』의 핵심으로 정성이 없으면 세상에 아무것도 이룰 수 없다(不誠無成)고 하였다. 해월은 쉬지 않는 것을 정성이라 하였으며 오로지 하나됨을 정성이라 하였다. 마음이 하나의 한울님과 똑같아 오직 진실하며 거짓이 없는 것(眞實無妄)이다.

한 알의 쌀, 한 통의 옥수수를 만들기 위하여 태양은 몇 번이나 동쪽 하늘에 떠서 서쪽 하늘로 졌던가? 쉬지 않고 움직여 세상에 먹거리가 생겨나게 되었다. 하늘의 정성이 없었다면 먹거리도 없었을 것이다. 해월은 하늘도 이처럼 쉬지 않고 일하여 먹거리를 만드는데 그 녹을 먹고 사는 사람이 어떻게 쉴 수 있겠느냐고 하였다. 해월의 쉬지 않는 정성은 많은 일화들을 통하여 전해진다. 해월은 가는 곳마다 과일나무를 심었으며 일이 없을 때는 꼬았던 새끼를 풀어서 다시 꼬았다. 수운은 정성이란 게으르지 않는 것[8]이라고 하였다. 게으르지 않다는 것은 마음을 놓고 멍하니 있지 않는다는[9] 뜻이다. 마음을 잃어버리면 천하를 잃어버리는 것과 똑같다. 하늘 마음을 잃지 않고 꼭 지키는 것이 정성이다. 잃어버리지 않으려면 정신을 흐트러뜨리지 말고 집중해야 한다.

그러므로 쉬지 않는 것도 정성이지만 마음을 오로지 하나에 집

---

8 수운, 「전팔절」, "不知誠之所致 是知而自怠."
9 수운, 「전팔절」, "數吾心之不失."

중하는 것이 정성이라고 하였다. 수운은 사람이 할 바는 다름 아닌 집중執中이라 하였다. 가운데를 잡는다는 것은 하나로 집중한다는 뜻이다. 집중하여 하나가 되면 일체가 사라진다. 시선을 어느 한 곳에 집중하면 집중하는 대상도 사라지고 집중하는 주체도 사라지는 것과 마찬가지다. 하나가 된다는 것은 일체의 이원성이 사라진다는 뜻이다. 대상도 주체도 떨어져 나가고 오로지 진리 본체만 떠오를 뿐이다. 이렇게 집중하는 것을 정성이라 한다. 의암은 "한울님은 반드시 정성 마음 한 조각에 감응"[10]한다고 하였다. 어둠을 밝음으로 바꾸는 것은 다름아닌 정성이다. 하늘에는 밝음이 있고 마음에는 정성이 있다. 정성을 통해서만 어둠을 밝음으로, 무지를 지혜로, 소인을 대인으로, 지상을 천국으로 만들 수 있다.

개벽이란 게으름을 떨치고 부지런함으로 나아가는 길이다. 부지런히 하여 마음을 한 곳에 집중하다 보면 어느 날 밝음이 내 안에서 폭발하여 우주에 가득 차는 체험을 할지도 모른다. 그때 비로소 사라질 것 같지 않던 어둠이 일장춘몽처럼 사라져 버린다.

밝음은 하늘의 밝음이고 정성은 간단없이 그 밝음을 지키고 유지하는 것이다.

3. 하늘의 덕과 공경

수운은 마음을 닦아야 덕을 알고, 덕을 오직 밝히는 것이 도라고

---

10 의암, 「강서」, "天必感應 誠心而一片."

하였다.[11] 덕을 안다는 것은 부모님이 나를 낳아 준 덕을 안다는 것이다. 부모에게 효도하는 것이 곧 하늘에게 효도하는 것이라고 하여 해월은 천지부모에 대한 효도를 강조하였다. 또한 덕을 안다는 것은 자연이 나를 키워 준 덕을 안다는 것이다. 태양은 빛나고, 구름은 비를 내리고, 땅은 온갖 거름을 다 받아들여서 곡식을 키워 사람을 기르니 그 자연의 무량공덕을 헤아리는 것이 또한 덕을 아는 것이다. 쌀 한 톨을 만들어 내기 위하여 들어간 사람과 자연의 덕을 감사할 줄 알고, 또한 밥을 자기 안의 한울님께 봉양하는 것이 식고食告의 이치이다. 그러므로 해월은 도통이 식고에 있다고 하였다. 밥 한 그릇에 들어 있는 하늘을 느끼고 자연과 사람의 덕을 아는 것이 도道이다.

　이처럼 사람과 자연이 합동하여 나를 낳아 주고, 먹여 주고, 키워 주는 덕을 알기 위해서는 마음을 닦아야 한다.[12] 마음이 어두우면 천덕의 고마움을 모른다. 모든 생명체는 타자의 덕에 의지하여 살아간다. 그 덕을 말하자면 너무 넓고 너무 크고 너무 깊기 때문에 말로 표현할 수 없다. 그렇기 때문에 수운은 "덕이 있는 바를 알지 못하거든 말하고자 하나 넓어서 말하기 어렵다."[13]고 하였다. 어떻게 그 모든 덕을 헤아릴 수 있겠는가? 그 덕은 무한하고 무궁하여 헤아릴 수 없기 때문에 천덕이라 한다. 이 모든 덕을 다 헤아릴

11　수운, 「탄도유심급」, "心修來而知德 德惟明而是道."
12　수운, 「전팔절」, "不知德之所在 料吾身之化生, 덕이 있는 바를 알지 못하거든 내 몸의 화해난 것을 헤아리라."
13　수운, 「후팔절」, "不知德之所在 欲言浩而難言."

수 있을 때 사람은 도덕의 극치에 이르러 천지일월과 함께 운행하고 귀신과 더불어 하나가 된다.

지금·여기에서 이렇게 손가락을 움직여 글을 쓰고, 생각을 하여 개념이 개념을 낳아서 이야기를 전개하니 이 모든 일들이 오로지 하늘의 덕이라는 것이다. 또한 눈이 있어 글을 읽고, 마음이 있어 생각을 하니 이 또한 하늘의 덕이라는 것이다.

해월은 동학·천도는 다름이 아니라 천지부모님의 덕을 알아 효도하는 길이라고 하였다. 공자가 부모님께 효도하는 도를 가르쳤다면 수운은 천지부모님께 효도하는 천도를 가르쳤다는 것이다. 그리고 이렇게 천지부모님께 효도하는 도는 수운에 의하여 5만년 만에 처음으로 알려졌다는 것이다. "한울님 하신 말씀 개벽開闢 후 오만년에 네가 또한 첨이로다. 나도 또한 개벽 이후 노이무공勞而無功 하다가서 너를 만나 성공成功하니 나도 성공 너도 득의得意"[14]라고 하였다.

인류 문명사에서 5만년이면 대략 인류가 돌을 떼어내서 도구로 사용하던 타제석기가 본격적으로 발전하는 후기 구석기 또는 중석기 시대에 속한다. 호모 사피엔스가 등장하던 시기로 볼 수 있다. 수운의 이야기를 이러한 인류 문명사적 맥락에서 이해한다면 한울님은 5만년 전 현생 인류의 탄생과 긴밀한 관계가 있으며, '다시개벽'은 인류 문명사에서 또 다시 결정적 분기점이 되는 새로운 인류 탄생으로 추론할 수 있다. 개벽을 포태지수胞胎之數라 하는 것도 이를 뒷받침한다. 신인류란 자신을 낳아 주신 육신의 부모에 대한 효

---

14 수운, 「용담가」.

도만 알 뿐 아니라, 자신을 낳아 주고 길러 주는 천지에 대한 효도를 아는 인간 종이라 할 수 있다. 다시 말하자면 자신이 태어난 우주론적 인과를 헤아릴 줄 아는 하늘 사람이다.

사람은 교육을 통하여 사람이 되는데, 이때 교육은 사람이 사람 되게 하는 천덕이다. 많은 선생님들의 가르침으로 오늘의 내가 있는 것이다. 학교에서만 배우는 것이 아니라 집에서도, 사회에서도, 직장에서도 끊임없이 배운다. 사람을 만들기 위하여 가르침을 베풀어 주신 모든 분들의 덕을 통하여 오늘을 살아간다.

천황씨를 최초의 스승이라 하는데, 그 이유는 다른 스승에게서 배운 것이 아니라 자기 안의 하늘을 깨달아 그로부터 배웠기 때문이다. 동학의 스승은 한결같이 '그대가 곧 하늘이다.' 라는 사실을 가르치고 있다. 참 교육은 밖의 스승이 아닌 자기 안의 한울님으로부터 배우는 것이다. 동학의 스승은 하늘이다. 하늘이 하늘을 가르칠 뿐이다. 천황씨 한 사람만 그런 것이 아니라 모든 사람들이 자신이 곧 하늘인 줄 깨닫는 것이 동학의 새로운 교육관이다. 그러므로 수운은 "사사상수 한다 해도 자재연원 아닐런가."[15]라고 하였다. 스승에서 스승으로 전해진 도를 배우는 것이지만 실상 알고 보면 스승은 밖에 있는 것이 아니라 자기 안의 한울님인 것이다. 이를 모든 사람들이 알게 되어 새로운 문명을 연다는 것이다. 쉽게 말하자면 모든 사람들이 자신이 곧 하늘이라는 사실을 자각하는 문명이 '다시개벽'의 문명이다.

사람됨을 가르치는 교육만 천덕으로 이루어지는 것이 아니라 한

---

15 수운, 「흥비가」.

공동체의 질서를 지키고 밖으로부터의 위협에 안전을 제공하는 국가도 또한 하늘의 덕이다. 우리는 일제에 의하여 망국민이 되었을 때 국가의 덕을 뼈저리게 체험하였다. 공동체를 이루어 민의 행복을 보장해 주는 정치가 등장한 것은 모든 사람들에게 하늘의 덕을 베풀기 위함 이외에 다른 것이 아니다. 모든 사람들에게 골고루 덕을 베풀려다 보니 정치가 나타나게 된 것이다. 국가의 등장은 모든 민에게 덕을 베풀기 위함이지 결코 통치·지배·관리·조작·통솔하기 위함이 아니다. 정치는 덕치이며, 정치正治이며, 인치仁治이며, 도덕 정치인 것이다. 사욕과 당리당략을 관철시키기 위한 오늘날의 정치와는 아무런 관계가 없다.

　천황씨와 요순의 정치가 전해오는 한 모범이다. 성인이 정치를 통하여 덕을 천하에 베푸니 그에 대한 고마움과 공경이 곧 충忠이다. 충이란 자기 마음의 중심을 뜻한다. 천황씨와 요순이 나라의 중심에 있으니 이들에 대한 공경과 고마움을 충이라 한 것이다. 나라의 중심에 성인이 없다면 충성은 허위의식이 될 것이다. 충성이란 나라의 중심이 된 하늘의 마음을 공경하는 것이다. 하늘의 마음이 없는 나라의 중심에 대한 충성은 충이 아니다. 맹자의 혁명론도 여기에서 나온다. 도덕이 없는 국가는 억압 도구에 불과하므로 존재할 이유가 없는 것이다. 오직 덕을 베풀 때만이 정치이다.

　국가의 권력 중심에 있는 하늘 마음을 체득한 성인에게만 고마운 것이 아니라, 사실 온 우주가 그 덕을 베풀어 이렇게 생명을 유지하고 있다는 사실을 자각한다면, 우리의 마음은 천지·일월·귀신에게 고마움을 느끼고 공경심이 일어난다. 하늘의 덕이고 우주의 덕이며, 사람의 덕으로 살아가는 것이다. 하늘의 덕을 아는 것을 역易에서는 여천지합기덕與天地合其德이라 하였고, 우주의 덕을 아는 것을 여일월합기명如日月合其明이라 하였고, 사람의 덕을 아는 것을 여귀신합기길흉如鬼神合其吉凶이라 하였다.

　하늘은 우주를 만들어낸 근본 원소이자 근본 이치이기 때문에 하늘이 없으면 우주도 없다. 그러므로 무엇보다도 먼저 하늘의 덕을 공경하지 않을 수 없다. 하늘을 재료와 이치로 하여 만들어진 해와 달은 모든 생명의 뿌리이다. 태양이 있으므로 식물이 광합성을 하여 무성하게 자라고, 그것들을 먹고 동물들이 번성하고, 또한 사람들이 살아갈 수 있는 것이다. 만약 태양이 한순간이라도 멈춘다면, 은하계가 한 순간이라도 정지한다면 나의 생명이 어찌 있을 수 있겠는가? 또한 귀신이라고 부르는 활동하는 마음 기운이 있어 사람은 만물 중에 가장 영명한 존재가 된 것이다. 만약 귀신이라고 하는 활동하는 마음 기운이 없다면, 사람은 등신이나 밥주머니에 지나지 않을 것이다.

　사람이 살아가는 것은 하늘이 있고, 태양이 있고, 마음이 있기 때문이다. 사모하여 우러러야 할 것은 그러므로 하늘이자 태양이자 마음이다. 사람은 겹겹의 보호막 속에서 살아가는 것이다. 하늘을 극진히 공경하면 사람은 하늘처럼 무한한 존재가 되고, 우주를 극진히 공경하면 사람은 우주와 같이 넓어져 통하지 아니하는 곳이 없으며, 귀신을 극진히 공경하면 사람은 귀신처럼 모르는 것이 없게 되어 만사지萬事知에 이른다. 그러나 귀신을 공경한다는 것은 결코 유령을 공경하는 것이 아니라 활동하는 한울님을 공경하는 것이다. 고요한 한울님을 일러 하늘이라 성性이라 하고, 활발히 움직여 모든 것을 아는 한울님을 일러 귀신이라 심心이라 한다. 창조와 변화를 한시도 쉬지 않고 하는 한울님을 일러 기운이라 하고, 자연처럼 우주 만물과 더불어 자동으로 운동하는 한울님을 일러 무위이화無爲而化라 한다.

공경은 하늘과 통하는 근본이며, 사람과 화합하는 근본이며, 만물과 소통하는 근본이다. 수운은 공경은 '잠시라도 사모하여 우러르는 마음을 놓치지 말아야 한다.'[16]고 하였다. 하늘과 자연과 귀신은 나를 잠깐이라도 떠난 적이 없으므로 그 덕을 우러러 사모하는 마음을 잠깐이라도 놓쳐서는 안 된다는 것이다. 이야기를 펼치니 셋이지만 알고 보면 모두가 내 마음일 따름이다. 내 마음이 고요하면 하늘이라 성性이라 하고, 내 마음이 쉬지 않고 활동하는 것을 기운이라 하고, 내 마음이 모르는 것이 없이 모두 통하여 아는 것을 귀신이라 하는 것이다. 천지와 음양 그리고 귀신의 주인은 그러므로 '본래의 나'이며 본래의 내 마음이다. 결국 공경하는 것은 이 '본래의 나'를 극진히 공경함이다.

하늘과 우주와 귀신은 내가 마음먹기에 따라서 한순간에 가물거리는 별처럼 멀어지기도 하고, 반대로 늘 생각하여 잊지 않으면 나보다 더 가까운 존재가 되기도 한다. 하늘과 우주와 귀신이 언제·어디서나 나와 함께하면 대인이요 성인이며, 군자요 신선이다. 그러므로 혹시 내 마음이 이 진리를 거역하지 않았는지, 이 밝은 이치에 어두워지지 않았는지 늘 삼가고 두려워할[17] 줄 알아야 한다.

하늘의 덕을 잊거나 잃어버리는 것은 죽음과 똑같은 것이다. 죽

---

16 수운,「전팔절」,"暫不弛於慕仰."
17 수운,「후팔절」,"恐吾心之昏昧."

음이란 하늘이 떠나고, 우주가 떠나고, 귀신이 내게서 떠나는 것이다. 이렇게 하늘과 우주와 귀신이 나로부터 떠나지 않도록 사모하여 우러러 모셔야 한다. 공경이란 온몸으로 극진히 받드는 것이다. 해월은 "공경이란 것은 도의 주체요 몸으로 행하는 것이니, 도를 닦고 몸으로 행함에 오직 공경으로 종사하라."[18]고 하였다. 의암은 하늘의 덕과 스승님의 은혜를 염념불망하면 지극한 하늘의 기운이 되어 지극한 성인에 이른다고[19] 하였다. 하늘은 나의 성품이며, 우주는 나의 몸이며, 귀신은 나의 마음이다. 하늘·우주·귀신을 공경한다는 것은 나의 성性·몸·마음을 공경하는 것이다. 나를 떠나서 따로 하늘이나 우주나 귀신을 찾거나 섬기거나 공경하는 것은 미신이다.

4. 하늘의 명령과 두려움

명命은 명령이다. 하늘의 명령이 통하지 않는 곳이 없다. 하늘 아래 모든 것들은 모두 하늘의 명령으로 생겨나 존재하다가 되돌아간다. 그러므로 하늘의 명령을 받지 않는 것은 없다. 그렇지만 인간은 명命을 따를 수도 있고 거역할 수도 있는 자유의지를 가진 존재이기도 하다. 인간은 하늘이 준 명에 따라서 살 수도 있고 그러지 않을 수도 있다. 그러나 일반 사람들은 하늘의 명이 있는지 없

---

18 해월, 「강서」, "敬者 道之主 身之用 修道行身 唯敬從事."
19 의암, 「수수명실록」, "天德師恩 念念不忘 至化至氣至於至聖矣."

는지 잘 모른다. 그렇기 때문에 수운은 천명이 있는지 없는지를 보려면 자기 마음의 밝음을 살펴보라고 하였다.

　내 마음의 밝음은 어디에서 왔는가? 하늘의 밝음에서 빌려 온 것이다. 내 마음의 지혜는 어디에서 왔는가? 하늘의 지혜가 내 안에서 조금 열려 있을 뿐이다. 내 마음의 도덕은 어디서 왔는가? 이 또한 하늘의 양심을 빌려왔을 뿐이다. 내 마음의 아름다움은 어디에서 왔는가? 이도 또한 하늘의 눈부신 아름다움을 모방했을 따름이다. 하늘은 자신의 모든 것을 사람의 마음에게 주었다. 그리하여 마음은 모든 것을 자유로 할 수 있게 되었다. 내 마음의 밝음에서 '나'라는 에고의 우산만 걷어 버리면 하늘과 마음은 본래 하나다. 유감스럽게도 이 '나'라는 껍질을 벗어 던지지 못하기 때문에 하늘과 '나' 사이에는 넘을 수 없는 유리벽이 생긴 것이다. 그러나 유리벽은 '내'가 만든 것일 뿐 실제로 있는 것이 아니다. '에고'라는 유리벽은 본래 없는 것이다.

　마음은 하늘로부터 떨어질 수가 없다. 생명이란 이 보이지 않는 하늘 중심과 찰나라도 떨어져 살 수가 없다. 그렇기 때문에 목숨 명命은 곧 하늘의 명命이다. 하늘의 명령은 보이지 않지만 미치지 않는 곳이 없다. 예외가 없는 것이다. 그러므로 참으로 무서운 것은 하늘의 명령이다. 주고받는 것이 선명한 거울과 똑같다. 내가 웃으면 하늘도 웃고, 내가 울면 하늘도 운다. 내 얼굴이 아름다우면 하늘도 아름답고, 내가 추하면 하늘도 추하다. 그 주고받음에 한치도 어그러짐이 없기 때문에 예로부터 도를 말할 때 많은 사람들이 거울에 비유하였다.

　수운은 "명이 있는 바를 알지 못하거든 이치가 주고받는 데 묘연

하다."[20]고 하였다. 내 마음이 착하면 하늘도 착하고, 내 마음이 악하면 하늘도 악하다. 그러므로 오로지 마음을 착하게 쓰고 마음을 아름답게 쓰고 마음을 진실하게 써야 한다. 의암은 마음을 언제나 바르고, 밝고, 착하고, 정의롭게 쓰라고 하였다. 사람이 쓰는 그 마음을 하늘이 그대로 실현시켜 주기 때문이다. 이렇게 사람과 하늘이 주고받는 이치를 안다면 누가 하늘을 두려워하지 않겠는가?

하늘이 두려운 것은 하늘이 괴물이나 악마처럼 생겨서, 상을 주고 벌을 주는 존재라서가 아니라 하나의 거짓도 없이, 한 점의 의혹도 없이, 한 티끌도 빼놓지 않고 있는 그대로를 되돌려 주기 때문이다. 그러므로 현재 자신의 처지를 원망하지 말아야 한다. 왜냐하면 지금·여기의 상황은 바로 자신이 만든 것이기 때문이다. 이미 자신이 이렇게 만들어 놓고 남을 원망한다거나, 과거를 후회를 한다거나, 팔자와 운명을 탄식해도 소용이 없다. 왜냐하면 이미 만들어져서 굳어져 온 것은 어찌 해 볼 방도가 없기 때문이다. 그러므로 자신에게 다가오는 모든 것을 있는 그대로 받아들이고 행하라고 한다. 왜냐하면 자신이 모두 지은 것이기 때문이다. 자신이 준 것이 돌아 올 때는 남들(他者)을 통하여 오기 때문에 남들을 원망하지만, 그 남들이란 자신이 준 것을 되돌리는 도구에 불과할 뿐이다. 그러므로 남을 보지 말고 하늘의 명命을 보아야 할 것이다. 공자는 이를 나이 오십에 알았다(知天命)고 하였다. 명을 깨달으면 두려움을 알게 된다. 삼가고 근신할 줄 알게 된다.

명을 알면 명을 고칠 수 있다. 명이라는 것은 결국 마음에 따라

---

20 수운, 「후팔절」, "不知命之所在 理杳然於授受."

서 바뀌기 때문에 이 마음을 바꾸면 명을 바꿀 수 있는 것이다. 동학·천도교의 매력은 여기에 있다. 고칠 수 있기 때문에 아무리 절망적이고 최악의 인생이라도 절망하거나 실망할 필요가 없다는 것이다. 완전히 새롭게 바꿀 수 있으며 완전히 거듭날 수 있기 때문이다. 즉, 개벽할 수 있기 때문이다. 지금·여기의 내 자신이 고치고 개벽하면 그 순간으로 모든 것이 바뀌기 시작한다는 것이다. 마음을 바꾸는 순간 모든 것들이 180도로 뒤바뀌기 시작한다는 것이다. 사악한 인간이 착해질 수 있고, 우둔한 인간이 지혜로울 수 있고, 가난한 사람이 부자가 될 수 있고, 병든 사람이 건강해질 수 있기 때문이다. 이것이 바로 개벽의 의미이다. 하늘의 정해진 명령이 있는 것이 아니고 사람의 마음을 어떻게 쓰느냐에 따라서 일체가 모두 바뀌기 때문이다. 금수에 가까이 타락하고 더러운 인간 세상을 지상천국으로 개벽할 수 있다는 것이다. 무엇으로 그리할 수 있는가? 바로 마음으로 할 수 있다는 것이다. 어떤 마음이 그렇게 할 수 있는가? 하늘 마음이 그리할 수 있다는 것이다.

 어떤 사람들은 절대자가 하늘에서 하강하여 사람들을 구원하는 것을 개벽이라 말하기도 하고, 어떤 사람들은 지축이 바로 서는 것을 개벽이라 하기도 하고, 어떤 사람들은 우주 순환 질서가 뒤바뀌어 개벽이 온다고도 한다. 이러한 일은 개벽이라 하지 않고 절대자의 강림이나 우주 질서의 변화라 하는 것이 옳다. 천시天時와 지리地理는 사람의 마음과 따로 떼어 놓고 이야기할 수 없다. 유형의 개벽은 반드시 무형의 개벽과 함께 진행된다. 시간이 되면 유형의 질서가 저절로 바뀌는 것이 아니라 하늘 마음이 열리면 그에 걸맞는 유형의 대변혁이 일어나는 것이다.

우주 순환, 사계절 변화, 밤과 낮은 모두 하늘이 명명백백하게 밖으로 드러난 모습이다. 즉, 하늘 마음이 형상화한 것이다. 하늘은 이미 자연의 순환 질서로 내려오셨기 때문에 더 내려오실 분은 없다. 우주 순환의 변화는 객관적 환경은 되지만 사람을 자동으로 바꾸지는 못한다. 사람이 마음으로서 완전히 새롭게 변화할 때 개벽이라 한다. 그렇기 때문에 '다시개벽' '후천개벽'이라고 했다.

개벽은 사람이 하늘 마음이 되는 것이고, 자기 마음을 바꾸어 몸을 바꾸고, 가정을 바꾸고, 사회를 바꾸고, 국가 민족을 바꾸고, 나아가 우주의 운행 질서까지 바꾸는 것이다. 마치 우주 순환이나 절대자에 의하여 세상이 바뀌는 것처럼 말하지만 그것은 동학·천도교가 말하는 개벽이 아니다. 개벽은 우주 순환의 변화에 맞추어 사람의 마음이 완전히 바뀌는 근본적인 변혁을 일컫는 말이다. 그 변화는 폭우가 쏟아지듯 하여 그 어느 것도 막을 수 없는 큰 흐름이 된다고 해월은 말하였다. 결국 개벽은 새로운 문명의 탄생을 뜻하는 것이지 결코 절대자의 강림, 지각 대변동, 지축 정립, 우주 순환의 대변혁 같은 것을 뜻하지 않는다. 물론 사람들은 하늘 마음을 볼 수 없으니 눈에 보이는 것만을 가지고 말할 때 위와 같이 말할 수는 있다. 그렇지만 '다시개벽'은 사람의 마음 기운과 우주 기운이 조응하여 전혀 새로운 인격체가 등장하고, 인간 사회가 재형성되고 우주 질서가 재편되는 것을 뜻한다.

사람의 마음 기운이 하늘 기운과 조응하면 어떤 상황 변화에도 불구하고 살아남을 수 있다. 하늘 기운은 우주와 더불어 영원하기 때문에 하늘 기운에 통한 사람도 우주와 더불어 영원하다. 의암의 말처럼 바닷물이 뒤바뀌면 물고기들이 적응하여 살지 못하는 것처럼 급격한 우주 기운의 변화에 적응하지 못하면 사람은 살아남기 어려울 것이라 하였다. 마음이 하늘 기운에 통하면 우주 기운의 변혁기에도 흔들리지 않고 생명을 유지할 수 있다. 하늘의 기운은 통하지 아니하는 곳이 없으며 하늘 마음은 바라보지 않는 곳이 없다. 하늘의 기운에 통하고 하늘의 마음을 가진 사람은 어떤 변혁이 오더라도 흔들림이 없다.

수운은 「홍비가」에서 자신을 배반·음해·모략중상하는 사람들에 대하여, 하늘은 높지만 모든 낮은 것들을 다 듣는다(天高聽卑)고 하였다.[21] 해월은 "두려움이란 것은 사람이 경계하는 바니, 하늘의 위엄과 신의 눈이 이르지 않는 곳이 없다."[22]고 하였다. 하늘의 눈과 귀가 미치지 않는 곳이 없다고 믿는 사람은 매사에 두려워 삼가지만 이를 믿지 않는 사람은 매사에 오만하여 방종한다.

선악의 구분이 생기고, 성인과 소인의 구분이 생기고, 화복禍福의 구분이 생기는 것은 전적으로 사람의 마음 씀씀이에 따르는 것이다. 하늘의 명을 아는 사람은 선하고, 성인이 되고, 복을 받지만 하늘의 명을 모르는 사람은 남을 속이면서 사악한 행동을 함부로 하고, 소인이 되고, 재앙을 스스로 부른다. 어느 절대자가 있어서 성인과 소인을 만들어 내는 것이 아니라 마음의 선택에 따라서 성인도 되고 소인도 되고, 마음을 쓰는 방향에 따라서 큰 복을 받기도 하고 우주에서 가장 비참한 재앙을 받기도 하는 것이다. 그러므로 오직 마음 쓰기를 두려워하여야 할 것이다.

---

21 수운, 「홍비가」.
22 해월, 「강서」, "畏者 人之所戒 天威神目 無處不臨."

우주 순환이 사람을 착하게도 만들고 악하게도 만들고, 신선도 되게 하고 비천한 인간도 되게 하고, 갑부가 되게 하고 빈궁한 사람이 되게 하는 것이 아니라 마음의 선택에 따라서 하늘은 그대로 현실화시켜 줄 뿐이다. 마음이 착하고자 하면 하늘이 착하게 만들어 주고, 마음이 악하고자 하면 하늘이 악하게 만들어 줄 뿐이다. 마음이 고귀하고 부자가 되고자 하면 하늘이 그대로 이루어 주고, 마음이 비천하고 빈궁하고자 해도 하늘은 또한 그대로 들어준다.

하늘과 사람이 주고받는 이 묘연한 이치를 알게 된다면, 마음을 바꾸어 우주를 개벽함을 알게 된다. 이처럼 개벽은 지금·여기에 있는 자기 자신을 완전히 바꾸는 것이다. 완전히 새로 태어나는 것이다. 일찍이 예전에도 없었으며 지금에도 없으며, 동양에도 없었으며 서양에서도 없었던 완전히 새로운 도이자 법이다.

5. 하늘길과 마음

도는 천도天道다. 천도란 하늘길이다. 하늘길은 눈에 보이지 않는다. 보이지 않는 길이기 때문에 믿어야 한다. 그러므로 수운은 "도가 있는 바를 알지 못하거든 내 믿음이 한결같은가 헤아리라."[23] 고 하였다. 있다고 믿으면 하늘길이 열려 그 길을 걸을 수 있으며 없다고 생각하면 하늘길은 없는 것이다. 볼 수도, 들을 수도 없는 하늘길을 믿는 사람은 참으로 행복한 사람이다. 믿음을 가진 사람은

---

23 수운, 「전팔절」, "不知道之所在 度吾信之一如."

큰 축복을 받은 사람이다. 사람이 보이지도 않는 하늘길을 믿을 수 있는 것은 하늘 마음 때문이다. 내 안에 하늘 마음이 있기 때문에 하늘을 믿는 것이다.

대승불교의 결정적 종합이라고 하는 「대승기신론大乘起信論」은 사람이 어떻게 브라마(Brahma, 佛性)를 믿을 수 있느냐의 문제를 다루고 있다. 미천한 사람이 어떻게 가장 위대한 브라마를 믿을 수 있느냐의 문제이다. 그것은 우주 삼라만상에 브라마(大)가 예외 없이 다 타고(乘) 있기 때문이라는 것이다. 그렇기 때문에 마음 안에서 잠자고 있는 브라마를 불러 일깨울 수 있다는 것이다. 이것이 믿음이다. 하늘 마음이 하늘에 있는 것이 아니라 내 마음에 있기 때문에 믿음이란 내 마음을 깨우는 길이다. 이 마음이 깨어나면 보이지 않는 하늘길을 마음으로 느껴 알 수 있다. 이 마음만이 잡을 수 없는 무형의 도를 깨달을 수 있다. 글이나 말로는 표현할 수 없는 무형의 도를 온전히 깨달아 사람이 하늘길을 걸을 수 있다.

의암은 가장 미천한 존재인 사람이 어떻게 가장 위대한 한울님을 모시고 있을 수 있느냐는 제자들의 질문에, 사람은 모두 성심으로 만들어졌기 때문에 비천한 것 같지만 본래 마음은 하늘과 똑같이 고요·순수·순선하다고 대답하였다.[24] 결국 믿는다는 것은 내 마

---

24 의암,「각세진경」, "曰「高莫高於天 厚莫厚於地 卑莫卑於人 人以侍天者何也」曰「物有是性 物有是心 是性是心 出於天故 曰侍天也」묻기를 「높은 것은 한울 보다 더 높은 것이 없고, 두터운 것은 땅보다 더 두터운 것이 없고, 비천한 것은 사람보다 더 비천한 것이 없거늘, 사람이 한울을 모셨다 하는것은 어찌된 것입니까.」 대답하시기를 「만물은 다 성품이 있고 마음이 있으니 이 성품과 이 마음은 하늘에서 나온 것이라, 그러므로 하늘을 모셨다고 말하는 것이니라.」

음 안에 참 마음을 믿는 것이다. 그러므로 수운은 "도가 있는 바를 알지 못하거든 내가 나 된 것이요 다른 것이 아니다."[25]라고 하였다. 하늘길은 하늘에 있는 것이 아니라 본래의 내 마음이 길이 된 것이다. 세상과 아집에 사로잡힌 마음이 아니라 하늘 마음을 회복한 것이다.

많은 종교들이 진리를 찾고, 진리를 보고, 진리를 듣는다고 하면서 신상을 만들어 걸어 놓고 절하고 기도하고 명상한다. 그러면서 서로 자신이 만든 신상만이 오로지 진리라고 주장한다. 그렇지만 동학·천도교에서는 내 자신이 곧 진리 자체가 되어 세상을 바르게 보고 바르게 듣는다.[26] '정시정문正示正聞'이란 빛을 보는 것이 아니라 빛 자체가 되어 세상을 밝히는 것이다. 소리를 듣는 것이 아니라 소리 자체가 되어 세상을 진동시키는 것이다. 사람이 하늘이 되어 그 기운이 온 우주에 통하는 것이다. 이렇게 자연 만물에 통하지 아니함이 없어 자연과 함께 움직이면 '무위이화無爲而化'라 한다. 하늘을 나는 새와 함께 노래하고 구름과 함께 흐르고, 산처럼 움직이지 않으면서 계곡의 물처럼 우여곡절을 겪으면서 아래로 흘러 뭇 생명을 키우는 것이다. 이렇게 되면 모두가 한마음으로 돌아가 사람마다 화목하게 된다. 도덕만이 60억 인류를 한마음으로 돌이켜 평화의 시대를 열 수 있는 것이다. 온 세상이 동귀일체同歸一體하고 동귀일심同歸一心하면 '다시개벽'·'후천개벽'이라 한다.

---

25 수운, 「후팔절」, "不知道之所在 我爲我而非他."
26 의암, 「무체법경」, '신통고', "往往古之賢哲 自求自示 互相競爭 及此吾道人 非自求成道 天必正示正聞 萬無一疑 正示正聞."

이 한 몸 한마음이 곧 도다. 그러므로 해월은 "도란 것은 갓난아기를 보호하듯이 하고 대자대비하여 수련성도로 일이관지"²⁷라 하였다. 풀이하면 도란 다른 것이 아니라 순수하고 깨끗한 갓난아기의 마음이며, 우주 간의 일체 존재자들에게 무한히 대자대비大慈大悲한 마음이며, 마음을 갈고 또 단련하여 통하지 못하는 곳이 없는 마음이 되는 것이다. 하늘이 눈에 보이지 않는 정묘한 줄과 기맥을 만상에 다 드리워 놓고 있듯이, 내 마음도 모든 사람들의 마음과 모든 사물들의 중심에 두루 통하고 있는 것이다. 천도가 비어 우주 만물에 통하듯이 내 마음도 비어 우주 만물에 통하여 있다.

해월은 하늘로부터 이런 말씀도 받았다. "마음이란 것은 허령의 그릇이요 화복의 근원이니, 공公과 사私 사이에 득실의 도니라."²⁸ 마음은 비었기 때문에 착함을 채우면 착한 사람이 되고, 악함을 채우면 악한 사람이 된다. 그러나 마음은 몸에 매여 있기 때문에 유전자적 특성으로부터 자유로울 수 없다. 마음이 몸의 영향을 받으면 부모로부터 물려받은 속성들로부터 해방되지 못한다. 그러나 마음은 본래 비었기 때문에 채우기 나름이다. 사람은 천사보다도 더 착해질 수 있고 악마보다도 더 악해질 수 있다. 또한 마음은 본래 비었기 때문에 복으로 채울 수도 있고 재앙으로 채울 수도 있다. 복을 받으려면 남을 도와 주어야 하고, 재앙을 받으려면 남을 해치면 된다. 선악과 화복 가운데 어떤 것을 받을지는 완전히 '나'의 선택에 달려 있다. 왜냐하면 마음은 비어 있어 그 무엇으로도

---

27 해월, 「강서」, "道者 保若赤子 大慈大悲 修煉成道 一以貫之."
28 해월, 「강서」, "心者 虛靈之器 禍福之源 公私之間 得失之道."

채울 수 있기 때문이다. 마음을 사사롭게 쓰면 나날이 좁아지고 마음을 너그럽게 쓰면 나날이 이웃과 만물과 더불어 화목한다. 내 마음을 정定하기 나름이다. 이것이 동학의 심학이다.

마음은 무엇이라도 채울 수 있기 때문에 정定하지 못하면 언제나 옮긴다. 내 마음이 흔들리지 않는 하늘 기둥에 매이면 나는 하늘이 되고, 내 마음이 여기에서 저기로 옮기면 무상하기가 아침나절의 이슬과도 같다. 그러므로 성인은 내 마음을 하늘에 자리잡아 움직이지 않지만, 소인은 그 변덕이 이루 말할 수 없는 것이다. 마음이 하늘에 자리잡으면 이 사람은 영생하고, 마음이 오늘에 매이면 내일이면 죽고, 마음이 몸에 매이면 길어야 100년을 산다.

'사람이 하늘'이라 하지만 이 말을 굳게 믿어 의심치 아니하여 영생을 누리는 사람은 별로 많지 않고, 대부분 사람들은 내세來世를 말하고, 죽은 뒤의 세계를 말하며, 죽음에 임박할수록 집착의 강도는 높아만 간다. 마음이 몸에 더욱 강하게 매이기 때문이다. 이러한 세상 사람들의 마음에 기생하는 것이 이른바 사후 세계를 말하는 종교들이다. 천당이나 서방정토는 개체의 집착에서 나오는 세계이다. 마음이 그렇게 정하면 없는 것도 있는 것처럼 보인다. 그러므로 천국과 서방정토를 보았다는 사람들이 적지 않다. 스스로 구하니 있는 것처럼 보이는 것이다. 그렇지만 마음은 천국이나 서방정토에 가는 법도 없고 모두가 본래의 고향으로 돌아갈 뿐이다. 삶과 죽음의 아픔을 느끼면서 돌아가는 것이다. 그러나 하늘에 마음을 정한 사람에게는 삶도 죽음도 사라져 영생만이 함께 할 뿐이다. 마음은 늙지도 않고 죽지도 않는다. 오직 영생할 따름이다. 그러나 비고 빈 마음이 그 무엇에 매이면 무상하기가 신기루와도 같다. 개벽은 무상한 삶을 영생의 삶으로 바꾸는 길이다. 그러므로 영원히 죽지 않는 신선이 된다고 하는 것이다.

  마음이 무상함에 빠지지 않도록 사사로움을 떠나 언제나 지공무사할 것을 수운은 강조한다.[29] 변덕스러운 마음이 저지른 잘못을 언제나 참회하고 반성하는 삶을 살라고[30] 수운은 권고한다. 하늘의 말뚝에서 벗어난 마음은 논밭을 헤매면서 온갖 곡식들을 짓밟고 먹어 치우는 성난 황소와도 같다. 그러므로 마음공부는 오직 마음 지키기 이외에 다른 길이 없다. 사람은 하늘 마음을 타고 났으므로 이 마음을 지키기만 하면 되는 것이다. 동시에 마음은 기운이기 때문에 마음을 언제나 올바르고·밝고·착하고·의롭게 써야 할 것이다. 마음의 기운이 탁해지면 사람은 순식간에 우주를 오염시키는 쓰레기가 된다. 오염된 마음이 세계를 질식시키고 있다. 부패하고 더러워진 것을 신선하고 깨끗하게 하는 것이 개벽이다.[31] 정직하지 못한 사람은 복잡하다. 복잡한 마음을 단순명쾌하게 하는 것이 개벽이다. 마음으로 마음을 가리기를 끝도 없이 하니 마음이 얼마나 복잡하고 얼마나 어두워지겠는가!

  그 복잡함이 극에 이르면 정신병자가 되거나 폭발해 버린다. 마음으로 마음을 속이고 가림으로써 살아가는 사람들이 많아지면 사회는 그만큼 복잡해진다. 개벽은 이렇게 복잡한 마음을 간단하게

---

29 수운,「전팔절」,"不知心之得失 察用處之公私."
30 수운,「후팔절」,"不知心之得失 在今思而昨非."
31 의암,「인여물개벽설」,"개벽이란 부패한 것을 맑고 새롭게, 복잡한 것을 간단하고 깨끗하게 함을 말함이니…."

만드는 길이다. 생각한 것을 말하고, 말한 것을 실천하는 길이다. 생각과 말 그리고 행동이 일치되어 간단해진 사람은 '개벽꾼'이다.

6. 다가오는 개벽

해월은 "우리 도는 천황씨의 근본 큰 운수를 회복한 것"[32]이라고 의심 없이 천명하고 있다. 팔절은 '사람이 곧 하늘'인 근거를, 전해 오는 여덟 개의 개념으로 설명한 것이다. 다시 말하자면 천황씨가 '아버지 없는 최초의 아버지'가 된 근거를 설명한 것이다. 그렇게 함으로써 천황씨가 태어나는 개벽의 운을 설명하였다. 한마디로 말하면 '개벽의 운' 또는 '천황씨의 운'은 새로운 인간의 탄생이다. 그러므로 동학은 다름이 아니라 새로운 '포태지수胞胎之數'를 정했다고도 표현된다. 위에서 어떻게 새로운 인간이 탄생하는지를 살펴보았다.

그렇다면 이런 일이 실제로 일어날 것인가? 새로운 인간이 태어나서 새로운 사회를 형성하고 새로운 문명을 형성한다는 것은 그리 쉬운 일이 아니다. 어찌 보면 이러한 일은 아득한 미래에 일어날 일이거나 또는 생각할 수는 있지만 현실에서는 일어나지 않는 유토피아에 불과하다고 생각할 수 있다. 그렇지만 동학·천도는 이러한 일은 먼 미래가 아닌 1860년에 시작되어 곧 다가올 현실이라고 말한다. 해월은 그 때를 묻는 제자들에게 개벽이 오는 시대적

---

32 해월, 「개벽운수」.

징후를 다음처럼 설명하고 있다.

　해월은 "산이 다 검게 변하고 길에 다 비단을 펼 때요, 만국과 교역할 때"[33]가 개벽의 때라고 하였다. 너무 추상적이라 제자들이 좀 더 구체적으로 말해달라는 뜻으로 '그 때가 언제냐'고 반문할 때 해월은 "기다리지 아니하여도 자연히 오리니, 만국 병마가 우리나라 땅에 왔다가 후퇴하는 때"[34]라고 대답하였다. 그래도 추상적이기는 마찬가지였을 것이다. 왜냐하면 만국병마가 아직 한반도에 오지도 않았을 때이므로 제자들은 이 말이 무슨 말인지 알 수가 없었을 것이다. 그러나 오늘을 사는 우리들은 해월의 '그 때'가 매우 임박했음을 느낀다. 왜냐하면 해월이 말한 네가지 징후를 오늘을 사는 우리들은 뚜렷하게 보고 듣고 있기 때문이다.

　산림 녹화로 붉던 산하가 검푸르게 변했으며, 전국의 국도와 지방도가 아스팔트와 시멘트로 거의 다 포장되었으며, 이미 만국과 교역할 뿐만 아니라 자유무역협정(FTA: Free Trade Agreement) 대상 국가도 나날이 증대하고 있다. 세계 질서와 동북아 정세의 변화로 말미암아 '만국병마'는 우리가 원하든 원치 않든지 간에 자연스럽게 물러가는 상황이 올 것이다. 해월의 이 말은 일종의 미래 예언이다. 해월이 말하는 개벽의 징후들은 오늘을 사는 우리들은 누구나 알 수 있기에 개벽이 임박했음을 알 수 있다.

　의암은 개벽을 공기의 변화와 정신의 일대 변화로 설명하고 있다. 전자를 유형의 개벽이라고도 하며 후자를 무형의 개벽이라고

---

33 해월, 「개벽운수」.
34 해월, 「개벽운수」.

도 한다.³⁵ 공기의 변화라고 하였지만 그것이 지구 대기大氣의 변화인지, 지구 자장磁場의 변화인지, 우주의 근본 물질이라 할 수 있는 보이지 않는 음수陰水의 변화인지 분명히 알 수 없다. 표현은 다르지만 지구가 일대 변화를 겪는 것만은 사실이다. 지구상에 사는 뭇 생명들은 자기장의 변화³⁶로부터 자유로울 수 없을 것이다.

의암은 이러한 기운 변화를 대기 변화로 설명한다. 우주 계절로는 가을의 기운이며, 하루로는 저녁의 기운이기 때문에 번창함을 끝내고 뿌리로 돌아가는 죽음의 숙살肅殺 기운이라 한다. 이러한 기운의 급격한 변동에 적응하면 살고 그렇지 못하면 추풍낙엽의 신세를 면하기 어려울 것이라고 무시무시한 예고를 한다.³⁷ 살아남으려면 가을의 쌀쌀한 기운을 견뎌 낼 수 있어야 할 것이다. 구태의연한 옛날 기운에 의지해서는 살아남을 가능성이 없으며, 오로지 지극한 하늘의 기운에 통해야만 살아남을 수 있다는 것이다. 물이 바뀌면 물고기가 떼죽음을 당하듯이 사람이 의지하고 있는 하늘의

---

35 의암, 「인여물개벽설」.

36 "Will Compasses Point South", *New York Times*, 13 July 2004.; http://news.nationalgeographic.com/news/2004/0900_040909_earthmagfield.html 지구상의 모든 생명체는 자기장의 보호막 아래에서 태어나 살아가고 있다. 자기장이 태양풍과 위해한 우주선(宇宙線)을 막고 있어 지구에는 대기권이 형성되어 뭇 생명이 살아갈 수 있는 환경이 조성되었다. 과학자들은 자기장 형성을 가능케 한 지구의 핵 회전에 큰 변화가 예고된다고 한다. 외핵의 회전에 변화가 오게 되면 자기장이 바뀌게 되고 대기권에 일대 격변이 오게 된다.

37 의암, 「인여물개벽설」, "天地의 氣數로 觀하면 今日은 四時之秋요 一日之夕인 世界라 物質의 複雜과 空氣의 腐敗가 其極에 達하였으니 此間에 立한 吾人이 何能獨存이리오 大機一轉의 時日이 眼前에 迫到하였도다."

기운이 바뀌면 어떻게 살아남을 수 있겠느냐고 의암은 반문한다.

겨울 바람을 견뎌 내기 위해서는 개벽을 해야 한다. 이때 개벽은 마음의 개벽이다. 마음을 개벽한다는 것은 다름 아니라 물질과 아집에 매인 마음을 해방시켜 하늘에 매다는 일이다. 물질 관념과 아집에서 해방되기 위한 길이 바로 주문의 시정지侍定知이다. 의암은 정신을 개벽하기 위해서는 여러 가지 부정적인 정신들을 긍정적인 정신으로 바꾸어야 함을 강조한다.

그리하여 먼저 잘난 체하는 마음, 즉 자기를 높이는 마음에 매일 것이 아니라, 하늘을 높이고 하늘 마음을 모실 줄 알아야 한다고 말한다. 나를 고집할 것이 아니라 하늘을 굳게 잡으라는 뜻이다. 다음으로 의심과 공포로 가득 찬 마음을 버리고 확신에 찬 마음을 가져야 한다고 말한다. 천변만화하는 밖의 경계에 마음이 흔들릴 것이 아니라 생사를 넘어서는 고요의 한울님 자리에 흔들림 없이 정定하라는 것이다. 마지막으로 무지無知와 망령됨을 지혜로 개벽하여 몸이 아닌 성령이 주인임을 알아야 한다고 하였다. 의암은 주문의 시정지侍定知로 개벽을 설명하고 있다.[38]

의암은 개벽을 주문을 빌어 설명했지만 결론적으로 이신환성以身換性으로 요약한다. 의암의 말을 직접 들으면 더 실감난다. "큰 바다가 번복하면 어족이 다 죽듯이, 대기가 번복하면 인류가 어떻게 살기를 도모하겠느냐. 일후에 반드시 이러한 시기를 한번 지나고

---

38 의암, 「인여물개벽설」, 精神을 開闢코자 하면 먼저 自尊心을 侍字로 開闢하고 自尊心을 開闢코자하면 먼저 疑懼心을 定字로 開闢하고 疑懼心을 開闢코자 하면 迷妄念을 知字로 開闢하고 迷妄念을 開闢코자 하면 먼저 肉身觀念을 性靈으로 開闢하라.

서야 우리의 목적을 달성할 것이니, 이신환성은 이러한 시기에 살기를 도모하는 오직 하나의 큰 방법이니라."[39] 물이 바뀔 때 사는 길은 물 밖으로 나오는 길밖에 없다. 공기가 바뀔 때 사는 길은 숨을 쉬지 않아야 한다. 숨을 쉬지 않고도 살 수 있어야 한다. 물고기는 진화하여 육상동물이 되어야 하고 인간은 진화하여 영적 존재가 되어야 한다. 자기장의 변화로 말미암아 대기권이 바뀌더라도 영향을 받지 않는 사람이 되어야 하는 것이다.

 마음이 현재의 우주 기운에 매여 있게 되면 그 기운의 종말과 함께 내 마음도 사라지게 된다. 반대로 우주 기운이 바뀌는 시기에 내 마음이 하늘에 매여 있게 되면 기운 변화에 영향을 받지 않게 된다. 이를 의암은 이신환성以身換性이라 하였다. 개벽 문명은 결국 이신환성이라고 하는 인간 혁명에 의해서만 도래할 수 있다.

---

39 의암, 「이신환성설2」.

제2부 생활의 다시개벽: 도덕적 삶

제4장 해월의 믿음·공경·정성의 삶

제5장 동학·천도교의 생명·평화 사상

제5장 동학과 칸트의 도덕론 비교

제4장 해월의 믿음·공경·정성의 삶*

1. 사람의 길

　태어나 활동하다가 돌아가는 것은 까마득한 옛적부터 아득한 미래까지 바뀌지 않는 길이다. 이 길에서 벗어나는 것은 없다. 수운은 이 도를 무왕불복無往不復의 이치라 하였다.[1] 하늘도 땅도 이 길에서 벗어난 적이 없다.
　하늘의 길은 천명天命이라 하였고, 땅의 길은 지리地理라 하였다. 그러나 하늘은 태어난 적도 없고 활동한 적도 없고 죽은 적도 없이 고요할 뿐이다. 반면 땅은 무궁한 순환의 길을 걸었으며 걸으며 또 걸을 것이다. 수운이 무왕불복의 이치를 받았다는 것은 모든 존재자들은 고요하고 빈(空) 곳에서부터 태어나 살다가 다시 고요하고 빈 고향으로 돌아가는 전체 이치를 깨달았다는 의미이다.
　하늘은 고요하고 땅은 순환 활동을 멈추지 않기에, 사계절이 순환하고 그 가운데서 뭇 생명들이 태어나 활동한다. 뭇 생명 가운데 사람이 가장 영명靈明하여, 위로는 하늘을 생각하고 아래로는 땅을

---

* 『신인간』 통권623호(포덕143.8).
1 수운, 「논학문」.

굽어보게 되었다. 눈에 보이는 것을 궁구하면서 과학이 생겨났고, 밖으로 향하던 시선을 내 안으로 돌리면서 도학이 생겨났다.

서구의 정신사를 들여다보면 신을 중심에 모시는 헤브라이즘과 자기 자신을 알려는 헬레니즘 철학의 상호작용을 볼 수 있다. 헤브라이즘이 신의 제단에 자기 아들을 바칠 정도로 지극한 믿음을 가진 아브라함으로부터 시작되었다면, '너 자신을 알라'는 경구로 누구에게나 알려진 소크라테스는 헬레니즘의 새벽을 열었다고 하겠다. 자연주의자들은 자연 사물에서 우주의 비밀을 캐내려 하였다.

동양의 문명은 자기 자신이 곧 하늘임을 깨달아 '아버지 없는 최초의 사람'[2]이 된 천황씨에 의하여 비로소 문명이 열렸다. 그러나 이후 동양의 정신사는 크게 세 갈래로 갈라져 발전한다. 상제와 하늘에 제사를 강조하는 사람이 있는가 하면, 자연에서 도를 찾으려는 사람들도 있었다. 그렇지만 인의仁義라는 내면의 진리를 구하려는 인문 정신의 흐름이 면면히 흘러오고 있다.

진리를 찾으려는 인류의 노력은 동서양이 크게 다르지 않다. 눈은 무한한 하늘을 쳐다보고 발은 대지에 굳건히 딛고 살아야 하는 사람으로서는 한편으로 신을 생각하면서 다른 한편으로 자연을 생각할 수밖에 없기 때문이다. 그 사람이 어느 날 하늘의 명령(天命)과 땅의 이치(地理)가 밖에 있는 것이 아니라 자기 자신 안에 갖추어져 있음을 깨닫게 되었다. 그리하여 최초의 참사람이자, 최초의 스승이며, 최초의 왕이 탄생했다. 천명을 받아 하늘에 통하고, 지리에 통하여 우주 만물을 통제하고, 인간과 사회를 하늘의 명령과 땅의

---

2 수운, 「불연기연」.

이치에 부합되게 건설하였으니 비로소 도덕 문명이 태어난 것이다. 천황씨가 그 도덕 문명의 주인공이었다.[3]

　이렇게 시작했던 고대 동양 문명은 그 원형을 잃고 활력을 잃어버려 쇠퇴의 길을 걷게 되었다. 그러던 중 수운은 천명·지리·인화를 구현한 고대 문명의 원형을 1860년 4월 5일 몸소 깨달아 새로운 문명의 새벽을 선포한다. 이를 '다시개벽'이라 한다. 왜냐하면 지금까지 보던 하늘과 땅이 아닌 완전히 새로운 하늘과 새로운 땅이 열렸기 때문이다. 그 눈이 열린 사람도 또한 새로워졌다. 모든 것들이 새로이 태어났기 때문에 '후천개벽後天開闢'이라 불렀다. '다시개벽'이라고 하는데 과연 인간 생활에서 어떤 점이 새로워졌다는 의미인가? 해월의 삶을 통하여 새로워진 '개벽'적 삶의 원형이 무엇인지를 살펴보는 것이 이 글의 목적이다.

2. 믿음, 공경 그리고 정성의 생활

　해월의 삶은 그야말로 가시밭길이었으며, 거친 음식과 노숙露宿의 연속이었으며, 핍박과 추적에 시달린 도망자의 삶이었다.[4] 겉으로 볼 때 해월의 인생은 고난의 점철일 뿐이지만 안으로 보면 꼭 그렇지만은 않다. 『중용』은 '누구나 밥을 먹지만 참 밥맛을 아는

---

3 수운, 「불연기연」.
4 해월의 삶에 대한 좀더 자세한 내용은 오문환, 2003, 『해월 최시형의 정치사상』, 모시는사람들 참조.

자 적다.'⁵고 하였으며 의암은 "사람이 세상에 남에 한울 성품으로 말미암지 아니함이 없건마는 능히 그 성품을 거느리는 이가 적고, 누구나 집에서 살지 않는 이가 없건마는 그 집을 잘 다스리는 이가 적으니, 어찌 민망치 아니하리오."⁶라고 하였다. 마찬가지로 누구나 삶을 살지만 생활의 참맛을 알고 생활의 참된 길을 걷는 자는 적다. 그러나 해월의 생활에서 삶의 참맛을 어렴풋하게나마 맛볼 수도 있을 것이다. 많고 많은 사람 중에 한 사람이라도 그 뜻을 알게 된다면 이 또한 덕이라고 수운은 말하였다.

1) 믿음의 길

먹는(食) 일은 통속적이며 일상적이다. 가정이란 생물학적인 종족 번식과 사회 정치학적 공동체로서 또한 통속적 삶의 대명사이다. 그러므로 철학과 종교의 길은 함께 밥 먹고 번식하는 가정과는 상극으로 이해된다.

서양 철학의 마르지 않는 샘으로 평가 받는 소크라테스는 악처로 유명하고, 집안 일을 돌보지 않고 거리의 청년들과 나눈 대화로 유명하다. 거리에서 청년들과 나눈 대화를 제자가 책으로 남겨 최고의 철학자로 전해지고 있다. 소크라테스는 먹는 일이나 가정에 등을 졌던 것이다. 서양인의 종교적 삶의 표상이라 할 수 있는 예수도 가정을 갖지 않았으며 속세를 떠나 사막에서 악마와 투쟁하

---

5 『中庸』, "人莫不飮食也, 鮮能知味也."
6 의암, 「권도문」.

여 승리를 거두어 마침내 '하나님'과 만나는 것으로 그려진다. 비단 서양만 그러한 것이 아니다.

부처는 깨달음의 길을 가기 위하여 아버지가 깨끗하게 벌어들인 재산과 왕국, 아름다운 아내와 많은 후궁들 그리고 사랑스런 아들을 떠나서 오랜 고행 끝에 깨달음을 얻었다. 유가의 사표인 공자의 가문도 삼대에 걸쳐서 아내를 내쳐, 말로는 수신제가를 논하면서도 천하를 주유하면서 이상정치의 실현에 꿈을 두었을 뿐이다.

이처럼 옛 성인들의 삶에서 우리는 음식과 가정은 통속적이기 때문에 이를 떠날 때 하늘로부터 천명을 받고 땅의 이치에 통달하여 성인이 된다는 선입견이 은연중 뇌리에 깊게 박히게 됨을 알 수 있다. 그러나 동학을 살펴보면 이처럼 통속과 일상의 생활을 성스럽게 간주한다. 일찍이 없었던 삶의 양식이다. 기존의 성스러움과 속됨의 이원성의 기준으로 본다면 동학이 삶을 바라보는 방식은 완전히 새로운 것이다. 동학에서 성스러움은 더 이상 속된 삶의 세계를 떠나지 않는다.

생활은 통속이며 통속은 수운에 의하여 기연其然으로 표현되었다. 수운은 이 통속성과 일상성이 성스러움, 보이지 않는 세계, 영원성, 불멸성, 완전성, 궁극성, 초월성, 절대성에 뿌리내리고 있음을 깨달았다. 그러나 불연不然의 세계는 보이지 않고, 들리지 않고, 멀고, 어렵고, 근본적이고, 숨어 있기 때문에 우리의 마음은 어떤 경우에도 알거나 잡을 수 없다.

그 불연의 세계는 언제나 삶이 이루어지는 속세를 넘어서 저편의 세계에 있기 때문이다. 그렇기 때문에 이 불연의 세계는 오직 믿음에 의해서만 존재하는 세계이다. 믿지 않으면 없는 세계이고 믿으면 있는 세계이다. 그러므로 믿음이란 속된 생활의 성스러움, 생활의 불연에 대한 믿음이다. 믿음이란 보이지 않는 세계를 믿음이며, 흔들리지 않는 세계를 믿음이며, 영원한 세계를 믿음이며, 영적 중심을 믿음이며, 고요하고 적적한 세계를 믿는 것이다. 무형의 세계, 허무의 세계가 믿음으로 존재한다. 왜냐하면 이 세계는 인간의 마음으로는 도저히 알 수 없는 세계이기 때문이다. 단절의 세계이기 때문이다. 설명할 수 없기 때문이다.

그렇기 때문에 믿음이 없는 자에게는 모든 것은 불연이며, 영원히 신비이며, 영원히 알려질 수 없다. 반면 믿음이 있는 자에게는 불연의 세계는 자신의 비밀의 문을 열어 준다. 그 믿음으로 말미암아 우리는 일찍이 본 적도 없으며, 의식한 적도 없으며, 체험한 적도 없는 새로운 세계로 들어간다. 그 이전까지는 어떤 경우도 갈 수 없었지만, 믿음을 통하여 들어간 이 세계는 더 이상 그렇지 않은 세계가 아니라 너무나 당연한 그런 세계가 된다. 믿음이 이편과 저편을, 땅과 하늘을 연결시킨 것이다.

믿음에 의하여 열린 불연不然의 세계는 더 이상 그렇지 않은 세계가 아니라 그렇고 그런 세계이다. 믿음이 있는 사람에게는 이전에는 불연으로 보였던 세계가 밥 먹고, 물 마시고, 잠자는, 너무나 통속적이고 일상적인 기연과 다를 바 없다. 믿음이 없는 사람에게 신비와 초월로만 여겨지던 세계가 너무나 일상적인 일이 된다. 그리하여 믿음이 있는 사람에게 신비는 없으며, 기적은 없으며, 불연은 없으며, 신성함도 없다. '지도무난至道無難'이다. 해월은 믿음의 전범典範이었다.

평범한 사람에게는 믿음이 없다. 믿음은 축복 중의 가장 큰 축복이다. 대부분 사람은 소인小人이다. 자기가 듣고, 보고, 느끼고, 생각하는 세계를 벗어나지 못하며 평생을 새장보다 작은 세계에 갇혀 살아간다. 그러나 대인大人은 그렇지 않다. 대인은 하늘을 모시고 살며, 위대함을 믿으며, 완전성·영원성·영성에 대한 믿음이 추호도 흔들리지 않는다.

해월은 1860년 수운 대선생과의 만남을 그날 이후 한순간도 잊지 못했으며 그 믿음이 흔들리지 않았다고 스스로 확언하였다.[7] 해월은 믿음의 생활을 보여 주었다. 해월은 누구나 요순堯舜과 공맹孔孟같이 마음을 써서 성인이 될 수 있다고 하였으며,[8] 스스로 그 모범을 보여 주었다.

해월은 입도 이후 38년 동안의 삶에서 사람은 모두 한울님을 모시고 있으므로 다른 사람을 한울님으로 모셨으며, 동식물과 자연 사물도 한울님을 모시고 살기에 역시 하늘처럼 공경하는 모습을 보여 주었다. 그리하여 자연 사물을 감동케 하였으며, 사람을 감동케 하였으며, 하늘을 감동케 하였다. 그 감동으로 말미암아 해월은 역사의 물줄기를 바꿀 수 있었으며 우주의 기운을 바꾸었다. 해월은 한 점 의심 없이 한울님을 믿었으며, 불연不然을 믿었으며, 완전성과 영원성을 믿었다. 해월의 38년의 삶은 한울님에 대한 믿음의 기둥에 매여 있었다. '사람이 하늘이기' 때문에 해월의 믿음

---

7 해월, 「수심정기」, "吾着睡之前 曷敢忘水雲大先生主 訓敎也 洞洞燭燭 無晝無夜, 내 눈을 붙이기 전에 어찌 감히 수운 대선생님의 가르치심을 잊으리오. 삼가서 조심하기를 밤낮이 없게 하느니라."

8 해월, 「독공」, "行堯舜之事 用孔孟之心 孰非堯舜 孰非孔孟, 요순의 일을 행하고 공맹의 마음을 쓰면 누가 요순이 아니며 누가 공맹이 아니겠느냐."

은 곧 하늘을 믿음이며 동시에 사람을 믿음이다. 어떤 절대자만을 믿는다는 것이 아니다.

2) 공경의 길

공경은 사람의 덕성 가운데 가장 아름답게 빛나는 덕성이다. 공경은 사람만이 할 수 있다. 공경은 존엄성을 전제로 한다. 존엄하지 않은 존재를 공경할 수는 없다. 인간의 존엄성은 휴머니즘의 등장과 함께 인식되었다. 휴머니즘의 등장 이전에 인간은 기껏해야 자연의 일부에 불과했고, 신의 피조물일 뿐이었다. 사람의 인지가 발달하기 전까지 자연은 공포와 공경의 대상이었기에 대부분의 원시 종교들은 자연 숭배를 기초로 하고 있다. 인지의 발달과 함께 사람들은 우주 만물 전체를 통제하고 주재하는 절대신을 생각하면서 공포와 공경의 대상이 유일신으로 옮겨가게 되었다. 과학의 시대와 휴머니즘의 시대에도 불구하고 절대신의 환영은 쉽게 인간 정신에서 사라지지 않고 있다.

그러나 동학은 인문 정신의 재발견을 통하여 공경의 대상을 신에서 사람으로 돌려놓았다. 위대한 것은 사람이 자기 안에 모시고 있는 하늘 마음이라는 점을 알아 새로운 휴머니즘의 시대를 열었다. 부처는 '천상천하유아독존天上天下唯我獨尊'이라고 하여 인간 존엄성을 말하였고, 공자는 전통적 역易의 자연 철학에서 벗어나 인仁을 말하면서 사람의 근본 바탕에 깔려 있는 마음을 중시하였다. 그렇지만 인간의 존엄성을 근본적으로 구현하는, 진정한 휴머니즘 시대는 수운에 이르러 열린다. 수운은 사람은 한울님을 모신 존재

(侍天主)임을 밝혔다. 자연 사물과 절대신을 향하였던 공경이 사람으로 돌아오게 되었으며, 의암은 "내 마음을 내가 정성하고, 내 마음을 내가 공경하고, 내 마음을 내가 믿고, 내 마음을 내가 법으로 삼는다."[9]하여 인문 정신의 꽃을 활짝 피웠다. 이것이 동양의 인문 정신이며, 근본 정신이며, 도덕 정신이다.

현재 한국 사회는 인문 정신의 위기를 겪고 있다. 과학을 통하여 자연의 법칙을 찾아내고 종교를 통하여 신을 숭배하더라도, 사물을 분석하고 신을 노래하는 주인이 사라지고 주인이 행복할 수 없다면 문명과 문화가 무슨 소용이 있겠는가? 주인을 공경하고, 주인에게 정성 들이고, 주인을 믿고, 주인을 따를 때 비로소 인류의 역사와 찬란한 물질 문명과 종교 문명이 그 빛을 발할 것이다. 문명과 문화의 주인은 누구인가? 한울님을 모신 사람이 주인이라는 것이 동학이 찾아낸 인문 정신이다. 천지 조화를 한 몸에 모신 존재가 사람이다. 다시 말하자면 한울님 이치와 기운을 모시고 있는 주인이 사람이다. 그리하여 자신을 공경하는 것이 한울님을 공경하는 것이며 우주 자연을 공경하는 것이라 하였다. 그러나 이때의 자신은 육신이나 에고를 뜻하지 않는다. '본래의 나'를 뜻한다. 자신을 공경하라는 것은 자존심을 높이라는 뜻이 아니라 자기 안의 '본래의 나'를 공경하라는 의미이다.

해월이 남긴 육필 가운데 하나인 「내수도문」 안에는 지극히 평범하면서도 지고지순하고 성스러운 생활의 길이 펼쳐지고 있다. 아름다운 생활의 길이 펼쳐지고 있다. 해월은 우리의 생활 어느 한

---

9 의암, 「무체법경」, '신통고' "自心自誠 自心自敬 自心自信 自心自法."

곳, 어느 한 순간도 영원하고, 순수하고, 무형하고, 청순하고, 고요하고, 무궁한 한울님이 작용하지 아니함이 없으므로 그분을 잊을 수 없음을 말하고 있다. 무슨 생각을 하든지, 무슨 말을 하든지, 무슨 행동을 하든지 오직 그분에게 마음으로 간절히 고하고 그분으로부터 가르침을 받아서 할 때 생활은 올바르게 되고, 밝게 되고, 착하게 되고, 정의롭게 된다는 것이다. 그리하여 자잘한 질병에서부터 큰 병까지 모두 나을 뿐만 아니라 대도에 통할 것이라 하였다.[10] 그러할 때 일년 삼백육십 일이 하루처럼 지나가는 것이 아니라 영원으로 통하게 된다. 이것이 찰나에 불과한 인생을 살면서 영원을 사는 비결이 아닐 수 없다. 불로장생의 신선법이다. 진시황 한무제뿐만 아니라 지구상에 왔다가 간 그 수많은 중생들이 그토록 찾아 헤매던 불사약이다.

해월은 사람이 자연 사물을 공경하면 만상이 거동하여 온다고 말하였다.[11] 자연 사물이 내 안으로 들어오는 것이다. 사람을 공경하면 모든 사람들이 또한 거동하여 나에게로 올 것이다. 하늘을 공경하면 하늘이 내 안으로 또한 거동하여 들어올 것이다. 성공의 비결은 공경에 있다. 공경할 때 자연 사물이 모두 내 것이 되고, 모든 사람이 형제자매가 되고, 한울님이 내 안에서 살아 계시게 된다.

---

10 내수도문은 부인들의 일상생활 속에서 자기 안의 한울님과 언제 어디서나 이야기하는 삶을 살면 자잘한 질병에서부터 생활의 즐거움 나아가 대도에 통할 수 있다고 말한다. 도는 멀고 어려운 데 있는 것이 아니라 일상생활 속에서 마음을 잃거나 잊지 않으면 된다는 것이다. 해월, 「내수도문」 참조.

11 해월, 「성경신」, "人人敬物則萬相來儀 偉哉敬之敬之也夫 사람마다 만물을 공경하면 만상이 거동하여 오니, 거룩하다 공경하고 공경함이여!"

우주정신과 우주 만물이 모두 내 안으로 들어온다면 나와 우주가 무슨 차이가 있겠는가? 하나일 뿐이다.

하나가 되면 말을 잊으며 마음도 사라진다. 그냥 나는 내가 될 뿐이다(我爲我而非他).[12] 내 몸을 보살피고자 하여 보살피지 아니하며, 내 마음을 공경하고자 하여 공경하지 아니하며, 내 본성을 숭배하고자 하여 숭배하지 아니한다. 모든 것이 자동으로 이루어질 뿐이다. 일체의 경계가 사라져 버렸으니 깨달을 것이 무엇이 있으며, 보살필 것이 무엇이 있겠는가? 일체가 한 몸이 되어 버리니 따로 찾을 것도 없다. 그러므로 도를 찾는다거나 깨닫는다거나 하는 일들은 부질없는 일이다. 의암은 이 경지를 대자유의 경지요, 공도공행의 경지라 하였다.[13] 무위이화라 하겠다.

해월은 땅을 어머니의 살처럼 공경하라고 가르쳤으며, 나무라도 생순을 꺾지 말라고 했으며, 물을 멀리 버리지 말라고 했으며, 육축이라도 다 아끼라고 하였으며,[14] 자기보다 높은 사람이나 낮은 사람이나 여성이나 어린아이나 모두 한결같이 한울님과 똑같이 섬기라고 하였다. 이것이 해월이 걸어간 생활의 길이었다.

일체를 공경하여 해월은 우주의 주인이 되었다. 그러나 현대는 자연을 정복하고, 타인을 대상화하고, 신을 우상화하도록 가르치고 있다. 그리하여 인간은 자기 존엄성을 주장하지만 나날이 왜소해지고 있으며 죽음의 세계로 내몰리고 있다. 현대는 죽음의 길이

---

12 수운, 「후팔절」.
13 의암, 「무체법경」, '삼심관'.
14 해월, 「내수도문」.

며 해월의 길은 생명의 길이다. 현대는 인간을 골목길로 내몰고 있으며 마침내는 면도날보다도 더 좁은 길에 다다를 것이나, 해월의 길은 실개천에서부터 시냇물과 강을 거쳐 마침내 무한 바다로 이르는 길이다. 해월에게서 공경의 삶을 본다.

3) 정성의 길

정성은 하늘의 덕이고 사람은 오직 정성하려 노력할 뿐이라고 『중용』은 말한다. 그러므로 정성에 이르기는 참으로 어려운 일이다. 정성은 쉬임없이 일하는 것이다. 계절의 순환이나 밤낮의 바뀜은 잠시도 쉬지 않는다. 수운은 「포덕문」에서 이 우주 순환을 '천지조화가 드러난 뚜렷한 자취'라 하였다.[15] 천지 조화에 의하여 태양은 빛나고, 바람은 불고, 비는 내리고, 강물은 흐른다. 그 어느 것도 잠시도 멈추지 못한다. 하늘의 정성이 쉬지 않기 때문이다. 해월은 잠시도 쉬지 않고 일하거나 사람과 만나거나 마음공부를 하였다고 한다. 제자들이 쉬시라고 말하자 '하늘도 쉬지 않는데 하물며 하늘의 녹을 먹고 사는 내가 어떻게 쉬겠느냐.'고 하였다.

해월은 농부와 어부가 쉬지 않기 때문에 먹을 것이 풍족하고, 물건을 만드는 사람이 쉬지 않기 때문에 기계가 발달하고, 장사하는 사람이 쉬지 않기 때문에 부족한 물건이 없고, 공부하는 사람이 쉬지 않기 때문에 나라가 나날이 진보한다고 하였다.[16] 이렇게 정성

---

15 수운, 「포덕문」.
16 해월, 「성경신」.

을 들였기 때문에 해월은 역사의 물줄기를 바꾸어 우리 민족의 명맥을 유지할 수 있었을 것이다. 그렇지 아니했더라면 이 나라의 정신은 사라졌을 것이며 어느 박물관의 박제품이 되지 않았으리라는 보장이 없다. 민족과 국가만 살린 것이 아니라 인간됨의 바른 길을 보여 주어 새로운 내일에의 희망을 제시하여 주었다. 하늘을 모시고 살면서 하늘의 뜻에 부합되는 도의 생활을 보여 주었으며, 땅과 함께 조화로운 베푸는 삶의 모범을 보여 주었다.

아침에 태양이 뜨지 않는다면 얼마나 깜깜한 밤이겠는가? 칠흑같은 밤이라도 내일 해가 뜨기 때문에 사람들은 어둠을 이겨 낸다. 수운은 일성일쇠—盛—衰를 말하여 어김없는 순환의 이치를 밝혔다. 낮의 햇살과 밤의 달빛에 의지하여 지구상의 생명체들이 삶을 영위해 간다. 그러나 태양과 달에게 은덕은 고사하고 근본을 잊으니 이것이 세상이 질병으로 가득한 원인이라고 수운은「권학가」에서 말한다.[17] 해월은 수운 선생에 이르러 처음으로 한울님에 대한 효도를 생각하고 실행하여 천지부모의 이치가 밝혀지게 되었다고 하였다.[18] 저 하늘의 빛나는 태양과 어둠을 밝히는 초롱초롱한 별들을 낳은 천지부모에 대한 고마움을 되갚는 길이 수운에 이르러 밝혀졌고 해월에 의하여 닦여졌고 의암에 이르러 일가를 이루었다. 세 분은 다른 인격체이지만 한울님에 대한 지극한 정성은 같다.

13자 주문에도, 우주의 삼라만상을 만들고 그 안에 계신 한울님의 덕을 영원토록 잊지 않을 때 비로소 삼라만상에 모두 통하여 모

---

17 수운,「권학가」.
18 해월,「천지부모」.

르는 것이 없게 된다(永世不忘 萬事知)고 하였다. 생각하면 있는 것이요 생각하지 않으면 없는 것이기 때문에 언제 어디서나 잊지 않을 때 한울님의 지혜에 통하여 모르는 것이 없게 된다고 하겠다.

사람들은 많은 물건을 얻고자 하고, 많은 사람으로부터 존경을 받고자 하고, 많은 것들을 알고자 한다. 물욕과 명예욕 그리고 지식욕으로부터 한 발짝도 벗어나지 못하곤 한다. 그러나 사람이 아무리 많은 음식을 탐내도 위장을 넘치게 먹을 수는 없으며, 아무리 많은 물건을 탐내도 죽을 때는 빈손으로 돌아가게 마련이며, 자자손손 대대로 재산을 물려주고 싶어도 3대를 가는 부자가 없다고 말한다. 또한 수많은 사람들로부터 인정을 받고 명예를 누리면서 이름을 남기고 싶어 하지만 몇 명이나 성공하며, 아무리 지식이 많더라도 사람이 한평생 읽고 이해할 수 있는 책이 몇 권이나 되겠는가? 영원의 세계에 비추어 보면 보잘 것 없는 것들일 뿐이다.

그러나 주문에서는 영원으로 통하는 길을 가르쳐 주고 있다. 사람은 만사에 통하여 모르는 것이 없고 마음대로 부리기를 원한다. 우주 만물이 모두 한울님의 이치 기운에 의하여 탄생하여 활동하다 되돌아간다는 사실을 안다면 우리가 어디에 정성을 들여야 할지가 분명해진다. 우주 만물의 주인인 한울님께 정성을 들일 때 주인은 우리에게 비밀의 문을 열어 주어 우주 만물의 신비를 모두 다 알려 준다. 그러므로 영원토록 한울님을 잊지 않고 공경하고 따르는 것이야말로 가장 현명한 사람이다.

정성이란 이처럼 오직 하나의 한울님께 지극한 것이다. 오직 한 분밖에 없다. 오직 한 분에게 모든 것을 드리는 것이 정성이다. 순일純一하고 유일唯一하여 어떤 종류의 틈도 용납하지 않는 그런 마음을 정성이라 한다. 어떤 거짓도 없는 진실무망眞實無妄이라 하겠다. 생각·말·행동은 둘을 전제로 한다. 생각하는 나와 생각되는 대상이 있어야 하고, 말하는 자와 말을 듣는 자가 있어야 하고, 행동하는 사람과 행동의 대상이 있어야 생각과 말과 행동이 이루어진다. 하나라는 것은 생각과 말 그리고 행동이 사라진다는 이야기이다. 그러므로 이 경지는 공공적적空空寂寂, 불생불멸不生不滅, 불구부정不垢不淨, 부증불감不增不減 등으로 묘사된다.

지성으로 이 한 분을 공경하고 또 공경하는 생활을 해월은 우리에게 보여 주었다. 「내수도문」에 이 점을 분명하게 밝혀 주셨다. 사람은 태어나 누구나 주어진 상황 속에서 생활할 수밖에 없다. 사람마다 처한 상황은 각기 다르기 때문에 고정된 예禮는 애시당초 불가능하다. 예禮라는 것이 머리만 까딱하는 것인지, 허리를 45도 굽히는 것인지, 90도 굽히는 것인지, 무릎을 꿇고 큰절을 하는 것인지, 아니면 오체투지五體投地를 하는 것인지 단정하기가 어렵다. 설사 예를 규정하더라도 그렇게 하는 사람이 진심으로 상대방을 한울님과 같이 공경하고 섬기는 마음에서 했는지 아닌지를 알 수 있는가? 밖으로 드러난 모습을 보고서 마음을 읽을 수 있을까? 정성이란 어떤 방식으로 행동을 규정짓는 것이 아니라 오직 마음이 상대방을 한울님과 똑같이 공경하고 존중하는 데 있다.

해월은 「내수도문」에서 이 점을 가르친다. 물을 길으러 갈 때도, 방아를 찧으러 갈 때도, 동네에 마실을 갈 때도, 밥을 지을 때도, 부모님을 모시고 아이들을 기를 때도, 빨래를 하고 옷을 다릴 때도 오직 마음에는 한울님을 잊지 말라고 가르친다. 그 마음이 있을 때 우리가 하는 일들을 성공할 수 있으며 대도에 통한다고 하였다. 해월은 부녀자의 생활을 들어 말씀하지만 모든 사람들의 생활도 마찬가지다. 오직 한울님을 향한 한마음을 지니고서 일상의 모든 일들을 처리하라는 가르침이다. 한울님이 감응하면 어긋나는 일이 있을 수 없다. 어떤 일을 해도 알맞게 된다. 적중하는 것이다. 성공하는 것이다.

『중용』에는 '시중時中'이라는 개념이 있다. 때때로 적중하지 않는 때가 없다는 뜻이다. 마치 외나무 줄을 타는 사람처럼 시시각각으로 중심을 잡아야 한다는 뜻이기도 하다. 공자는 "마음이 뜻하는 바를 따라도 하늘의 이치에 어그러지는 일이 없다(從心所欲不踰矩)."고 표현하였다. 한울님에게 심고하여 한울님의 가르침을 받아 생각하고, 말하고, 행동한다면 누가 요순과 공맹의 마음과 다르다고 할 수 있겠는가? 소크라테스는 무지의 지를 최고의 지혜라 하였다. 아무리 총명한 사람이라도 아는 것보다 모르는 것이 더 많다. 수운은 아는 것을 기연其然이라 하였고 모르는 것을 불연不然이라 하였다. 아무리 합리적으로 계산하고 생각하더라도 사람은 불연까지 알 수 있는 것이 아니다. 한울님만이 불연을 알기 때문에 한울님을 모시고서야 세상에는 불연이 사라진다. 불연이 사라진 사람에게 신비와 기적이나 알지 못하는 영역이 사라지게 된다. 모든 것이 그대로 그러하며 자명할 뿐이다. 구름 한 점 없는 가을날 코발트 빛 하늘에 떠 있는 태양처럼(靑天白日) 명명백백한 것이다. 의암은 그 경지를 "희고 흰 얼음과 눈의 깨끗함과 하늘이 개고 날이 밝은 광명과 산이 높고 물의 흐름이 방정함과 뜻이 크고 뛰어난 운학의 고상함"[19]으로 그려내었다.

칼릴 지브란은 『예언자』라는 시집에서 기도하는 시간이 따로 있는 것이 아니라 빵 굽고, 빨래하고, 밭 갈고, 씨 뿌리고, 책 읽고, 친구들과 이야기하는 가운데 있다고 하며 사람만이 기도하는 것이 아니라 바람이 흔들리는 나무도 하늘을 나는 새도 기도한다고 하였다. 그리하여 오직 한울님을 생각하면서 일상생활을 한다면 우리는 일하면서 일하는 줄 모르고, 밥 먹으면서 밥 먹는 줄 모르고, 봉사하면서 봉사하는 줄 모르고, 명상하면서 명상하는 줄 모른다. 무위이화라 하겠다.

수운은 365일을 하루아침처럼 보낸다고[20] 하였다. 시공時空이 사라진다. 그러므로 정성 앞에는 장애물이 없다. 해월은 다음처럼 비유적으로 설명한다. 해월은 "정성이 있고 믿음이 있으면 돌을 굴리어 산에 올리기도 쉬우려니와, 정성이 없고 믿음이 없으면 돌을 굴리어 산에서 내리기도 어려우니, 공부하는 것의 쉽고 어려움도 이와 같으니라."[21]라고 하였다. 정성 앞에는 어려움도 없으며 불가능도 없다. 정성은 대자유로 이르는 생활의 길이다.

3. 생활의 길

해월은 사람은 하늘을 떠날 수 없고 하늘은 사람을 떠날 수 없으

---

19 의암,「인여물개벽설」, "皚 皚 氷雪 介潔, 天晴日郎 光明, 山高水流 方正 落落雲鶴 高尚."
20 수운,「권학가」.
21 해월,「독공」, "有誠有信則 轉石上山可易 無誠無信則 轉石下山亦難矣 學之易難皆如是也."

니 둘은 언제나 함께 한다고 하였다.²² 만약 둘이 서로를 떠날 수 있다면 그것은 사람도 아니며 하늘도 아니다. 의식적이든 무의식적이든 하늘은 사람 생활의 근본 바탕에 이미 깔려 있다. 사람이 숨쉬고, 말하고, 밥먹고, 일하고, 노는 가운데에 언제나 한울님이 작용하고 계신다. 그러나 한울님의 작용은 무위이화로 진행되기 때문에 우리는 쉽게 한울님의 간섭과 명령을 눈치챌 수 없다.

우리의 감각은 너무나 무디고, 우리의 눈은 너무 흐리고, 우리의 귀는 너무 약하기 때문에 한울님을 느끼지 못한다. 한울님의 비행기가 내릴 수 있는 비행장을 닦아야 한울님이 강림하신다. 더러운 기운을 쓸어 버리고 어린아이의 마음과 같이 깨끗한 기운이 넘쳐 나야 한울님의 혼원일기가 용솟음쳐 흐를 수 있다. 바늘 하나 꽂을 수 없을 정도로 옹색한 마음을 항공모함이 들어와도 흔들리지 않는 바다와 같은 마음으로 바꾸어야 무한한 한울님께서 이 마음에 자리 잡는다. 한울님의 모습과 한울님의 소리와 한울님의 맛과 향이 넘칠 때 그 사람은 더 이상 사람이 아니다. 그렇기 때문에 신선이라 하고, 신인간이라 하고, 군자라 하고, 도인이라 한다. 한울님을 완전히 믿고, 한울님을 극진히 공경하고, 한울님께 지성을 다하는 사람에게만 한울님은 자신의 능력과 지혜를 부여해 준다.

태어날 때는 누구나 똑같은 사람이지만 어떤 사람은 동물처럼 살다가 가고, 어떤 사람은 사람처럼 살다가 가고, 어떤 사람은 신

---

22 해월, 「천지부모」, "人不離天天不離人故 人之一呼吸一動靜一衣食 是相與之機也. 사람은 한울을 떠날 수 없고 한울은 사람을 떠날 수 없나니, 그러므로 사람의 한 호흡, 한 동정, 한 의식도 이는 서로 화하는 기틀이니라."

선처럼 살다가 간다. 누구나 똑같이 일백년을 넘기기 힘들지만 어떤 사람은 1년처럼 짧게 생을 마감하고, 어떤 사람은 일백년을 일천년처럼 살다가 가고, 어떤 사람은 우주와 함께 영원히 산다. 육신을 주인으로 삼는다면 누구나 100년을 넘기지 못하며, 마음을 주인으로 삼는다면 기억되는 만큼 살 것이며, 성性을 주인으로 삼는다면 영생을 살 것이다.

해월은 물질 문명의 발달이 그 극에 이르러 사람의 마음이 끝을 모르고 추락할 때 개벽이 도래할 것임을 예고하였다. "장래 물질 발명이 그 극에 달하고 여러 가지 하는 일이 전례 없이 발달을 이룰 것이니, 이때에 있어서 도심은 더욱 쇠약하고 인심은 더욱 위태할 것이며 더구나 인심을 인도하는 선천 도덕이 때에 순응치 못할지라. 그러므로 하늘의 신령한 변화 중에 일대 개벽의 운이 회복되었으니, 그러므로 우리 도의 포덕천하·광제창생은 한울의 명하신 바니라."[23] 물질을 주인으로 섬기는 문명이 극도에 달하여 더 이상 나아갈 길이 없을 때 사람들은 하늘을, 성性을 주인으로 삼는 새로운 도덕을 요청하게 될 것이라는 말이다. 해월의 철학은 한울님을 중심으로 삼는 새로운 도덕이기 때문에 물질 문명이 극도에 이르게 될 때 비로소 요청받게 될 수밖에 없을 것이다. 세상 사람들이 천도를 중심으로 삼는 생활의 길이 어떠한지를 알고 싶어 하게 될

---

23 해월,「기타」, "將來 物質發明이 其極에 達하고 萬般의 事爲 空前한 發達을 遂할지니, 是時에 在하여 道心은 더욱 微하고 人心은 더욱 危할지며, 더구나 人心을 引導하는 先天道德이 時에 順應치 못할지라. 故로 天의 神化中에 一大開闢의 運이 回復되었나니, 故로 吾道의 布德天下 廣濟蒼生 天의 命하신 바니라."

때 해월은 부활할 것이다. 해월이 걸었던 길은 누구에게나 열려 있지만 그 길을 직접 걷기 위해서는 몸을 중심으로 삼는 생활에서 성性을 중심으로 삼는 생활로 개벽하여야 한다.

해월의 또 다른 육필인 「내칙」은 새로운 인간으로 탄생하는 법을 소개해 주고 있다. 해월은 여성은 포태하여 태교를 통하여 완전한 인격체를 탄생시킬 수 있다고 한다. 흐리고 탁한 기운을 먹지 않고 깨끗한 기운을 취하며, 무리하지 않고 몸을 편안하게 하며, 마음을 올바르고 착하고 쓰면서 열 달 동안 아이를 기르면 최고의 성인을 낳는다고 한다.[24] 해월의 내칙은 임산부를 대상으로 말하고 있지만 사실상 한울님을 모시는 수행을 하는 모든 사람들에 대한 이야기로 들어도 아무런 문제가 없다. 해월은 「내칙」을 통하여 씨앗으로 머물고 있는 한울님을 성인으로 키우는 방법을 세세하게 가르치고 있는 것이다. 해월의 말대로만 살아간다면 누구나 자기 안의 한울님을 길러(養) 새로운 참 나를 낳을 수 있을 것이다.

해월의 삶을 성·경·신誠敬信의 개념으로 살펴보았다. 생활의 개벽은 성·경·신을 통하여 이루어진다. 생활의 개벽은 이론이나 철학이 아닌 실제 생활의 대변혁이다.

---

24 해월, 「내칙」.

제5장 동학·천도교의 생명·평화 사상*

1. 생명을 보는 눈

생명체가 살아가는 객관적인 조건은 매우 복잡하고 까다롭다. 그러나 과학의 발달로 말미암아 생명체 생존의 객관적인 조건들을 밝히는 데에 상당한 진전이 있었다. 생명체가 살아갈 수 있는 객관적인 다양한 조건들인 자기장, 오존층, 대기 오염도, 물의 수소 이온 농도(ph)나 생물학적 산소 요구량(BOD), 토양 오염도 등에 대한 적지 않은 연구 성과들이 축적되었으며 이제는 일반인의 상식이 되었다.

생명체가 살아가는 환경 조건 연구와 함께 생명과학도 눈부시게 발전하고 있다. 인간의 염기 서열 지도가 밝혀졌고, 생명 복제는 이제 시간 문제가 되었다. 최근에는 배아 줄기세포 복제 성공은 생명에 대한 관심을 최고도로 고조시키고 있다. 이 문제의 함의는 생각보다 복잡하지만 과학의 발전을 막을 수 있는 것 같지는 않다.

---

* 사단법인 〈생명과 평화의 길〉과 〈경기문화재단〉이 2004년 11월 12일 경기도 파주 출판문화정보산업단지에서 공동 주최한『한국의 생명담론과 실천운동–세계생명문화포럼 경기 2004』에서 발표한 글을 수정 보완한 것임.

생명과학의 발전에 힘입어 머지않은 장래에 공장에서 사람을 생산하는 시대가 올지도 모른다.

달리지 않으면 넘어지는 자전거처럼 현대 과학은 진보하지 않으면 사망할 수밖에 없는 상황이다. 그렇기 때문에 과학의 발전을 막을 수는 없을 것 같다. 생명공학의 파급 효과는 실로 크다. 물리학이 물질의 외피에서 물질의 핵으로 들어가서 오늘날의 핵무기를 생산하였듯이, 생명공학은 생명의 외피를 다루다가 생명의 핵으로 들어가서 인공적으로 생명체를 탄생시킬 수 있는 수준에 이르렀다. 인공 생명체를 탄생시키는 순간 생명은 더 이상 신비의 영역으로 머물지 않을 것이다. 생명 복제와 관련하여 과학적인 문제는 전문가에게 맡기고, 여기에서는 일반적인 오류를 하나 지적하는 것으로 충분할 것 같다. 사람들은 흔히 생명 복제를 동일 인격의 복제로 생각하는 경우가 있다. 그러나 인격은 복제될 수 없다. 왜냐하면 마음을 복제할 수 없기 때문이다. 어제의 기억과 내일의 비전이 동시에 들어 있는 마음을 복제하는 것은 불가능하다. 그러므로 나의 클론clone이 이루어져 나와 비슷한 인격은 탄생할지 몰라도 나와 동일한 인격은 탄생할 수 없다. 쌍둥이는 유전적 특성이 거의 동일하지만 인격적으로는 다른 것과 마찬가지로, 설사 SF 영화들이 다루는 것처럼 동일한 인간을 복제할 수 있다고 하더라도 유전자는 같을지언정 인격은 다르다. 마음이 다르기 때문이다.

생명공학이 아무리 발달하더라도 과학으로는 갈 수 없는 형이상形而上의 마음 영역이 있다. 마음과 영성은 관찰 가능한 영역과는 또 다른 영역이다. 과학자들은 이 영역마저 연구 대상으로 삼고자 하지만 그 영역은 과학의 대상이 아닌 심학의 영역이다. 마음이나 영성은 과학이라는 잠자리채로는 잡히지 않는 물이나 공기와도 같다. 이 마음이 하늘에서 왔는지 아니면 땅에서 왔는지는 잘 모르더라도 마음은 생명의 주인이다. 마음은 몸이 죽고 사는 것을 결정할 자유를 가지고 있다. 또한 마음이 떠난 몸을 누구도 생명이라 하지 않는다. 그러므로 생명이라 할 때 우리는 마음을 떠나서 이야기할 수 없다. 그러므로 생명을 말할 때 우리는 마음을 이야기하며, 마음을 알기 위해서는 과학과는 다른 눈이 필요하다.

동양에서는 일찍부터 생명을 마음의 문제로 연구하였다. 이러한 생명을 흔히 도덕 생명이라 한다. 생명을 심학을 통하여 밝히고자 한 것이다. 심학은 본성이나 천리와 같은 객관적 보편 법칙이나 우주 법칙을 연구하는 성학性學 또는 이학理學의 전통과는 또 다른 맥락에 서 있다. 대만의 유명한 철학자 모종삼牟宗三은 중국철학의 정통성을 공자-맹자-육상산-왕양명을 잇는 심학에서 찾고 있다. 중국철학은 초월적 신이나 물질적 자연을 주된 연구 대상으로 하는 것이 아니라, 생명을 갖고 살아가는 사람의 마음을 밝히는 것을 주로 삼았다는 것이다. 그러므로 생명학이야말로 동양적 전통의 정수라고 하였다. 그는 우리나라 성리학의 주류를 이룬 주희를 중국의 심학적 전통에서 벗어난 초월적 성리학을 창안한 독특한 학자로 간주한다. 이와 관련된 좀더 자세한 분석은 다른 글에서 하기로 하고, 여기에서는 동양의 철학자들이 생명을 과학의 눈이 아닌 심학으로 접근하였다는 사실을 지적하는 것으로 충분하다. 여기에서는 동학이 생명을 어떻게 보는가를 주로 다루고자 한다.

동학은 생명을 마음으로 보는 동양의 눈을 이어받는다. 즉, 동학·천도교는 심학의 맥락에 서 있다는 뜻이다. 관찰 가능한 외면적 상태나 경계를 기술하는 과학적 접근이 아니라, 마음의 내면적 상태나 경계를 묘사하는 것이 심학이다.[1] 생명의 보이는 측면을 연구하는 것이 아니라 생명의 보이지 않는 측면을 연구한다는 점에서 형이상학적 접근이라고도 할 수 있다. 동학 용어로는 불연不然적 접근이라 할 수 있다.[2] 중국철학의 뿌리라고 할 수 있는 역易에 의하면 생명은 하늘이 개체 존재에게 부여한 명령이나 수명을 뜻한다. 즉, 역은 '하늘(乾)의 변화가 각기 본성과 생명을 바르게 한다 (乾道變化 各正性命).'[3]고 하였다. 개체의 성품과 수명은 하늘을 변화 운행을 통하여 품부받았다는 뜻이다. 생명은 하늘의 길과 떨어질 수 없음을 말하고 있다.

동학은 다행스럽게도 생명의 실상을 바라보는 독창적인 눈을 제공하고 있다. 독창적인 눈이란 '불연기연'을 말한다. 수운은 「불연기연」이란 짤막한 글을 지어서 대상을 어떻게 인식하고 연구할 것인지를 논하고 있다.[4] 불연기연이란 사물의 그러한 측면과 그렇지 않은 측면을 동시에 연구해야 한다는 뜻이다. 즉, 누구나 감각으로 쉽게 보고 듣는 유형적 측면과 보아도 보이지 않고 들어도 들리지 아니하는 무형의 측면을 동시에 연구해야 한다는 뜻이다. 생명의

---

1 牟宗三, 1997, 『中國哲學十九講』, (北京: 上海古籍出版社, pp. 18-42. '兩種眞理以及其普遍性之不同' 이라는 제목의 강연에 이러한 논지가 잘 나타나 있다.
2 오문환, 2003, 『해월 최시형의 정치사상』, 모시는사람들, 제2장 연구방법론 참조.
3 『周易』, 乾卦 참조.
4 수운, 「불연기연」.

경우도 '불연기연'으로 살펴보아야 할 것이다. 몸을 철저하게 해부하면 생명의 구조는 밝힐 수 있으며, 살아 움직이는 몸을 엄밀하게 분석하면 생명의 기능은 알아낼 수 있을 것이다. 그러나 생명의 구조와 기능을 잘 분석하여 완전히 알았다고 하더라도 생명 자체를 완전히 알았다고는 할 수 없다. 왜냐하면 생명은 구조나 기능에 한정되지 않기 때문이다. 생명을 완전히 알기 위해서는 구조와 기능 이외에 마음을 알아야 하며 마음을 알기 위해서는 마음 너머도 알아야 한다. 마음 그 너머를 우리는 알 수 없기 때문에 그렇지 않은 세계, 즉 불연不然이라 한다. 마음이 미치지 못하기 때문에 그렇지 않다는 것이다.

　불연의 세계는 보이는 세계의 생각으로 보면 전혀 그렇지 않은 세계이기 때문에 현재 의식으로는 도저히 알 수 없다. 그렇지 않은 세계와 만날 때 우리는 뭐라고 표현할 수가 없다. 그러므로 알 수 없는 세계에 이르러 우리는 침묵할 수밖에 없다. 비트겐슈타인(Ludwig Wittgenstein:1889~1951)이 『논리철학논고(Tractatus Logico-Philosophicus)』에서 "우리는 말할 수 없는 세계에 대해서는 침묵해야 하는 것"[5]이라고 한 언명은 알 수 없는 세계에 대한 인식의 한계를 매우 솔직하게 인정하고 있다. 또는 노자처럼 "아는 자는 말하지

---

5 Ludwig Wittgenstein/trans. C.K. Ogden, 1981, *Tractatus Logico-Philosophicus*(London, Boston: Routledge & Kegan Paul Lt.), p. 27, "What can be said at all can be said clearly; and whereof one cannot speak thereof one must be silent" *Ibid*., p. 151. "What we cannot think, that we cannot think: we cannot therefore say what we cannot think."

않고 말하는 자는 모를 뿐이다."[6]라고도 할 수 있겠다. 그렇다고 침묵이나 묵언이 곧 진리를 뜻하지는 않는다. 수운은 "글로 어찌 기록하며 말로 어찌 성언할까 만고 없는 무극대도 여몽여각 득도로다."[7]라고 하여 그 경지를 묘사했다. 불연의 세계는 말이나 글로 표현하기 힘들지만 그렇다고 표현하지 않을 수도 없다. 그러므로 말이나 글로 표현할 수 없는 세계를 표현해야 한다는 역설적 상황을 감안하면서, 생명의 보이지 않는 참 모습은 동학에서 어떻게 묘사되고 있는지 살펴보아야 한다.

2. 생명의 실상을 그려 낸 글

해월은 "주문 삼칠자는 대우주·대정신·대생명을 그려 낸 천서"[8]라 말하였다. 삼칠자로서 대우주·대정신·대생명의 참 모습을 그려 냈다는 뜻이다. 대생명이란 개체 생명이 아닌 생명 본체, 즉 생명의 실상을 말한다. 주문 이십일 자가 생명의 실상을 그려 낸 것이기 때문에 생명의 실상을 알기 위해서는 주문을 알아야 한다.

주문은 음성학, 의미론, 구조론 등 다각도에서 접근하여 분석할 수 있다. 여기에서는 간략하게나마 주문의 소리와 의미를 분석하고자 한다. 주문을 외울 때 주문이 가지고 있는 기운이 활동하기

---

6 老子, 『道德經』, 56條, "知者不言, 言者不知."
7 수운, 「용담가」.
8 해월, 「영부주문」.

시작한다. 주문은 소리이기 때문에 소리 파동이 갖는 일정한 기운이 있다. 수운은 주문은 한울님을 지극히 위하는 글이라 하였다. 한울님을 지극히 위하면[9] 마침내 한울님이 감응하여 서로 통하게 된다. 흥미로운 것은 주문 21자 중 다양성을 하나로 통일시키는 기운인 금金의 치음(ㅅ,ㅈ,ㅊ)이 들어간 글자가 거의 절반인 10자에 이른다는 사실이다. 주문의 소리 값 자체가 통합적 기운이 지배적이라는 뜻이다. 한글 창제의 원리라고 하는 음양오행론으로 볼 때 그렇다는 것이다.[10] 이로써 본다면 시천주 주문은 정신 통일의 좋은 수단임을 알 수 있다. 모든 기운을 하나의 한울님으로 집중시키는 기운이 주문에서 강하게 작용하고 있는 것이다.

주문은 물질이나 아집에 매인 마음의 기운으로부터 벗어나게 해주는 해방의 기운이다. 유·무형의 상相에 사로잡힌 마음을 해방시켜 자유롭게 만드는 수행의 수단이 바로 주문이다. 주문은 마음을 해방시킬 뿐 아니라, 일반적으로 천도 또는 천덕이라고 부르는 지극히 깨끗하고 티끌 하나 없이 순수하고 깊고도 높은 고요의 경지

---

9 수운, 「논학문」.
10 음성학적으로 음의 파동을 이루는 값은 일반적으로 자음이 결정한다. 그러므로 모음보다 자음이 음가분석에 중요하다. 한글의 자음은 초성이 19자, 종성이 28자이지만 기본음은 5자이다. 다섯 자의 기본자를 응용하여 초성과 종성을 만들었다. 5개의 기본자의 음양오행 분류표는 다음과 같다.

5음	5행	象形	기본자	가획자	이체자
아음(牙音)	나무	혀뿌리가 목구멍에 닿는 모습	ㄱ	ㅋ	ㆁ
설음(舌音)	불	혀가 윗잇몸에 닿는 모양	ㄴ	ㄷ,ㅌ	ㄹ
순음(脣音)	흙	입의 모양	ㅁ	ㅂ,ㅍ	
치음(齒音)	쇠	이의 모양	ㅅ	ㅈ,ㅊ	ㅿ
후음(喉音)	물	목구멍의 모양	ㅇ	ㆆ,ㅎ	

와 합일시키는 역할도 한다. 수운은 하늘로부터 주문을 받았다고 하는데, 바로 하늘의 기운과 합일할 수 있는 수단이 주문이다. 비유적으로 말하자면 주문은 고요의 하늘로 나를 이끌어 주는 로케트라고 할 수 있다. 그러므로 주문을 열심히 하여 주문 속에 내가 녹아 버리면 하늘 기운 자체가 되어 고요의 중심에 이른다.

주문은 마음을 오직 하나에 집중시킨다. 마치 렌즈로 태양빛을 모아 불을 일으키듯이 마음은 집중력에 의지하여 실상의 세계로 들어간다. 주문을 설명하는 또 다른 비유는 동조(synchronization; 同調)이다. 우주에 존재하는 모든 존재는 독자적 파동을 가지고 있다. 어떤 파동도 똑같지 않기 때문에 우주에는 수많은 존재들과 생명체들이 존재한다. 만약 파동이 같아지면 하나의 몸이 될 것이다.

주문이란 하늘 기운의 파동이다. 그러므로 내 마음의 파동이 주문을 하면 하늘 기운의 파동과 동조된다. 하늘의 기운에 통하면 하늘이 아는 것을 나도 알고, 하늘이 듣는 것을 나도 듣고, 하늘이 보는 것을 나도 본다. 이러한 현상은 무선 통신에서는 기본이다. 비유하면 주파수가 맞으면 핸드폰으로 소리가 들리는 것처럼, 라디오가 방송국의 주파수와 일치하면 방송을 들을 수 있는 것처럼, 텔레비전이 방송국 주파수와 동조되면 소리와 모습을 보고 듣는 것처럼 우리의 마음이 하늘의 주파수와 하나가 되면 모든 것을 알고, 모든 것을 보게 된다고 하였다.

사람의 파동과 하늘의 파동이 처음으로 동조하면 지금까지 없었던 새로운 현상이 나타난다. 이를 강령降靈이라 한다. 강령이란 주문을 통하여 나의 심령과 하늘의 신령이 하나로 합치될 때 나타나는 현상이다. 그러나 나타나는 현상은 사람마다 다르다. 다를 수밖에 없는 것은 모든 존재자들이 가지는 고유한 파동 때문이다. 강령을 통하여 사람은 하늘의 영적 세계에 첫발을 들여 놓는다. 그러나 그 현상이 워낙 다양해서 정형화할 수는 없다. 동학에서 일반적으로 묘사되는 강령 현상은 몸이 차가워지거나, 몹시 떨거나, 넘어지거나, 펄쩍펄쩍 뛰거나, 소리를 지르거나, 울거나, 웃거나, 뒹굴거나 하는 여러 가지 이상 현상이 나타난다. 강령降靈 현상은 종교 수련의 입문initiation에서 나타나는 보편적 현상이다. 영적 자각 현상(Spirituality Awakening phenomena)이라 할 수 있다. 여기에서는 생명의 실상을 그려낸 시천주 주문을 분석적으로 접근해 보자.

주문 21자가 '대생명을 그려낸 하늘의 글'이라는 것은 바로 참 생명을 깨우는 글이라는 뜻이다. 따라서 동학의 생명 사상을 알기 위해서는 무엇보다도 먼저 주문을 통해서 몸으로 마음으로 통해야 할 것이다. 이는 수행의 문제이기 때문에 직접 해야 할 것이며, 여기에서는 주문의 의미 분석에 집중하고자 한다.

동학의 정수는 주문에 있기 때문에 본체론, 우주론, 인식론, 인간론 등을 모두 주문 분석에서 찾아야 할 것이다. 그렇기 때문에 생명관도 주문 분석을 통하여 접근해야 한다. 다행스럽게도 수운 자신이 「논학문」에서 주문을 분석해 놓았고, 해월과 의암도 철학과 실천을 통하여 비교적 분명하게 풀이하였기 때문에 동학의 생명관을 분석할 수 있게 되었다.

해월은 주문 21자가 생명의 실상을 그려냈다고 말했지만 다른 곳에서는 생명은 본주문 13자에 있다고 말한다. 즉, "대신사의 주문 열세 자[11]는 천지 만물 화생의 근본을 새로 밝힌 것"[12]이라 하였다. 해월은 13자를 다시 둘로 나누어 분석적으로 설명한다. 앞의

'시천주 조화정(侍天主 造化定)'과 뒤의 '영세불망 만사지(永世不忘 萬事知)'로 나누어 본다. "'시천주 조화정'이 만물 화생의 근본"이라고 하였고, "'영세불망 만사지'는 사람이 사는 녹의 원천"이라고 하였다.[13] 전반부는 생명 탄생을 우주론적으로 설명한 것이라면 뒷부분은 지금·여기서 살아가는 사람들이 행할 것에 대해 말하고 있다. 생명이 어떻게 태어났는지 '시천주 조화정'에서 밝히고, 태어난 후 생명의 길은 '영세불망 만사지'로 밝혔다. 전반부가 존재론이라면 후반부는 도덕 실천론이다. 여기에서 주된 관심은 생명의 실상이 무엇이냐 하는 문제이다. 생명의 실상이 밝혀지면 자연스럽게 사람이 생명을 실현하는 길이 무엇인지 자명해질 것이다. 그러므로 이야기의 초점을 생명의 실상을 살피는 데 두고자 한다.

'생명이 하늘에 달렸다(人命在天).'거나 '하늘이 만민을 낳았다(天生萬民).'는 표현들은 예로부터 전해오는 말이지만, 사람들이 확신하지 못하다가 죽을 때 가서야 하늘을 부른다고 한다.[14] 그러나 생명이 하늘이 매달려 있다는 것은 생명의 보이지 않는 측면이다. 생명이 우주적 혼원일기와 호흡한다는 것도 또한 생명의 보이지 않는 측면이다. 우리의 관심은 생명의 보이지 않는 두 측면을 수운, 해월, 의암의 언설을 중심으로 이해하는 것이다.

생명의 보이지 않는 차원을 분석한다는 점에서 이 글은 생명 형

---

11 열세 자는 "侍天主 造化定 永世不忘 萬事知"
12 해월, 「기타」.
13 해월, 「영부주문」.
14 수운, 「권학가」.

이상학을 논하고 있다. 구체적 생명이 형이상의 세계와 긴밀한 관계 속에 있음을 밝힌다는 점에서 생명 형이상학이다. 생명은 눈에 보이고 느끼는 구체적 현상이라는 점은 누구나 그렇고 그렇게 잘 아는 측면이지만(其然), 생명의 근본이 보이지 않고, 들을 수 없고, 느낄 수 없는 형이상의 세계에 뿌리내리고 있음(不然)을 분석한다는 점에서 생명 형이상학이라고 할 수 있다.

동학에서 생명은 기본적으로 보이는 기연과 보이지 않는 불연의 융합으로 이해되고 있다. 그러므로 생명의 실상을 두 가지로 나누어서 설명해 볼 수 있다. 나누는 순간 생명은 사라지지만 이해의 편의상 생명을 우리는 두 가지로 나누어 볼 것이다. 그렇지만 생명은 언제나 둘을 하나로 통일시키는 나눌 수 없는 하나라는 사실을 잊어서는 안 될 것이다. 이 점에 유의하면서 동학이 제시하는, 모든 생명이 안에 천주를 모시고 있다(侍天主)는 점과 모든 생명은 천지 조화와 하나로 통해져 있다(造化定)는 점을 살펴보자.

3. 생명의 중심: 적정

생명의 중심은 고요의 자리요, 물들지 않는 자리요, 움직이지 않는 자리로 이해된다. 그 자리가 생명의 중심이며 그곳으로부터 우주 만물과 인간을 포함한 모든 생명이 나왔다고 한다. 수운은 이 자리를 천주 또는 신령(神靈)이라 불렀다. 그러나 천주는 고요하면서 우주를 창조하고 변화시키는 조화 기운과 떨어질 수 없으며, 신령은 밖으로 우주 간의 모든 존재들과 소통하는 기화(氣化)를 그치지 않는다. 동학에서 천주 조화와 신령 기화는 언제나 쌍으로 이해될 것이지 따로 따로 이해되지 않는다.

해월은 이 생명의 중심 자리를 천지부모라 하였다. 왜냐하면 우주 만물과 인간이 모두 이 자리로부터 나왔기 때문이다. 그 중에서 사람은 우주 간에 가장 신령하여 자신이 나온 중심이자 우주 만물이 나온 중심 자리인 천지부모에게 효도할 줄 알며, 천지 조화에 감사할 줄 안다고 하였다. 나아가 사람은 그 마음이 물질에까지 미쳐 그 덕에 합일될 때 자연 조화와 한치도 어그러짐이 없기 때문에 무위이화無爲而化할 수 있다고 하였다.

의암은 천지부모는 나의 본래 고요한 하늘이요, 천지 조화의 활동하는 기운에 의하여 만들어진 티끌 세상은 습관의 하늘이요, 이 두 세계를 정을 가진 하늘인 내가 하나로 관통한다고 하였다. 비록 설명은 각기 다르지만 모두 생명의 실상을 묘사하는 것이며, 그 중심 자리는 언제나 고요한 자리이며, 초월의 자리이며, 흔들리지 않는 자리임을 말하고 있다. 좀더 자세하게 그 뜻을 살펴보자.

수운은 하늘을 만나서 직접 대화를 나누었다고 한다. 그러므로 하늘에 인격을 부여하여 천주天主라 하고 한울님이라 한다. 여러 가지 말씀을 나누었지만 그 가운데 "내 마음이 네 마음이다."[15]라는 말씀이 있다. 이는 하늘 마음이 곧 사람 마음이라는 뜻이다. 수운의 마음이 하늘의 마음과 완전히 하나가 되었다는 뜻이다. 자신 안에 하늘 마음과 똑같은 마음이 있었다는 사실을 깨달은 것이다. 예전에는 그러한 마음이 있는지 알지 못했다가 1860년 4월 5일에

---

15 수운, 「논학문」.

확실하게 알게 되었던 것이다. 수운은 천주를 모셨다는 것은 다름이 아니라 자기 안에 또 다른 존재인 신령神靈이 있다는 것이라고 풀이하였다. 그 신령이 '본래의 나'라는 것이다.

모실 때 안으로 신령만 만난 것이 아니라 동시에 밖으로도 하나의 지극한 기운과 관통됨이 있었다고 하였다.[16] 안팎으로 새로운 경계가 나타난 것이다. 신령과 만나서 이전까지는 없었던 새로운 나를 찾았기 때문에 수운은 자신의 도는 '내가 나된 것일 뿐(我爲我而非他)'[17]이라고 하였다. 앞의 나가 '작은 나'라면 뒤의 나는 '큰 나'라고 할 수 있겠다. '큰 나'란 일반적으로 참나眞我, 본성本性, 불성佛性, 본체本體, 성체性體 등으로 표현된다. 이 자리를 일러 수운은 일체의 움직임과 활동이 그친 무극대도無極大道라고도 하였다. 내 안에 이러한 '본래의 나'가 참 생명이다. 이 참 생명은 태어나지도 않으며 죽지도 않는다. 영원히 존재할 뿐이다.

수운이 깨달은 것은 자기 생명의 중심이라 하겠다. 그리고 그 자리는 지금까지의 그 어떤 것으로도 갈 수 없는, 그렇지 않은 불연不然의 세계라 하였다. '그렇지 않다'고 하는 이유는 일반적인 의식으로 볼 때 이해할 수 없고, 알 수 없고, 느낄 수 없고, 할 수 없기 때문에 '그렇지 않다.' 우리 마음이 현재의식에서 벗어나지 않는다면 이 세계는 영원토록 그렇지 않은 세계로 머물 것이다. 그렇지만 마음이 현재의식을 넘어서 하늘 마음과 통하면 그렇지 않은 세계가 그렇고 그런 쉬운 세계가 된다. 즉, 그렇지 않은 세계를 알 수

---

16 수운, 「논학문」.
17 수운, 「팔절」.

있는 길은 오직 천주의 마음뿐이다. 그러므로 수운은 조물자에 붙여 보면 그렇지 않은 것들이 모두 그렇고 그렇게 된다고 하였다.[18] 수운은 존재의 실상 또는 생명의 실상이 다름 아닌 천주임을 알았다. 이처럼 동학은 자기 생명의 실상을 깨닫는 데서 시작되었다.

수운은 깨닫고 보니 자신이 곧 하늘인 줄 깨달은 사람이 또 있는데 바로 동양 문명을 열었다고 하는 천황씨가 '본래의 나'를 깨달아 최초의 사람이 된 인물이라고 말한다.[19] 그리하여 천황씨가 선천 문명을 세웠다면 이제 수운은 '자신이 곧 하늘인 줄' 깨달아 후천의 새 문명을 연다는 것이다.

해월은 생명 중심을 어떻게 표현하였는가? 해월은 우주 만물은 모두 생명 중심에서 나왔기 때문에 생명 중심을 천지부모天地父母라 하였다. 천주는 우주 만유의 부모님인 것이다. 해월은 천지부모에 대한 효도를 5만년 만에 처음으로 깨달아 몸소 실천한 분이 수운이라고 하였다. 수운은 자신이 곧 하늘인 줄 깨달아 동학을 열었다면 해월은 비단 사람이나 생명체만이 천주를 모신 것이 아니라 무생명체라고 말하는 존재들까지 천주를 모셨다고 했다. 해월은 그러므로 사물마다 하늘이요 일마다 하늘(物物天事事天)이라 했다.

---

18 수운, 「불연기연」, "먼데를 캐어 견주어 생각하면 그렇지 않고 그렇지 않고 또 그렇지 않은 일이요, 조물자에 부쳐 보면 그렇고 그렇고 또 그러한 이치인저. 比之於究其遠則 不然不然 又不然之事 付之於造物者則 其然其然 又其然之理哉."
19 수운, 「불연기연」, "태고에 천황씨는 어떻게 사람이 되었으며 어떻게 임금이 되었는가. 이 사람의 근본이 없음이여, 어찌 불연이라고 이르지 않겠는가. 세상에 누가 부모 없는 사람이 있겠는가. 太古兮 天皇氏 豈爲人 豈爲王 斯人之無根兮 胡不曰 不然也 世間 孰能無父母之人."

시천주(侍天主)는 '만물 화생의 근본'이기 때문에 만물이 모두 시천주에서 벗어나지 못한다. 여기에서 동학의 생명관은 과학적 생명관과 갈라진다. 과학에서 생명은 자기조직self-organization을[20] 해 나갈 수 있는 능력이 있어야 된다. 그러나 해월은 자기조직을 할 수 있는 활동성이 없는 이른바 무생명체와 무형의 세계까지 생명의 범위에 포함시켜 대생명이라 부른다. 사람만이 대생명에 통하여 하늘과 함께 느끼고 땅과 함께 호흡할 수 있다고 하였다. 해월은 실제로 하늘과 땅에 통하여 대생명으로 살았음을 보여 주는 여러 가지 일화들을 남겼다. 적어도 해월에게 있어 대생명은 철학이나 이론이 아니라 실제 생활 자체였던 것이다.

해월은 한 어린이가 나막신을 신고 마당을 급히 지나갈 때 자신의 가슴을 쓸어내렸다[21]고 한다. 여기에서 알 수 있는 것은 해월이 무생명체라고 하는 땅의 아픔을 자신의 가슴으로 직접 느꼈다는 사실이다. 땅은 자기 조직을 해 나가는 능력은 없지만, 외부의 진동을 느낄 수 있으며 해월은 땅의 진동을 자신의 가슴으로 직접 느꼈던 것이다. 그러므로 해월은 '땅을 어머니 살처럼 여기라'고 말하였다. 땅을 살아 계신 어머니로 본 것이다. 그리하여 땅에서 나온 곡식을 '어머니의 젖'이라 하여 음식을 먹을 때는 언제나 우주의 빼어난 기운인 사람이 우주의 원기(元氣)인 곡식을 먹기 때문에[22]

---

20 프리초프 카프라/김용정·김동광 옮김, 1999, 『생명의 그물』, 범양사출판사, 215-233쪽.
21 해월, 「성경신」.
22 해월, 「천지부모」.

하늘이 하늘을 먹는다(以天食天)는 식고食告를 드리라고 하였다.

천도교에서는 식고를 감응 식고와 감사 식고로 나누어 설명한다. 감응 식고란 밥을 먹는 사람도 하늘을 모시고 있으므로 자기 안의 한울님께서 감응하시라는 식고이며, 감사 식고란 먹는 밥도 한울님의 젖이므로 주셔서 감사하다는 식고이다. 일반적으로 다른 종교에서는 감사 식고를 하지만 감응 식고는 천도교만의 특징이다. 이러한 식고는 '하늘이 하늘을 먹는다(以天食天).'는 해월의 사상에서부터 나왔다고 할 수 있다. 해월은 도통道通이라는 것이 멀리 높은 곳에 있는 것이 아니라 밥 먹을 때 식고의 이치를 잘 아는데 있다[23]고 하였다. 여기에서 김지하 시인의 밥 사상도[24] 나온다. 천주가 따로 있는 것이 아니라 밥 한 그릇이 곧 천주라는 사상이다. 밥 한 그릇에 자연의 협동이 있고, 사람들의 노동이 있고, 하늘의 이기理氣가 있다는 것이다. 그러므로 밥 한 그릇을 제대로 먹는 곳에 도통이 있다고 할 수 있다.

무생명체에도 천주가 작용하고 있기 때문에 해월은 사물도 하늘로 공경하라고 가르친다. 즉, 경물敬物 사상이다. 하늘을 공경한다거나 사람을 공경하라는 가르침은 그다지 새롭지 않다. 그렇지만 사물을 하늘로 공경하라는 가르침은 예전에는 들어보지 못한 새로운 가르침이다. 해월은 경물에 이르러야 비로소 도덕의 극치에 이른다고 하였다. 다시 말하자면 자연 사물도 그 중심에는 하늘을 모시고 있다는 사실을 깨달아 공경할 때 천지 기화의 덕에 합치되어

---

23 해월,「도결」.
24 김지하, 1995,『이야기모음-밥』, 솔.

덕이 우주 만방에까지 미친다고 한다.[25] 덕이 우주 만물에 미치면 내 마음이 우주 만물의 기운과 통하여 만물과 자유로이 소통하게 된다. 마음이 자연 만물과 소통하면 나와 자연 사물간의 소통을 가로막았던 일체의 장애물이 걷히면서 어떤 사물에도 마음은 매이지 않고 자유롭게 통하게 된다.

수운은 마음이 자연 만물과 완전 소통하여 자연 운행의 흐름과 한 치도 어긋나지 않고 움직이는 것을 무위이화無爲而化라 하였다.[26] 무위이화는 마음으로 우주 만물의 자연성을 터득하였다는 사실을 뜻한다. 자연성이 밖에 있는 것이 아니라 마음에 있다. 동학의 무위이화가 마치 무위자연無爲自然의 노장에게서 배운 것처럼 말하지만, 그것이 아니라 마음이 자연 만물과 완전히 소통될 때 나타나는 경지라 할 수 있다. 노장 사상의 영향이 아니라 마음의 경지인 것이다. 의암은 이러한 경지를 위하고 위하는 마음(爲爲心) 또는 자유심이라 하였다.[27] 마음이 이렇게 될 수 있는 것은 모든 우주 만물이 모두 천주를 안에 모시고 있기 때문이다.

시천주에 대한 의암의 설명은 매우 철학화하고 체계화된다. 천지부모는 내 생명의 중심이다. 부모님은 밖에 계시지만 천지부모는 내 중심에 계신다. 이를 일러 의암은 성性이라 하였다.

의암은 티끌이 자욱한 물질 세계를 습관천習慣天으로, 둥글고 둥글고 가득하고 가득한 마음 세계를 유정천有情天으로, 비고 비어 고

---

25 해월, 「삼경」.
26 수운, 「논학문」.
27 의암, 「무체법경」, 삼심관.

요하고 고요한 성품 세계를 무형천無形天으로 표현하였다.[28] 의암은 물질도 하늘이고, 사람도 하늘이고, 성품 본체도 하늘인데 차이가 갈라지는 것은 티끌(塵)이냐 정(情)이 있느냐 비었느냐(空)에 있을 따름이라 하였다. 물질은 습관 또는 관성의 법칙으로서 하늘이라 하였고, 사람은 좁게는 유형의 사물로부터 무형의 우주 본체의 끝까지 정情을 줄 수 있는 하늘이라 하였고, 성품 또는 본체는 비고 비었으며 고요하고 고요할 뿐인 형상 없는 하늘이라 하였다. 그러므로 우주 간에 하늘을 모시지 않은 존재는 없다. 단지 차원에 따라서 하늘은 각기 달리 이해될 뿐이다. 자연에서는 관성으로, 사람에게는 정으로, 천지에서는 무형으로 한울님이 존재하는 것이다. 그리고 한울님이 천지인을 하나로 꿰뚫고 있는 것이다.

자연 사물과 사람 그리고 무형 본체도 모두 천주를 모시고 있지만, 오직 사람만이 아무런 움직임이 없는 무형천과 관성만이 지배하는 습관천을 하나로 관통하여 통합할 수 있는 정情을 가지고 있다. 사람은 마음으로 한편으로는 고요한 무형의 세계를 보고, 다른 한편으로는 티끌 세상의 유형의 세계를 깨달아 두 세계를 하나로 관통할 수 있는 존재라 하였다.[29] 사람은 정으로 신과 우주 만물을 하나로 통하는 존재인 것이다.

무형의 실상을 보는 것을 견성見性이라 하였고 유형의 작용 일체를 깨닫는 것을 각심覺心이라 하였다. 이처럼 사람이 견성각심할 수 있는 것은 모두 다 정이 있기 때문에 가능한 것이다. 성품을 본다

---

28 의암, 「무체법경」, 신통고.
29 의암, 「무체법경」, 신통고.

는 것은 내 안에 모셔져 있는 고요한 하늘을 본다는 것이며 마음을 깨닫는다는 것은 활발하게 움직이는 일체의 기운 운동을 빠짐 없이 깨닫는다는 뜻이다. 마음을 깨닫는다는 것은 일체의 인과법에 의하여 움직이는 활동들을 모두 깨닫는다는 뜻이다. 그러므로 사람만이 물질에 모셔져 있는 천주, 천지부모, 본체, 성품의 한울님을 마음으로 관통할 수 있는 것이다.

마음이 없다면 고요는 고요대로 티끌은 티끌대로 존재할 뿐이다. 마음이 그 둘 사이에 있어 하나로 연결하는 중추 역할을 한다.[30] 마음만이 두 세계를 하나로 관통할 수 있기 때문에 마음공부를 통해서만이 하늘도 알고 자연 사물도 알 수 있다. 또한 마음으로 신을 내 안에 모시고, 자연의 기운과 완전히 통하게 된다. 하늘·천지부모·성품은 내 마음의 고요를 이르는 말이다.

의암은 '성심신 삼단'에서 습관천을 몸으로, 유정천을 마음으로, 무형천을 성품으로 설명한다. 또한 성심신은 모두 하늘을 모셨기 때문에 의암은 몸 하늘(身天)과 성품 하늘(性天) 그리고 마음 하늘(心天)이라는 표현을 사용한다.[31] 물론 심천心天, 심령心靈 등은 이미 수운과 해월이 사용하던 개념이다. 우주 만물, 사람, 하늘은 본성상 모두 하늘이지만 또한 각각의 차이점도 있다는 점을 의암은 성천, 심천, 신천으로 표현한 것이다. 사람도 그 본성상 동일하고 평등하지만 각각 차이를 가진다는 점을 의암은 성심신性心身으로 잘 설명하고 있다. 같은 사람일지라도 성품을 중심으로 사는 사람, 마

---

30 의암, 「무체법경」, 성심신삼단.
31 의암, 「무체법경」, 견성해.

음을 중심으로 사는 사람, 몸을 중심으로 사는 사람의 차이가 있기 때문에 의암은 이신환성以身換性을 강조하였다. 이는 고요하고 물들지 않으며, 흔들리지 않는 성품을 중심으로 살아가라는 뜻이다. 그리할 수 있는 것은 결국 마음이다. 그러므로 마음공부가 중요하다. 마음공부를 통해서 비로소 사람은 생명의 실상이 곧 성품, 즉 하늘이라는 사실을 자각할 수 있기 때문에 심학이 중요해진다.

마음공부를 통해서만이 신천身天과 성천性天을 알 수 있기 때문에 마음 하늘을 닦지 않으면 사람은 생명의 실상인 천주 모심을 알지 못한다. 수운도 "마음을 닦아야 덕을 알고, 덕을 오직 밝히는 것이 도니라."[32]라고 하였다. 천주를 모시고 있음을 알기 위해서는 오로지 마음을 닦아 갓난아기처럼 깨끗하고 물들지 않은 하늘 마음이 열려야 한다. 우주 간의 모든 것을 비추어 볼 수 있는 맑은 거울이 나타나야 한다. 그 마음이 열릴 때 비로소 생명의 실상은 하늘이라는 점이 뚜렷해진다는 것이다. 모든 생명은 천주를 모시고 있으며 천주의 덕에 완전히 합일되는 것을 수운은 조화정이라 하였다. 이제 우리는 자연스럽게 우주를 창조하고 변화시키는 기운과 활동하고 정을 주는 마음을 알아볼 차례가 되었다.

4. 생명의 활동: 활발

생명의 중심은 조용하지만 생명의 활동은 활발活潑하다. 생명의

---

32 수운, 「탄도유심급」.

중심은 천주이며, 천지부모이며, 성품이다. 생명의 중심은 고요, 적정寂靜, 물들지 않음, 흔들리지 않음, 불생불멸, 무루무증無漏無增 등으로 묘사된다. 반면 생명의 활동은 활활발발, 운동, 물들음, 흔들림, 생멸, 인연, 인과법 등으로 표현된다. 그렇지만 중심과 활동은 따로 떨어져 있지 아니하고 하나이다. 마치 거울과 그 비추는 작용이 하나이듯이 생명의 중심과 활동도 하나이다. 그렇기 때문에 생명의 중심인 천주와 생명의 활동인 조화를 '천주조화' 한 단어로 불렀다. 실상은 하나이지만 편의상 둘로 나누어서 볼 뿐이다.

조화의 활동성으로서의 생명에 대하여 수운은 지기至氣 또는 혼원일기渾元一氣의 개념으로 주로 설명하였고, 해월은 생명의 끊임없는 창조성과 동포성에 주목하였다. 의암은 생명 활동을, 주로 성품을 간직한 마음의 위하고 위하는 덕성과 자유로움에 주목하였다. 이러한 개념들은 공통적으로 생명은 본래 아무런 제약없이 우주 기운과 하나로 관통해 연결되어 있으며 완전히 자연스럽고 자유롭다고 하는 점을 설명해주고 있다.

고요한 생명 중심에서 어떻게 활발한 생명 활동이 나왔는가? 고요에서 어떻게 움직임이 시작되었는지를 설명하기란 쉽지 않다. 고대 유학자들은 역易으로 이 문제를 풀고자 하였으며, 성리학자들은 이기론과 성심론으로 이 문제를 설명했으며, 원효는 진여眞如문과 생멸生滅문으로 이 문제를 해소시키고자 하였다. 고요와 활동의 관계에 대하여 전통적으로 어떻게 설명했는지를 간략하게나마 알아볼 필요가 있다.

먼저 역易의 '적연부동寂然不動 감이수통感而遂通'을 고요와 활동의 관계를 설명하는 대표적인 개념으로 볼 수 있다. 본체는 고요하여 움직임이 없으나 밖에 사물이 도래하면 정확하게 느껴서 통한다. 논자에 따라서 다양한 해석이 가능하지만 역의 이 개념은 본체와 작용이 둘이 아님을 말한다. 마음이 고요해야 그 실상을 올바로 알 수 있다는 것이다.

불가의 경우는 「금강경金剛經」의 유명한 구절로 간단히 살펴보자. 이른바 중국 불교의 창시자라고 하는 육조 혜능도 금강경의 이 구절을 듣고 출가하여 대각하였다고 한다. '응무소주생기심應無所住生其心'이 그 구절이다. 뜻인즉 우리들이 내는 모든 마음은 머무는 곳이 없는 자리에서 나온다는 것이다. 마음을 쓸 때 머무는 곳이 없는 고요한 본래 마음을 쓰자는 것이다.[33] 쉽게 말해 자신의 물욕이나 이기심을 쓰지 말고 부처님의 고요한 자비심을 쓰자는 것이다.

동학의 용어로 풀어보자면 고요와 활동의 관계는 천주와 조화의 관계이며, 신령과 기화의 관계이며, 무극대도와 무위이화의 관계이다. 스스로 그러한 무위이화가 모두 무극한 대도의 자리에서부터 나온다. 또는 우주 만물을 창조하고 변화시키는 조화가 일체 천주로부터 나온다. 자연 사물과 사람들은 모두 자기 안에 신령을 모시고 있기 때문에 마음 기운이 하나로 화한다는 것이다. 이 둘의 관계는 둘이면서 하나이며, 하나이면서 둘인 관계다. 이는 존재의 근본 구조이자 생명의 근본 이치이다.

아무런 움직임이 없는 무극대도에서 무궁조화의 생명이 나올 수 있는 것은 전적으로 하나의 기운 때문이다. 하나의 기운이 무극대

---

33 역(易)과 금강경(金剛經)의 자세한 비교 분석은 오문환, 2003, 『동학의 정치철학』, 모시는사람들. 제1장 동학의 천주관을 참조.

도에 잠겨 있으면 어떤 활동이나 드러남도 없어 무극대도라 하지만, 기운의 묶는 힘이 강해져서 밖으로 표출되면 활동이 시작된다. 창조와 변화가 이루어지는 것이다. 드러나지 않은 경지를 무형의 하늘이라 하고, 드러난 경지를 유형의 하늘이라 한다. 마음은 이 두 세계를 잇는 매개자이며 통합자이다. 마음만이 두 세계를 온전히 하나로 종합한다. 마음의 한편은 고요이며 다른 한편은 자연이라 하는 이유가 여기에 있다.

의암은 「성령출세설」에서 '우주는 영의 표현'이라 하였으며 무형의 하늘은 잠긴 세력이고 유형의 세상은 드러난 세력이라 하였다. 의암은 "영의 적극적 표현은 이것이 형상 있는 것이요, 영의 소극적 섭리는 이것이 형상 없는 것이니, 그러므로 형상이 없고 형상이 있는 것은 곧 영의 나타난 세력과 잠겨 있는 세력"[34]이라 하였다. 고요한 하늘과 티끌의 우주를 낳았으며 이 두 세계를 아우르는 것이 위하고 위하는 마음이니 결국 천지 만물은 마음이 낳았다고 하겠다. 이 마음이 하늘의 마음이고 우주의 마음이며 동시에 성인의 마음이며 또한 나의 마음이다. 그러므로 마음 밖에 따로 하늘이 없고 마음 밖에 따로 자연이 없다. 그러므로 심학이라 한다. 이 마음에서 천지도 생겨나고, 음양도 생겨나고, 귀신도 생겨난 것이다.

생명의 탄생은 흔히 음양론으로 설명한다. 수운도 "음과 양이 서로 고루어 그 속에서 백천만물이 생겨난다."[35]고 하였다. 음과 양의 균형과 조화에서 생명이 자동으로 탄생한 것이다. 음과 양이라고

---

34 의암, 「성령출세설」.
35 수운, 「논학문」, "陰陽相均 雖百千萬物 化出於其中."

하는 대립물의 조화에서 생명은 탄생한다. 음양의 두 기운은 본래 하나의 기운에서 나왔다. 그 하나의 기운을 수운은 지기至氣 또는 혼원일기渾元一氣라 하였다. 이 하나의 기운에서 음과 양이 나왔다. 주렴계의 「태극도설」의 설명 체계를 따른다면 지기至氣는 곧 태극이라 할 수 있다. 수운은 태극太極 또는 궁궁弓弓을 하늘로부터 받은 영부의 형상이라 하였다. 즉, 태극 또는 궁궁이 하늘 마음의 참 모습이라는 것이다.[36] 중요한 것은 음양이 태극에서 나왔고 태극 또는 궁궁은 다른 것이 아니라 곧 마음이다.

해월은 "궁을은 우리 도의 부도니 대선생께서 도를 깨달은 처음에 세상 사람이 다만 하늘만 알고 하늘이 곧 나의 마음인 것을 알지 못함을 근심하시어, 궁을을 부도로 그려내어 심령이 쉬지 않고 약동하는 모양을 겉으로 나타내어 시천주의 뜻을 가르치셨도다."[37]라고 하였다. 우주의 지극한 기운과 내 마음이 곧 하나인 줄 모를까 싶어 해월이 이렇듯이 자상하게 설명한 것이다.

음양이 갈라지기 이전의 한 마음 기운으로부터 음과 양이 나와서 상호 조화하여 뭇 생명들이 태어났기 때문에, 우주 만물은 모두 한 기운으로부터 비롯되었다. 즉, 혼원한 한 기운이 우주 만물 전체를 관통하고 있는 것이다. 동학의 강령주문(至氣今至願爲大降)은 바로 이 기운이 내려와 나의 기운과 하나로 통하게 해 달라는 기도주문이다. 강령이 됨으로써 유한한 기운은 하늘의 무한한 기운과 하나로 통해 내 마음으로 하늘의 기운을 통제할 수 있게 된다. 하

---

36 수운, 「포덕문」.
37 해월, 「기타」.

늘의 기운과 하나로 통하는 것을 수운은 조화정造化定이라 하였다.

조화란 창조와 변화의 약어이다. 우주 만물은 모두 천주의 창조와 변화에 의하여 탄생하였다는 것이다. 천주 조화는 억지나 인위人爲로 하는 것이 아니라 말 그대로 자연처럼 스스로 그렇게 자동으로(無爲而化) 이루어지는 것이다. 그러므로 수운은 조화란 곧 무위이화라 하였다.[38] 천주가 우주 만물을 자동으로 창조하고 변화시킨다. 수운은 조화정을 바로 하늘의 무위이화의 덕과 마음에 한 치의 어긋남도 없이 정확하게 합치되는 것이라 해석하였다.[39] 하늘의 덕과 하늘의 마음과 합일한다는 것은 사람이 천주와 똑같이 어떤 인위성도 없이 자연스럽게 너른 덕을 베풀고 어린아이 같은 순수한 마음을 쓴다는 뜻이다. 즉, 천인합일을 뜻한다. 하늘과 하나가 되면 모든 일들이 자동으로 돌아간다. 억지와 인위가 사라지고 오로지 진리 본체의 자기 운동만이 있을 뿐이다.

조화정은 자연이 봄·여름·가을·겨울에 이슬·비·서리·눈을 내려 뭇 생명들을 기르듯이, 사람도 똑같이 외적인 강제나 억지 없이 자연스럽게 뭇 생명들에게 인·의·예·지를 베푼다는 뜻이다. 하늘의 덕과 하늘의 마음과 하나가 되면 사람은 움직일 때나 고요할 때나 번성할 때나 실패할 때를 막론하고 모두 하늘 명령에 따라 생각하고 말하고 행동한다.[40] 천덕을 베푸는 것은 본래 생명의 자연스러운 활동이다. 덕행을 베푼다거나 하늘 마음을 쓴다는 것은 생명

---

38 수운, 「논학문」.
39 수운, 「논학문」, "合其德 定其心."
40 수운, 「논학문」, "一動一靜一盛一敗 付之於天命 是敬天命而順天理者也."

의 본래 모습이다. 즉, 덕행과 인심仁心은 생명의 실상이자 존재의 실상이다. 모든 일을 하지만 한다는 생각이 없으며, 모든 덕을 베풀지만 베푼다는 집착이 없으며, 모든 것을 알지만 안다는 의식이 없다. 의암은 "군자는 앎이 없으나 알지 못하는 것이 없고, 소인은 앎이 있으나 알지 못한 것이 있느니라."[41]고 하였다. 군자는 마음이 온전히 비었기 때문에 알지 못하는 것이 없다. 마음에 일체 집착이 없기 때문에 무엇을 하든 무엇을 베풀든 물들지 않는다.

천덕을 베풀고 천심을 쓰는 것이 생명의 실상이라면 왜 사람은 그러하지 못하는가? 수운은 주문의 후반부에서 그 원인을 간접적으로 지적해 준다. 그 이유는 사람이 천주를 모시고 있으며 천덕을 베푸는 존재라는 사실을 잊고 있기 때문이다. 그러므로 언제 어디서나 이 진실을 잊지 않고 기억하는 것이 천도교 수련의 핵심이다. 늘 깨어 있어 '사람이 곧 하늘'이라는 진리에서 옮기지 말아야(各知不移) 한다. 착한 마음을 잃지 말아야 하는 것이다.

해월은 조화를 끊임없는 창조성 자체라 하였다. 하늘의 쉬지 않는 활동성 또는 창조성에 의하여 뭇 생명들이 살아간다. 끊임없는 창조 활동을 유가에서는 성誠이라 하였다. 그러므로 하늘의 도를 『중용』에서는 성誠이라 하였고, 성誠하려고 하는 것은 사람의 길이라 하였다. 생명은 쉬지 않는 하늘의 정성이 있기 때문에 존재한다고 할 수 있다.

하늘의 정성이 그치면 생명도 끝장이다. 하늘의 정성을 떠나서 존재하는 것은 아무것도 없다. 세상을 낳고 움직이는 것이 바로 정

---

41 의암, 「우음」.

성임을 해월은 다음처럼 표현하였다. "사시의 차례가 있음에 만물이 생성하고, 밤과 낮이 바뀜에 일월이 분명하고, 예와 지금이 길고 멀음에 이치와 기운이 변하지 아니하니, 이는 천지의 지극한 정성이 쉬지 않는 도인 것이니라. 나라 임금이 법을 지음에 모든 백성이 화락하고, 벼슬하는 사람이 법으로 다스림에 정부가 바르며 엄숙하고, 뭇 백성이 집을 다스림에 가도가 화순하고, 선비가 학업을 부지런히 함에 국운이 흥성하고, 농부가 힘써 일함에 의식이 풍족하고, 장사하는 사람이 부지런히 노고함에 재물이 다하지 않고, 공업하는 사람이 부지런히 일함에 기계가 고루 갖추어지니, 이는 인민이 지극한 정성을 잃지 않는 도이니라."[42] 쉬지 않고 창조하는 하늘을 닮아 사회를 구성하는 모든 사람들이 자신의 직분에 정성을 다할 때 나라가 원만하게 잘 운영된다는 것이다.

정성과 관련된 해월의 일화는 유명하다. 해월은 조선 정부의 박해를 피하여 전국을 유랑하면서 어느 곳에 이르든지 해월은 쉬지 않고 과일나무를 심거나, 새끼를 꼬거나, 마당을 쓸었다고 한다. 어느 날 제자가 편안히 쉬시라고 하였더니 해월은 "한울님도 쉬지 않는데 사람이 한울님의 녹을 먹으면서 부지런하지 않는 것은 한울님의 뜻을 어기는 것"[43]이라고 대답하였다고 한다.

해월은 또한 조화와의 합일(定)을 동포성으로 풀이하였다. 즉, 모든 존재는 무궁한 천지 조화와 한 줄기로 통해 있기 때문에 서로

---

42 해월, 「성경신」.
43 이돈화, 1970, 『天道敎創建史』第二編, 35쪽; 천도교중앙총부, 『天道敎百年略史』, 150쪽.

동포의 관계에 있음을 뜻한다고 보았다. 해월은 음양의 두 기운의 근원을 음수陰水라 불렀다. 음수란 눈에 보이는 물과 달리 보이지 않는 물이라 하였다. 수운이 지기나 혼원일기라고 한 것을 해월은 음수로 표현한 것이다. 마치 물고기가 물을 보지 못하듯이 사람은 이 음수를 보지 못하지만, 활연관통하면 사람이 보이지 않는 물속에서 살아가고 있다는[44] 사실을 깨닫는다고 하여, 해월은 생명의 보이지 않는 관계성을 밝혔다. "하늘과 땅도 한 물일 뿐인데, 하물며 그 사이에서 화출한 불이 어찌 홀로 북극 태음 한 물속에서 낳지 않았겠는가. 그러므로 하늘과 땅이 시판되기 전은 북극 태음 한 덩어리 물일 뿐이라고 하는 것은 이를 이름이니라."[45] 그러므로 해월은 "나의 한 기운은 천지 우주의 원기와 한 줄기로 통했다."[46]고 한다. 생명은 우주적 기운과 하나로 통해 있기 때문에 자연 사물과 내가 한 동포이며, 나와 다른 사람들이 한 동포이며, 나와 천지이기天地理氣가 하나의 동포이다.

생명의 참 모습은 동포성이다. 동포성이란 연기緣起를 포함한다. 연기란 이것이 있으므로 저것이 있다는 개체의 우주적 인과성을 다루지만 동포란 한 걸음 더 나아가 모든 개체 존재는 근본 원천과 하나로 통해져 있음을 말함으로써 만화귀일萬化歸一의 통일성을 강조한다. 인과법이 범우주적 연기를 강조한다면 동포성은 같은 배胚에서 나온 동일성과 통일성을 강조한다. "우주는 한 기운의 소사요

---

44 해월, 「천지이기」.
45 해월, 「천지이기」.
46 해월, 「기타」.

한 신의 하는 일이라. 눈앞에 온갖 물건의 형상이 비록 그 형상이 각각 다르나 그 이치는 하나이니라. 하나는 즉 하늘이니 하늘이 만물의 조직에 의하여 표현이 각각 다르니라."[47] 여기에서 알 수 있는 것처럼 동학은 사람들 간의 사해동포주의 사상에 그치는 것이 아니라, 자연 사물까지 동포로 받아들이는 자연 생태주의이다. 동학의 동포성은 이상주의에 불과한 것이 아니라 생명의 실상이다.

의암은 생명을 성심으로 설명한다. 성품은 공공적적空空寂寂하기 때문에 일체의 움직임이 없는 본체인 반면, 마음은 활활발발活活潑潑하여 일체 생명의 활동성이다. 성은 생명의 원리원소原理原素라 할 수 있다. 비유적으로 말하자면 성은 정자에 해당된다. 정자에는 생명의 근본 재료와 근본 프로그램이 들어 있다. 그렇지만 정자 혼자서는 생명을 만들어 내지 못하고 난자와 만나야 한다. 난자는 원리원소를 자신 안에 받아들여 스스로 분열 생식을 가능하게 하는 프로그램과 체를 제공하여 스스로 생식하여 생명체가 된다.

정자와 난자를 성과 심에 정확하게 대비시킬 수는 없지만 성에는 생명을 만들어낼 수 있는 보이지 않는 근본 재료와 함께 근본 이치가 구비되어 있다. 이를 자기 안에 받아서 활동을 시작하여 탄생시키는 것은 결국 마음 기운이다.[48] 그 안에 모든 이치와 모든 재료를 갖고 있는 성性을 안고서 움직이기 시작하는 것이 마음이다.

---

47 해월,「기타」.
48 의암,「무체법경」, 성심변, "모든 이치와 모든 일이 거울 속에 들어 능히 운용하는 것을 마음이라 이르고 마음은 곧 신이요, 신은 곧 기운이 이루는 바이니라."

이 최초로 스스로 움직이는 마음을 신이라 부르고 기운이라 부른다는 것이다. 이 마음을 의암은 다른 곳에서 위위심(爲爲心)이라 불렀다. 성심에 대한 이러한 설명은 유가의 심성론과도 다르며 불교의 성심론과도 다른 매우 독창적인 설명이다.

의암은 성심(性心)으로 생명 탄생과 우주 탄생을 설명하고 있다. 성심의 상호작용에 의하여 우주 만물이 태어났기 때문에 모든 개체 존재의 가장 깊은 내면에는 원리원소인 성품이 존재할 뿐만 아니라 생명의 활동인 마음도 존재한다. 성품이 없으면 재료와 이치가 없기 때문에 마음이 비록 창조하고 변화시키는 능력이 있지만 아무것도 할 수 없으며, 마음이 없으면 비록 재료와 이치는 다 구비되었지만 실제 힘을 쏟아서 무엇을 만들 수도 바꿀 수도 없는 것이다. 따라서 성심이 함께 있은 뒤에 비로소 하늘도 있고, 사람도 있고, 자연도 생긴 것이다. 그러므로 이 마음이 있으면 생명이 존재하고 마음이 없으면 생명은 없다고 말할 수 있다. 모든 이치와 모든 일을 자기 안에 간직하여 스스로 움직이는 최초의 마음을 의암은 '위하고 위하는 마음(爲爲心)'이라 하였다.

최초로 태어난 순수하고 맑고 밝은 마음인 위하고 위하는 마음(爲爲心)은 아득한 옛날부터 지금까지 모든 성현들이 쓴 마음이다. 이 마음을 일러 천심, 도심, 본심 등으로 불렀다. 의암은 어떻게 설명하는가? "사람이 태어난 그 처음에는 실로 한 티끌도 가지고 온 것이 없고 다만 보배로운 거울 한 조각을 가진 것뿐이라. 허공에 도로 비치우니 왼쪽 가에 한편은 여여적적하고 바른쪽 가에 한편은 티끌이 자욱하고 자욱하니라. 그 두 사이에 살면서 비로소 위위심이 생기었고, 위위심이 비로소 생기니 천지가 생기고, 세계가 생기고, 도가 또한 반드시 생기었느니라."⁴⁹ 모든 사람들은 모두 다 이 마음을 가지고 태어났다. 이 마음이 고요한 성품계와 티끌의 물질계를 통합하여 하늘땅이 태어났고, 우주 만물도 생겨났고, 그 가운데서 사람이 태어나 가는 길을 열었던 것이다.

위위심은 모든 활동의 시작이며 모든 마음의 근원이라 할 수 있다. 천만년 전의 성인이나 천만년 후의 성인이나 깨달은 분은 모두 이 마음을 깨달은 것이며, 동양의 성인이나 서양의 성인이나 깨달은 분은 모두 이 마음을 깨달았을 뿐이다. 공자도 부처도 예수도 모두 이 마음에 이르러 이 마음을 썼던 것이다. 그러나 각각 태어난 사회와 시대에 따라서 말이 다르고 표현이 달랐을 뿐이다. 그들은 이 하나의 마음을 시간과 공간 그리고 사람에 따라서 가장 적합한 말과 행동으로 표현했을 뿐이다. 그러므로 이 하나의 마음을 아는 사람은 우주가 모두 이 한마음으로 통해져 있음을 안다. 모르는 사람은 너와 나의 다름을 강조하여 그 사이를 더욱 벌려 놓을 따름이다. 이 한마음에서 하늘도, 땅도, 사람도 나왔기 때문에 이 한마음을 회복한 사람은 모든 존재들을 오로지 위하고 위할 따름이다.

그러나 한마음에 이르지 못한 사람은 위하고 위하는 마음을 쓰는 것이 아니라 자신의 사사로운 마음을 쓰고, 물질에 물든 마음을 쓰고, 욕망의 바람에 흔들리는 마음을 쓴다. 자신의 본래 마음은 잃어버리고, 물질·아집·시공간에 빼앗긴 마음을 자기 마음으로 알고 그 마음을 쓰면서 살아가는 것이다. 이 마음을 의암은 마탈심魔奪心이라 하였다.⁵⁰ 마탈심이란 본래 마음이 아니라 밖의 물질적 대

---

49 의암, 「무체법경」, 성범설.

상이나 자아가 만들어 낸 추상적 세계에 빼앗긴 가짜 마음이란 뜻이다. 위위심이 실상이라면 마탈심은 허상이다. 허상이라 하는 이유는 꾸며낸 마음이기 때문이다. 물질에 빼앗긴 마음이 물정심物情心이다. 물정심은 마탈심의 하나이다. 이 마음은 도덕 생명의 참모습이 아니라 물질에 빼앗긴 마음이다. 빼앗긴 마음은 거짓된 마음이다. 거짓된 마음을 쓰면 거짓 인생을 살게 된다.

해월은 거짓은 생명을 부숴 버리는 쇠망치라 하였다. 비록 지금 눈앞에서는 사치와 번영으로 보이지만 거짓으로 쌓은 성은 손가락 하나만 움직여도 한순간에 무너져 버리는 허공에 세운 궁전과도 같다. 이런 거짓된 마음으로 사람을 사귀는 자는 하늘을 속이는 자이다. 해월은 "거짓으로써 사람을 사귀는 사람은 도를 어지럽히는 자요, 도를 사납게 하는 자요, 이치를 거역하는 자이니라."[51]고 질책하였다. 세상을 온통 패도悖道가 주무르는 것 같지만, 그 가운데 정도正道는 더욱 빛나고 실제로 세상을 유지하고 있다. 패도는 지금의 형상으로 보면 오래 지속될 것 같지만 내일이면 가을서리에 떨어지는 낙엽일 뿐이다. 그러므로 세상의 패도에 마음을 빼앗길 것이 아니라, 스스로 바른 길을 걷고 있는지를 돌아보아야 한다.

하늘은 특별히 친한 사람이 없지만 오직 진실된 사람과 친하다. 왜냐하면 하늘은 진실 그 자체이기 때문이다. 거짓은 일시 위용이 웅장해 보이지만 파도 거품과 같아 어쩔 수 없이 진실로 돌아가기 마련이다. 사필귀정事必歸正이다. 거짓의 허황됨에 현혹되지 않고,

---

50 의암,「무체법경」, 성범설.
51 해월,「대인접물」, "以詐交者亂道者 悖道者逆理者也."

언제나 같은 걸음으로 진실을 잃지 않고, 차차차차 지내다 보면 뜻하지 않은 사월에 봄이 찾아올 것이다. 그때에 이르러 비로소 모든 거짓으로부터 자유롭게 되어 진실의 세계에 이르는 것이다.

위하고 위하는 마음을 의암은 '자유심自由心'이라고도 표현하였다. 생명의 참 모습은 자유다. 의암은 마음의 참 실상을 자유심이라 하였다. 자유심에는 무엇이 되려고 하는 마음도 없고, 무엇을 반드시 하려고 하는 마음도 없고, 무엇을 얻으려고 하는 마음도 없다. 의암이 말하는 자유심은 오늘날 우리에게 익숙한 자유주의자들의 자유가 아니다. 무엇으로부터 자유롭다거나 무엇을 적극적으로 실현할 자유가 아니라, 우주 만유와 완전히 하나가 되어 유형의 장애물이든 무형의 장애물이든 일체의 걸림이 없는 경지이다. 하늘에도 매이지 않고 땅에도 매이지 않고 나에게도 매이지 않는 이 자유의 마음을 의암은 다음처럼 아름답게 표현하였다.

"마음이 옥이 되고자 하면 옥도 또한 장애요, 마음이 물같이 되고자 하면 물도 또한 장애요, 마음이 비고 고요하고자 하면 비고 고요한 것도 또한 장애요, 마음이 밝고자 하면 밝은 것도 또한 장애요, 나로서 나를 없애려 하면 나도 또한 장애요, 마음으로 마음을 없애고자 하여도 마음도 또한 큰 장애니, 어떤 묘법으로 그 큰 장애를 벗어날꼬. 다시 한 층계를 더하여 반드시 자유를 쓰라."[52]

일체의 인위성을 떠나서 오직 스스로 그러한 경지이다. 하늘을 흐르는 구름처럼, 계곡을 흐르는 물처럼 흐를 뿐이다. 자유는 자연과 함께 무위이화한다. 일체의 억지로부터 떠난다. 일체의 거짓을

---

52 의암, 「무체법경」, 삼심관.

떠나 자연처럼 진실하다. 생각도 그치고 말도 그치고 일체의 움직임이 사라진다. 고요한 가운데 스스로 움직이니 이 경지를 자유라 한다. 그곳에는 빛도 어둠도 없으며, 삶도 죽음도 없으며, 착함도 악함도 없다. "살려고도 하지 아니하고 죽으려고도 하지 아니하며, 없으려고도 하지 아니하고 있으려고도 하지 아니하며, 착하려고도 하지 아니하고 악하려고도 하지 아니하며, 기쁘려고도 하지 아니하고 노하려고도 하지 아니하여, 일동일정과 일용행사를 내가 반드시 자유롭게 하나니 좋으면 좋고, 착하면 착하고, 노하면 노하고, 살면 살고, 죽으면 죽고, 모든 일과 모든 쓰임을 마음없이 행하고 거리낌없이 행하니 이것을 천체의 공도공행이라 하느니라."[53]

자유는 나도 떠나고 너도 떠나고, 하늘도 떠나고 땅도 떠나고, 신도 떠나고 티끌도 떠나고 오로지 진리 본연의 길을 걸으며 진리 본연을 행할 따름이다. 이것이 참 존재의 모습이다. 이 경지에서는 무엇을 하려고 하지 않지만 이루지 못하는 일이 없으며, 무엇을 말하려고도 하지 않지만 말하지 아니하는 것이 없으며, 무엇을 알려고도 하지 않지만 모르는 것이 없다. 아무것도 하지 않지만 이루지 못하는 일이 없다.

5. 생명의 완성: 평화

평화에는 마음의 평화와 외적 관계의 평화가 있다. 마음의 평화

---

53 의암, 「무체법경」, 삼심관.

는 편안한 마음이다. 수운은 아내에게 「안심가」를 지어 주었다.

「안심가」에서 수운은 아내에게 재산도 신분도 없이 지리한 고생을 하였지만 한울님께 무극한 대도와 무궁한 조화를 받았으니 안심하라고 하며, 경주의 사대부들이 자신을 아무리 비방·질시·음해하더라도 안심하라고 부탁하며, 왜적 놈들이 임진 왜란 이후 아무리 몹쓸 짓을 하고 침략을 획책하더라도 안심하라고 이르며, 낡은 세계가 다 망하더라도 한울님이 우리나라에서부터 개벽운수를 시작할 테니 안심하라고 가르친다. 수운은 비록 세상사가 고생·음해·갈등·전쟁으로 점철되더라도 편안한 마음으로 살아가라고 가르치고 있다.[54] 어떻게 이런 편안한 마음을 가지고 살아갈 수 있는가? 말이야 옳지만 그게 가능이나 한 것이냐고 물을 수도 있다. 수운은 편안함이 무극대도에 있으며 천주에게 있다고 가르친다. 자신이 먼저 이곳에 이르고 보니 편안하므로 아내에게도 그리하라고 가르치는 것이다. 그러나 수운은 아내에게만 안심하라고 하는 것이 아니라 모든 사람들에게 안심하라고 한다.

수행은 생명의 실상을 완성하는 길이며 그 결과는 편안함이다. 먼저 자신이 편안해져야 다른 사람들을 편안하게 해 줄 수 있다. 먼저 마음이 평안해야 사회를 평화롭게 만들 수 있는 것이다. 자신의 마음은 거짓·시기·질투·음해 등으로 가득하면서 남을 평화롭게 만들겠다고, 여러 사람들을 지도한다고 나선다고 생각해 보라. 눈을 들어 보면 이런 지도자를 자처하는 사람들이 얼마나 많은가? 실로 한심한 일이 아닐 수 없다. 그럴수록 세상은 평화로워지는 것

---

54 수운, 「안심가」.

이 아니라 혼란에 빠져든다.

　수운은 수행으로 개인적인 마음의 평화를 가지라고만 말한 것이 아니다. 오히려 수행을 통한 공동체의 평화를 강조한다. 수행할 때 한울님이 감응하여 새로운 평화의 길을 열어 준다는 것이다. 그러므로 수운은 혼란이 끝나고 새로운 문명이 밝아올 때 새로운 정치를 수립하는 모든 설계도를 한울님께서 내려주었다고 말하였다. 즉, 수운은 '개벽시 국초일을 만지장서 나리시고'[55]라 하여 한울님께서 이미 동학·천도교에 대혼란이 끝나고 새로운 정치가 펼쳐질 때를 대비한 모든 설계도를 내렸다고 말하였다. 중요한 것은 한울님과 하나가 되는 공부를 통하여 그 설계도를 받아서 새로운 공동체를 여는 일이다. 그러므로 내 안의 무극대도, 내 안의 천지부모, 내 안의 본래 성품을 찾아, 확고하게 그 자리에 안정하여 마음의 편안함을 회복한 뒤 평화로운 공동체를 건설할 수 있다는 것이다.

　마음의 평화는 내 안의 '본래의 나'를 회복할 때 찾아오는 마음의 경지이다. 이 '본래의 나'는 하늘에 매이지도 않고, 물질에 물들지도 않고, 바람에 흔들리지도 않기 때문에 일체 대상들을 오직 여여如如한 마음으로 대할 수 있다. '본래의 나'에게는 싫어함과 좋아함도 없으며, 유식과 무식도 없으며, 부자와 가난도 없으며, 높고 낮음도 없으며, 음과 양도 없다. 일체 대상들을 모두 똑같이 보기 때문에 받아들이지 못하는 것이 없고, 이해하지 못하는 것이 없고, 용서하지 못할 것이 없다.

　갓난아기와 같은 때묻지 않은 이 마음을 회복하는 것이야말로

---

55 수운, 「안심가」.

나에게 가장 이로운 일이며(自利心), 남에게도 최상의 선이며(利他心), 모든 사람들의 근본이기 때문에 모두에게 이로우며(共和心), 모든 사람들의 마음이 하나로 통해졌기에 자유로우며(自由心), 이것이 바로 극락의 마음(極樂心)이라 한다.[56] 이 마음이 생명의 본래 마음이며, 자연스러운 마음이라는 것이다. 여기에 이를 때 마음은 영원한 평화에 이른다. 이 자리에서 본다면 세상 사람들의 갈등하고 싸우는 마음은 모두 생명의 실상에서 벗어난 치우친 마음이나 편집된 마음이라 할 수 있다. 마치 계절의 중심에 서면 사계절이 모두 하늘의 덕이듯이, 마음의 중심에 이르면 온갖 가지 마음들도 알고 보면 하늘의 덕으로 알게 된다.

  영구 평화는 모든 사람들이 이 마음을 회복하였을 때 이루어진다. 모든 사람들이 하늘 마음을 자기의 생각과 말 그리고 행동의 표준으로 삼을 때 평화가 온다. 이를 개벽이라 한다. 개벽은 먼저 마음이 하늘과 땅에 열려 하늘·사람·땅의 경계가 사라지는 새로운 지평의 열림이다. 완전 개방이자 완전 소통이다. 먼저 내가 열리면 주변이 그 영향을 받는다. 마음을 개벽한 사람은 봄바람과 같아서 억지로 하지 않아도 자연스럽게 겨울 외투를 벗기고 싹을 틔우고 꽃을 피운다. 봄이 오면 모두 겨울 외투를 벗고 모든 씨앗은 싹튼다. 마음이 열린 사람은 자연처럼 무위이화하여 주변을 바꾼다.

  생명은 하나의 우주 기운이 관통해 있고, 연결되어 있고, 협동하기 때문에 이곳의 작은 변화는 저곳의 큰 변화를 가져온다. 생명의 실상은 음양이 갈라지기 이전의 혼원한 한 기운이기 때문에 이곳

---

56 의암, 「무체법경」, 성범설.

에 이르러 내적 평화를 이룬 사람은 반드시 그 덕을 온 천하에 펴서 외적 평화를 가져온다. 개벽은 지극히 내면적 사건이면서 동시에 우주적 사건인 것이다. 내적 평화에 이른 사람은 오로지 위하고 위하는 마음(爲爲心)뿐이며, 우주 만물을 모두 자식처럼 보는 천지부모天地父母의 마음뿐이기 때문에, 창생에게 덕을 베푸는 일 이외에 다른 관심이 없다. 내적 평화는 신으로부터도 자유로우며, 물질로부터도 자유로우며, 사람으로부터도 자유롭다. 어느 곳에도 매인 바가 없는 절대자유이기 때문에, 그 베풂이 하늘이 내리는 비와 같고 태양이 내리는 햇살과도 같다.

모든 생명은 자기 안에 천주를 모시고 있으며 자기 밖에 천지 조화의 기운과 합일되어 있음을 잊지 않고 알 때, 비로소 자기 완성을 이루어 평화를 열어나갈 수 있다. 자기 안에 천주를 모시고 있음을 보는 것이 견성見性이며, 모든 존재자들은 자기 밖에 천지 조화의 기운과 연결되어 살아간다는 것을 아는 것이 각심覺心이다. 견성각심을 해야 새 하늘과 새 땅이 열리고(開闢), 개벽이 되어야 내적 평화와 외적 평화가 온다. 먼저 내 마음이 평안해져야 상대방이 편안해지고, 사회가 편안해지고, 나라가 평안해지고, 세계가 평안해진다. 개벽은 한편으로는 자기 안의 하늘을 열고 다른 한편으로는 자기 안의 자연성을 여는 것이다. 근대성이 잃어버린 인간 최고의 벗인 신과 자연을 동학의 개벽이 되찾아 준다. 동학은 합리적 이성 안에 갇혔던 생명을 해방시켜 신이라는 친구와 자연이라는 친구를 되찾아 생명 본래성을 회복시킨다. 생명 본래성을 회복하여 평화에 이르는 길이 동학·천도에 부여된 하늘의 명(天命)이다.

제6장 동학과 칸트의 도덕론 비교*

1. 근대적 주체와 도덕

모더니티는 주체의 발견과 함께 시작되었다. 근대인은 세계를 인식하는 주체이며, 사회를 만들고 정치 권력을 형성하는 계약의 주체이며, 역사 창조와 자연 정복의 주체이다. 이러한 근대적 주체는 데카르트의 '생각한다 그러므로 존재한다(cogito ergo sum).'라는 유명한 철학 명제에서 분명하게 탄생하였다. 생각하는 주체는 더 이상 자기의 존재 근거를 신(神)에게 의탁할 필요가 없어졌으며, 객관적 자연 세계로부터도 뚜렷하게 구분되는 우월한 존재가 되었다. 신의 권위나 자연으로부터 독립된 자유로운 인간 존재의 발견은 모더니티의 위대한 업적이다.

모더니티를 새로 구축하는 주체의 철학(philosophy of subjectivity)에 적지 않은 비판이 제기되었다. 이른바 포스트 모더니스트에 의하여 본격 비판이 가해지기 이전에, 이미 근대적 주체에 대해서는 현상학의 비판이 있었다. 현상학자들은 먼저 세계를 삶의 시공간이 아닌 기하학적 시공간으로 만든 근대 수학을 비판하기 시작하였

---

* 『동학학보』 제9집 (2004년 12월).

다. 후설은 인간 삶의 근원적 토대인 생활 세계를 수학적·기하학적 시공간으로 은폐한 과학 정신에서 유럽 학문과 문명의 위기를 찾았다.[1] 그리하여 그는 철학의 제일 원리를 데카르트의 코기토나 칸트의 순수이성이 아닌, 현재 진행되는 현상 자체에서 찾고자 노력하였다. 이성에 의하여 구성되기 이전의 근원적 명증의 세계를 '생활 세계(Lebenswelt; lifeworld)'로 개념화하고, '사상 자체에로(zu den Sachen selbst)'라는 구호를 내걸고 현상학 운동을 전개하였다. 사상 자체란 지금 눈 앞에서 일어나고 있는 의심할 수 없는 '일' 또는 '사태' 자체로 돌아가자는 것이다. 이보다 명증한 것은 없다는 주장이다.

하버마스는 현상학을 사회 현상에 응용하여 권력과 자본에 의한 '생활 세계의 식민지화'[2]라는 개념으로 현대 사회를 진단하고, 생활 세계의 회복을 이 시대 최고 과제로 설정하였다. 개체의 주체성을 생활 세계 개념으로 비판하기 이전에 보편적 순수 감성을 기초

---

[1] 후설은 유럽의 위기 원인을 서구 과학의 위기에서 찾았으며, 그 대안의 철학으로 '생활 세계 현상학'을 제시하였다. Edmund Husserl, 1954, *Husserliana Bd. VI. Die Krisis der europaischen Wissenschaften und die ranszen-dentale Phanomenologie*, hrsg. von W. Biemel.; *The Crisis of European Sciences and Transcendental Phenomenology*, Translated, with and Introduction by David Carr, 1970, Evanston: Northwestern University Press. 이 저서의 제2부 제목이 Clarification of the origin of the modern opposition between physicalistic objectivism and transcendental subjectivism이다.

[2] Jürgen Habermas, 1981, *Theorie des kommunikativen Hadelns Band 2 -Zur Kritik der funktionalistischen Vernunft*, Frankfurt am Main: Suhrkamp Verlag, s. 293.

로 한 문명을 세우려는 루소 같은 사상가도 있었다.

이성적 계산이나 개체의 권리에 입각한 새로운 문명 구상이 유럽의 주류였을 때, 루소는 문명의 기초를 이성이 아니라 동정심 sympathy과 같은 본원적 감성에서 찾았다. 그리하여 이성을 기반으로 한 문명의 비인간성을 비판하고, 자연 친화적이며 모든 사람들의 순수감성을 기초로 한 일반 의지(general will)가 구현된 사회를 꿈꾸었다. 루소의 일반의지론은 마르크스가 계급의식을 기초로 한 공산 사회를 구상하는 데 적지 않은 영향을 미쳤다. 또한 이성에 의한 구성화·이론화 이전의 생활과 도덕적 일반 의지를 강조한 루소는 칸트로 하여금 이론이성 또는 순수이성에 앞서는 실천이성을 깊이 성찰하게 만들었다. 그리하여 칸트는 도덕에 기초한 문명 사회를 구상하게 된다. 실제로 칸트는 이성의 허점을 흄의 날카로운 이성 분석에서 찾았고, 문명의 새로운 기초를 루소에게서 찾은 것으로 고백한다.

칸트는 이성에 의한 구성 이전의 근원적 삶은 도덕의 세계이며 실천이성의 세계로 보았다. 칸트는 루소가 말하는 동정심이나 공감과 같은 본원적 감성을 철학적으로 선의 자유의지로 발전시켜 도덕 발생의 근원으로 삼는다. 그러나 칸트는 루소처럼 합리적 개인을 포기한 것이 아니다. 그의 관심사는 개체의 합리성과 도덕성을 화해시키는 데 있었다. 종합의 철학자라는 명성에 걸맞게 칸트는 뉴턴적 과학과 루소적 도덕 양심을 철학적으로 통합하고자 하였다. 이는 필연의 세계와 자유의지의 통합이자 현상계phenomena와 본질계noumena의 화해의 문제이기도 하다. 칸트는 선한 자유의지를 도덕법으로 발전시켜 두 세계를 통합할 때 영구 평화가 가능할 것으로 보았다. 칸트는 합리적 개인은 반드시 선한 자유의지라는 보편성을 따르기 때문에 도덕법이 가능하다고 하여, 이성적 개체와 보편적 도덕을 화해시키고자 했던 것이다. 합리적 개인은 선한 자유의지로 도덕법을 입안하는 자이며, 동시에 보편적 도덕에 복종을 하는 도덕적 시민이라 하였다.[3] 도덕적 시민은 도덕 양심에 의거하여 보편법을 입안하는 입법자이자 입법 이후에는 예외 없이 준법하는 공동체를 칸트는 '목적의 왕국(kingdom of ends)'이라 불렀다. 보편법 또는 도덕법은 영구 평화의 조건이기도 하다.

칸트의 도덕의 형이상학은 개인적 자유에 도덕적 내용을 부여하여 보편적 선의 의지로 발전시키고, 도덕법을 입법하여 평화적 공동체를 구성하고자 하는 것이다. 이는 오늘날 민주주의 정신의 핵심이라 할 수 있는 자유·자치·자율의 도덕적 근거를 철학적으로 체계화하였다는 데 큰 의미가 있다. 그러므로 칸트는 개인적 자유주의에 보편적 도덕성을 통합시켰다는 평가를 받는다. 즉, 그는 자율·자주·자유가 가능한 것은 선험적先驗的인 선한 자유의지가 있기 때문이라는 도덕적 근거를 철학적으로 설득력 있게 보여 주었다. 그리하여 칸트는 자연계의 이기적이고, 냉소적이고, 공리주의적인 현실주의와 다른 근대적 이상주의 정치 철학의 형이상학적 체계를 세우게 되었다. 칸트는 선한 자유의지에서 도덕을 이끌어 내고, 도덕 원리에서 현실의 행위 규범을 인도하는 절대 명령을 이끌어 내고, 이를 기초로 도덕법을 제정하여 법치국가를 세우고자 하였다.

---

[3] Leo Strauss and Joseph Cropsey, 1981, *History of Political Philosophy*, Chicago and London, The University of Chicago Press, 555쪽.

도덕에 근거한 현실 정치를 구상했다는 점에서 칸트의 형이상학은 도덕과 권력을 안팎으로 일체로 보는(內聖外王) 동양 전통과 유사하면서도 차이가 난다. 이 글은 권력에 도덕을 부여하는 칸트의 방식과 동학의 방식을 비교함으로써 양자의 차이점과 유사성을 밝히는 데 그 목적이 있다. 칸트의 도덕의 형이상학을 유가의 도덕 형이상학과 비교 분석한 모종삼의 선행 연구에 힘입어, 이 글은 비슷한 문제의식을 가지고 칸트와 동학을 비교 분석하고자 하는 것이다. 필요할 경우 모종삼의 논의도 참고할 것이다.[4]

이 글이 칸트와 동학을 비교하고자 하는 논제는 둘이다. 하나는 도덕의 선험적 보편성의 근거인 '선한 자유의지'에 대한 칸트의 주장과, 동학의 '내 마음이 네 마음이다(吾心卽汝心).'[5]라는 주장을 비교 분석하여 그 유사성과 차이점을 분석하는 것이다. 이는 도덕의 선험성 문제로서, 칸트와 동학이 어떤 논리로 도덕을 뒷받침하고 있는지를 분석하려는 것이다. 이 글의 또 다른 논제는 '타인을 수단이 아닌 목적으로 대하라.'는 칸트의 덕론德論과 '사람을 하늘과 똑같이 섬기라(事人如天)'는 동학의 덕행을 중심으로 양자의 유사성과 차이점을 논구한다. 도덕의 선험성 문제가 주로 도덕의 형이상학적 근거를 다루는 문제라면, 덕의 문제는 대인접물待人接物의 정치·사회적인 도덕 실천의 문제이다. 동양학적 용어로 전자를 도론道論이라 한다면, 후자는 덕론德論이다. 한마디로 말하자면 이 글은 도덕을 대하는 칸트와 동학의 입장을 비교 분석하는 것이다.

---

4 牟宗三, 1999(民88), 『心體與性體』 第一二三冊, (對北: 正中書局, 참조.
5 수운, 「논학문」.

2. 도덕의 선험성: '선한 자유의지'와 '내 마음이 네 마음이다'

칸트와 동학은 도덕의 근거를 선험성先驗性에서 찾는다. 선험성은 경험 이전의 순수·절대·초월을 의미한다. 동양학의 개념으로는 하늘과 땅이 갈라져서 활동성이 나오기 이전(天地未判)인 본연의 세계이다.

모종삼은 칸트 철학을 대승기신론의 일심이문一心二門에 비유한다. 불생불멸의 허공무虛空無의 직각直覺을 강조하는 학파와 생멸의 인연법의 세상에서 각심覺心을 강조하는 유식과 화엄학파가 대신기승론에 의하여 통섭되듯이, 칸트는 보편적 도덕성과 현실적 개체성을 통합한 도덕법에 의하여 지배되는 목적의 왕국을 제시한다.[6] 동학은 흔히 동양 철학의 세 흐름이라 할 수 있는 유가와 도가 그리고 불교를 그 근원인 천도로 환원시켜 통합하였다고 할 수 있다.[7] 현실적 경험 세계에서의 도덕(仁)을 강조하는 유가儒家와 초월

---

6 牟宗三, 『中國哲學十九講』, (北京: 上海古籍出版社, 1997), 266-294쪽. 강연 제목은 「大乘起信論」之一心開二門 이다. 이 강연에서 모종삼은 칸트 철학의 종합적 성격과 대승기신론의 종합적 성격이 근본적으로 같은 문제의식을 문화적 특성에 따라 각기 달리 철학화하였다고 자세하게 설명한다.

7 해월, 「기타」, "우리 스승님께서 천지우주의 절대원기와 절대성령을 체응하여 모든 일과 모든 이치의 근본을 처음으로 밝히시니, 이것이 곧 천도이며 천도는 유·불·선의 본원이니라."

적 절대 세계를 더 강조하는 도가(道可道非常道)와 불가(佛性)를 동학은 무극대도無極大道와 무궁조화無窮造化라는 근본 뿌리로 환원시켜 통합했다고 하겠다. 물론 수운은 이들을 철학적으로 통합한 것이 아니라 체득하여 무극대도와 무궁조화라는 개념으로 설명했을 따름이다. 동학의 '사람이 하늘이다(人乃天).'라는 명제는 경험과 본체, 내재와 초월, 상대와 절대의 통합을 극명하게 보여 주는 개념들이다. 칸트와 동학의 문제의식의 유사점은 양자를 비교하는 기본 토대이다.

칸트의 '선의 의지' 문제와 수운의 '내 마음이 네 마음이다.'라는 명제를 다루기 이전에, 동서의 문화적 차이에 유념할 필요가 있다. 왜냐하면 진리에 접근하는 동서의 방식은 사뭇 다르기 때문이다. 모종삼에 의하면 서구는 이론적 사유theoria를 통하여 형이상학적 논리와 수학적 추상화로 자연과 사회를 구성하는 객관적 원리를 정립하여, 이를 기준으로 자연과 사회를 재구성하는 객관적 보편주의 방식을 발전시켰다. 반면 동양은 생명 자체를 잘 보전하는 현실적인 실천의 길을 찾아 인생과 사회를 안내하는 보편적 이치로 정립하는 내면적 보편주의 방식을 발전시켰다.

객관적 보편주의와 내면적 보편주의는 주된 관심 대상이 달랐기 때문에 나온다. 동양은 생명이라는 주체에 관심을 집중시켰다면 서양은 자연이라는 대상에 관심을 집중시켰기 때문에 나타나는 자연스러운 차이이다. 대상이 다르기 때문에 연구하는 방식도 달랐다. 동양이 주체의 내재적 진리 탐구 방식을 발전시켜 객관적 상황에 따라서 지혜롭게 대응하는 방식을 발전시켰다면, 서구는 객관적 대상의 진리를 탐구하는 방식을 발전시켜 객관 세계 자체를 바꾸는 방식을 발전시켰다. 내면적 주관 탐구 방식이 종합적 방법인 데 반하여, 외면적 객관 연구 방식은 분석적 방법을 강조한다. 서양이 과학 기술과 민주주의를 발전시킨 것은 삶의 객관적 보편 질서를 세우고자 하는 데서 나온 것이라면, 동양이 심학과 수행을 발전시킨 것은 삶의 주관적 보편 질서를 실현하고자 하는 데서 나왔다는 것이다.[8] 그러므로 동양학의 개념들은 기본적으로 주관의 내면적 보편성과 관련되었다.

칸트가 주관의 내면적 보편성을 기초로 자신의 실천 철학을 정립하고자 하였다는 점은 매우 흥미로운 점이다. 칸트는 인간은 생각하기 이전에 삶을 산다는 소박한 사실을 중시했다. 그러므로 칸트는 삶을 사는 실천이성이 사유하는 이론이성에 앞선다고 본다. 도덕 실천이 이론적 구성에 앞서며, 실천이성이 이론이성에 앞서며, 소명적 의무가 개인의 권리보다 더 중요하다고 보는 것이다. 이렇게 도덕을 문명의 기본 토대로 보게 된 데에는 루소에게서 받은 영감이 크게 작용하고 있다고 일반적으로 평가한다.[9] 루소는 '계몽주의의 이단자'라고 불릴 정도로 계몽주의 시대에 걸맞지 않는 소박한 삶의 세계를 주장했다. 그는 문명의 기본 토대는 개인의 합리적 계산이나 판단 이전에 사람과 사람 사이의 동정심sympathy이나 공감대가 되어야 한다고 보았다. 어떤 점에서 보자면 루소의 동정심은 맹자의 측은지심惻隱之心을 닮았다고도 볼 수 있다.[10] 다른

---

8 牟宗三, 1997, 18-42쪽. '兩種眞理以及其普遍性之不同'이라는 제목의 강연에 이러한 논지가 잘 나타나고 있다.

9 Leo Strauss, *op. cit.*, p. 556-7.

존재들이 곤란이나 어려움에 빠지거나 고통스러울 때, 모든 사람들에게는 자연스럽게 이를 안타깝고 측은히 여겨 계산하지 않고 생각하지 않고 곤경에 처한 사람을 돕고자 하는 선한 의지가 있다는 것이다.

칸트는 루소의 순수 동정심을 기초로 자신의 도덕 철학을 체계화했다. 즉, 사람들은 자기의 사사로운 이익이나 물질적 행복을 위하여 행동하지 않고 의무감, 도덕성, 준법성에 따라 행동한다는, 도덕적 행동의 형이상학적 기초를 루소가 말하는 동정심과 같은 순수감성에서 찾았던 것이다. 칸트에 따르면 이러한 도덕의 선험성과 보편성에 대한 확신은 경험적 사실에서 오는 것이 아니라 '선한 자유의지'에서 온다고 보았다. 따라서 '선한 자유의지'가 있은 다음에 합리적 구성이나 계산과 같은 이성이 작용하고 몸을 움직여 경험이 이루어진다는 것이다.

'선한 자유의지'는 칸트의 「도덕의 형이상학의 기본 원리(Fundamental Principles of the Metaphysic of Moral)」에서 명료하게 명제화된다. "세계 안에서이건 세계 밖에서이건 무제한적 선이라고 말할 수 있는 것은 오직 하나의 선의지(eine guter Wille; a good will)뿐이다."[11] 도덕은 인간 완성이나 물질적 행복을 위하여 존재하는 부차적 것이 아니라, 삶의 행복과 인간 완성에 의미를 부여하는 근원적 토대이

---

10 Francois Jullien, 2004, 「孟子의 惻隱之心과 루소의 동정심Sympathy」, 동아시아학 해외 석학 초청 집중 강좌 발표 논문, 성균관대학교 600주년기념관, 2004.10.14.

11 "Nothing can possibly be conceived in the world, or even out of it, which can be called good without qualification except a good will."

자 일의적—義的이라는 주장이다. 달리 말하자면 물질적·경험적 세계에 의미를 부여하는 것은 바로 이 근원적 선의 의지라는 것이다. 『순수이성비판』에서 이성이 선험적 주관을 요청하듯이, 도덕은 선험적 선의 의지를 요청하지 않을 수 없으며 도덕의 선험성과 보편성을 의심할 수 없다. 사람이 보편적 도덕 법칙을 따라야 하는 이유도 여기에 있다.

만약 도덕의 선험성을 인정하지 않고 도덕법이 현실적 경험에서 왔다고 한다면 도덕의 필연성이나 보편성을 인정받기 어렵다. 왜냐하면 현실 경험과 물질적 행복 같은 것은 상대적이기 때문이다. 도덕의 선험성과 보편성을 통하여 칸트는 개인주의적·공리주의적 시민권론자와 다른 길을 걷게 되었다. 칸트에 의하면 개인적 자유와 물질적 행복은 어떤 경우에도 보편적 도덕에 앞설 수 없으며 도덕에 의하여 제한되어야 한다고 주장한다. 이를 통하여 칸트는 개인주의적 자유와 공리주의적 경제 이익에 도덕성의 기준을 적용하여 자유주의를 비판적으로 승화하고자 하였다. 또한 근대적 시민 의식에 도덕성을 불어 넣어, 시민 사회를 도덕적 문명이 구현된 사회로 설정하고 발전시키고자 하였다. 그러나 칸트가 말하는 시민 사회는 오늘날 국민 국가 아래에 있는 시민 사회가 아니라 세계 시민 사회를 보아야 할 것이다.

도덕 법칙은 이성의 '절대 명령(kategorischer Imperativ: categorical imperative)'에서 나와야 선험적이고 보편적일 수 있다는 명제는 칸트의 도덕의 형이상학의 중요한 기여이다. 그렇지만 모종삼은 칸트의 도덕의 선험성과 보편성은 형이상학적 이론 구성일 뿐이라고 말한다. 왜냐하면 칸트 스스로 도덕 완성(成德)을 이루지 못했을 뿐 아니라, 서구 전통에서 도덕 완성은 찾기 힘든 전통이기 때문이라는 것이다. 즉, 칸트는 도덕의 근거인 선한 자유의지는 형이상학적 요청에 의한 가정일 뿐 실제로 완전히 자유롭고, 자율적이고, 자주적인 마음의 경지에 이르지 못했다고 주장한다. 칸트는 완전한 자유·자율·자주는 철학적 가정은 할 수 있지만 철학의 영역에 포함되지 않는다고 보았다. 즉, 자유·자율·자주는 단지 선험적 형이상학의 이론적 요청에 의하여 나온 가정일 따름이라는 것이다. 반면 동학은 자유·자율·자주는 참사람의 있는 그대로의 실상이라고 한다. 이 점은 잠시 후에 자세하게 살펴볼 것이다. 어찌 되었든 모종삼은 칸트가 "도덕에 가까이 갈 수 있는 자율과 자유의 의지를 인간의 본성으로 보지 않고 가설로 보았기 때문에 공허해졌으며, 인류 이성이 도달할 수 없고 지식으로 얻을 수 없는 고립된 영역이 되어 버렸다."[12] 고 그 한계성을 비판한다.

칸트는 성인, 군자 등은 철학적 가정에 의한 인격일 뿐 실제 인격은 아니라고 보았다. 칸트는 신성神性이나 본성本性, 불성佛性 등과 같은 초월적 선험성을 철학에서 배제해 버렸기 때문에, 칸트에게 있어서 성인이나 군자는 가상의 존재일 뿐이다. 철학은 성인과 같은 도덕적 인격이 되는 과정을 다룰 뿐이다. 반면 동양 철학은 대인 또는 군자와 같은 도덕적 인격을 믿었으며, 그러한 인격이 되는 과정을 수행론으로 발전시켰다.

모종삼이 칸트를 '도덕의 형이상학(道德底形上學)'으로 동양 철학은 도덕 형이상학(道德的形上學)으로 설명하는[13] 이유도 여기에 있다.

---

12 牟宗三, 「心體與性體」I, 137쪽.

도덕의 형이상학이란 도덕에 대한 형이상학적 설명에 불과하다는 뜻이며 도덕 형이상학이란 도덕 완성의 형이상학이라는 것이다. 칸트는 도덕을 형이상학적으로 설명하고 그 철학적 원리를 찾아내는 데 그쳤다는 것이다. 반면 동양은 도덕에 대한 형이상학적 철학에 그치는 것이 아니라 도덕 완성의 형이상학이라는 주장이다.

역易에 설명된 대인大人을 예를 들어 도덕 형이상학을 설명하면 다음과 같다. 대인은 형이상의 본체와 똑같이 천덕을 베푸는 존재이며(與天地合其德), 해와 달같이 뭇 생명의 근본 원천이며(如日月合其明), 행복과 불행을 마음대로 창조하고 움직이는 귀신(如鬼神合其吉凶)과 똑같은 존재이다.[14] 달리 말하자면 도덕적 인격은 형이상과 형이하를 자유롭게 통하는 완전한 자유, 완전한 자율, 완벽한 자주의 존재인 것이다. 인간과 하늘이 둘이 아니며, 인간과 자연 원리가 둘이 아니며, 인간과 귀신이 또한 둘이 아니라는 뜻이다. 『중용』에서는 "군자의 도는 자기 자신에 근본하고, 뭇 민에서 증험되고, 요순우에 고증해도 오류가 없으며, 천지에 세워도 어긋남이 없으며, 귀신에게 물어도 의심이 없으며, 백세 뒤의 성인도 의혹이 없다."[15]라고 하여 도덕이 천지인을 하나로 관통함을 강조하였다. 이를 모종삼은 도덕 형이상학이라 불렀다.

동학에서 천지인을 하나로 꿰뚫는 자유의 경지는 '천지 역시 귀

---

13 牟宗三, 「心體與性體」, 140쪽.
14 『易經』, 「乾卦」.
15 『中庸』 29章, "故君子之道 本諸身 徵諸庶民 考諸三王而不謬 建諸天地而不悖 質諸鬼神而無疑 百世以俟聖人而不惑."

신이며 귀신 역시 음양¹⁶이라고 표현되고 있다. 즉 천지인天地人을 하나로 관통하였다는 뜻이다. 도덕은 천지인을 관통한 마음에서 나온다. 이 마음이 완전 자유, 완전 해탈, 완전 자율이다. 그러나 마음은 하늘 마음이라는 점에서 선험적이지만 자연과 인간계에서 작용한다는 점에서 경험적이다. 이 점에서 동학의 도덕은 칸트의 선험적 도덕과 다르다. 즉 칸트의 선험성은 언제나 경험성과 대립되는 이원적인데 반하여, 동학의 선험성은 곧 경험적 도덕 실천이라는 점에서 일원적이다. 천지인에 완전히 소통한 마음은 선험적이면서 동시에 경험적이다. 선험과 경험이 통섭되어 있는 것이다. 그러므로 일원론이라 하며 칸트적 이원론과 차이가 있다.

동학에서 도덕의 선험성은 수운의 천주 체험에서부터 나온다는 점에서 선험성이지만, 동시에 이 경지는 몸으로 춥고 떨리며 알 수 없는 체험을 하는 몸의 경험이기도 하다. 만약 마음의 경지에 머물었다면 단순한 선험성에 그쳤겠지만, 실제 몸으로 느끼고 실천한다는 점에서 경험적이다. 동학에서 도덕의 선험성은 칸트처럼 초월적인 경지로 가정되는 것이 아니라 수운의 영적 체험을 기초로 한다는 점에서 구체적이며 실제적이다. 동학이란 이 본원적 체험이 어떻게 가능한지를 설명하는 학문 체계이다.

수운은 1860년 영적 체험에서 하늘로부터 "내 마음이 네 마음이다(吾心卽汝心)."¹⁷와 "귀신이라는 것도 또한 나다(鬼神者吾也)."라는 말을 듣는다. 즉, 내 마음은 고요한 하늘 마음이며 동시에 활동하는

---

16 수운, 「도덕가」.
17 수운, 「논학문」.

음과 양의 마음 기운이기도 하다는 뜻이다. 이 두 구절이 말하고자 하는 것도 마음의 선험성과 경험성이 따로 있는 것이 아니라 하나로 통해져 있다는 것이다. 수운의 마음은 하늘처럼 고요하고 초월적이며 선험적이면서 동시에 귀신처럼 우주 만물을 움직이고 조정하는 기운이라는 뜻이다. 여기서 귀신이란 일반적으로 이해하듯이 무슨 유령과 같은 존재를 말하는 것이 아니라 우주 만물을 움직이는 음양의 기운이라는 뜻이다.

수운은 선험성을 '사람이 천주를 모셨다(侍天主).'고 표현했으며, 경험성을 '사람이 하늘의 조화와 합일한다(造化定).'고 하였다. 시천주는 사람이 하늘의 이치를 그대로 품부받은 존재라는 뜻이며, 조화정은 사람이 하늘의 덕과 하늘 마음과 정확하게 합하는 존재라는 뜻이다. 시천주와 조화정은 동전의 양면처럼 둘이면서 하나다.

전자가 도의 선험성이라면 후자는 덕의 실천성이다. 따라서 동학에서 선험성과 경험성은 이원적이지 않다. 이 점이 칸트와 동학을 가르는 근본적 차이점이다. 수운은 천도의 선험성을 '무극대도無極大道', '불택선악不擇善惡' 등의 개념으로 표현하였다. 그렇지만 언제나 천주天主는 조화造化와 짝하고, 신령神靈은 기화氣化와 짝하고, 무극대도無極大道는 무궁조화無窮造化와 짝한다는 점에서 선험성은 현실적 경험성과 하나로 통한다. 비유로 말하자면 거울 본체와 거울의 반영 작용이 둘이 아닌 것처럼 동학은 선험성과 경험성을 하나로 보는 일원론이다. 도덕은 선험성에서 나오지만, 이때 선험성은 칸트처럼 현상이나 경험 세계와 고립된 것이 아니라 긴밀하게 통합된 것이다. 즉, 마음의 본체와 작용이 동시에 논의되고 있으며, 천주라는 초월적 존재의 선험성과 조화라는 현실적 작용을 함께 거론하고 있다. 동학에서는 도덕이라는 개념 자체에 이미 선험성과 실천성이 융합되고 있다. 이러한 특징은 수운의 제자 해월에게서도 비슷하게 표현되고 있다.

해월은 사람이 모시고 있는 천주를 천지부모로 표현한다. 천지부모라는 표현에는 천지와 부모는 똑같다는 뜻이 내포된다. 천지라는 초월과 부모라는 현실을 하나로 관통시키는 것이다. 천지가 곧 부모이기 때문에 천지에 효도하는 것은 사람이 가야 할 길이다. 천지부모에게 효도하는 것은 내 생명 본원의 은혜를 갚는 것이므로 매우 자연스러운 도덕 실천이다. 그러나 현실의 부모는 내 몸 밖에 따로 존재하지만 천지부모는 내 안의 생명 본원으로 존재하기 때문에, 결국 내가 나를 공경하는 것이 동학의 효도가 된다는 점에서 유가의 효와는 다르다. 해월은 천지부모라는 선험성에서부터 내 생명이 나왔으며 그 은혜 갚는 데서 도덕이 나왔음을 유가의 효도 비유로 쉽게 설명하고 있는 것이다.

천지부모가 나를 낳아 주었지만 나를 기르는 것은 천지가 베풀어 준 음식이다. 해월은 밥은 천지의 젖 또는 우주의 정기精氣라 한다. 그러므로 천지 자연이 자신의 정기를 나에게 공급해 주므로 이에 감사하는 것을 식고食告라 하였다. 식고란 음식을 먹기 이전에 내 마음에 모신 하늘이 먼저 음식을 드시고 음식을 주신 우주 자연의 은혜를 고마워하는 행위이다. 즉, 먹는 주체도 하늘이지만 먹는 대상도 하늘의 정기이기 때문에 해월은 '하늘이 하늘을 먹는다(以天食天).'고 표현하였다.[18] 이는 식고라는 일생생활에서의 도덕 실천

---

18 해월,「도결」,「이천식천」 참조.

의 근거를 우주론적으로 설명하고 있는 것이다. 부모에 효도하고 밥에 식고한다는, 실제 생활에서 도덕이 발생하는 근거를 해월은 형이상의 천지부모가 나를 낳았고 형이하의 우주 자연이 나를 기르기 때문이라고 설명하는 것이다. 여기에서 나의 원인자인 천지부모는 선험성을 뜻하며, 나를 기르는 우주 자연은 경험성을 의미하며, 각각 효도와 식고라는 도덕 발생의 근거가 된다. 효도가 선험성에서 유발된다면, 식고는 경험성에서 유발된다. 여기서 동학에서 사람은 선험성과 경험성을 통합한 일원성으로 이해되고 있다는 사실을 알 수 있다.

의암은 도덕을 완전히 내면화하여 성심性心으로 설명한다. 그리하여 성심 개념으로 형이상의 본체와 우주 만물 그리고 인간을 철학적으로 체계화하여 동학의 도덕 형이상학을 완성한다. 의암은 자기 안에 모신 천주를 성품이라 하였고, 자기 안에 모신 우주 기운을 마음이라 하였다. 그는 성품을 천지·자연·인간을 만든 근본 원리이자 근원 원소라 하였으며, 마음 기운이 일체 모든 것을 운영하는 자유심自由心이라 하였다. 따라서 사람은 자기 성품을 자기가 보고, 자기 자유심을 자기가 깨닫는 데서(見性覺心) 인간은 도덕을 완성한다고 보았다. 도의 발생 근거가 고요한 성품이라면 덕의 발생 근거는 활발한 마음이다.

여기에서 성품을 보고 마음을 깨닫는 것은 자기 마음으로 한다는 점이 중요하다. 즉, 성심이 따로 있는 것이 아니라 내 마음이 조용해지면 이를 성이라 하며, 내 마음이 활발하여 우주에 미치지 아니하는 곳이 없고 걸리는 곳이 없게 되면 자유심이라고 한다. 달리 표현하자면 천주는 어디 따로 홀로 있는 것이 아니라 내 마음의 공공적적함을 일컬음이요, 조화 기운은 밖에서 명령하고 지배하는 기운이 아니라 내 마음의 활활발발함을 일컫는다.[19] 그 고요한 자리에서 나오는 것이 도라면, 활발하여 미치지 아니하는 곳이 없는 마음이 곧 덕이다. 따라서 도덕은 결국 나의 성심에서 나올 뿐이다. 이처럼 선험성과 경험성은 내 안에서 통합되어 있다. 그러므로 의암은 '본래의 나' 밖에서 따로 도덕을 찾지 않는다.

이상의 논의에서 칸트의 도덕과 동학의 도덕의 매우 중요한 차이점을 찾게 되었다.

첫째, 칸트가 도덕의 선험성과 보편성으로 '선한 자유의지'를 철학적 가설로서 요청하였다면, 동학에서 도덕은 존재의 실상이자 인간 마음의 실상이다. 달리 표현하자면 칸트는 도덕이 성립하기 위해서는 선험성이 가정되어야 한다고 본 반면, 동학은 그 선험성을 직접 체득·심득하였다고 하겠다. 칸트가 철학적 요청에 의하여 도덕의 선험성을 이론적 사유를 통하여 알았다면, 수운·해월·의암은 구체적 수행을 통하여 천도의 선험성에 합일되어 동학의 도덕을 논리적으로 설명하고 덕을 펴게 되었다. 길을 아는 것과 길을 가는 차이라고도 설명할 수 있고, 철학적 지식과 지행합일知行合一적 실천의 차이점이라 할 수 있다.

둘째 칸트는 도덕은 경험이 아닌 선험일 때 비로소 보편적일 수 있다고 하였지만, 동학은 도덕은 선험성에서 나오지만 경험성과 분리시킬 수 없다고 본다. 즉, 칸트의 도덕이 선험과 경험의 이원론이라면, 동학의 도덕은 선험과 경험의 일원론이다. 동학의 도덕

---

19 의암, 「무체법경」, 「후경2」 참조.

은 형이상의 측면과 형이하의 측면을 동시에 안고 있으며 양자를 관통한다. 동학의 일원론적 도덕을 부연하여 설명해 보면 좀더 차이가 뚜렷해진다.

수운은 사람은 천주를 모시고 있고 우주 기운과 소통하는 존재의 실상이라고 하여 형이상학적·우주론적으로 도덕을 설명한다. 해월은 도덕을 인간 생활의 맥락에서 설명한다. 성경신을 강조하는 것은 수운과 해월이 윤리학적으로 도덕을 설명하는 것이다. 사람은 천지부모를 자신 안에 모시고 있으며 우주 자연 덕으로 살아가기 때문에 효도와 식고라는 도덕 실천을 한다고 하였다. 의암은 도덕을 성심론으로 설명한다. 즉, 천도와 천덕이란 각각 인간의 움직이지 않는 성품이자 활발한 마음 기운으로 표현된다. 성심을 갖추고 있는 인간은 도덕 실천의 주체가 된다는 인간학적 설명이다. 여기에서 동학의 도덕론은 곧 형이상학, 우주론, 실천론, 인간론으로 설명되고 있음을 알 수 있다. 동학에서 도덕은 우주 본체이며 탄생과 소멸의 원리이며, 인간의 생활 양식이며, 인간 존재의 본질인 반면, 칸트에게서 도덕은 선험성에서 도출된 형이상학적 절대 명령이다.

셋째, 칸트의 도덕은 이성의 절대 명령인 반면, 동학의 도덕은 인간의 참된 실상 자체이다. 그렇기 때문에 칸트에게 도덕적 인격은 이성의 명령에 따를 때 가능하지만, 동학에게 도덕적 인격인 성인·군자·대인은 현실적 존재이다. 동학에서 도덕적 인격은 철학적 사변이나 이성적 논리 이전의 순수한 본래 마음을 갖춘 인격이다. 칸트의 도덕적 시민이 사유의 구성으로 태어났다면 동학의 도덕적 인격은 존재의 실상에 다다른 현실적 인간이다.

동학에서 도덕은 존재의 실상이기 때문에 이를 잊지 않고 언제나 기억하는 것이(永世不忘) 도덕 실천이다. 영세불망할 때 인간은 존재의 본성과 본심에 이르러 형이상의 하늘과 형이하의 현상계를 모두 알게 된다(萬事知). 만사지는 도덕의 궁극적 경지라 할 수 있다.

3. 도덕 실천론: 도덕법과 사인여천

동학에서는 도와 덕을 불가분의 관계로 다루지만 칸트는 공동체에서의 대인관계 문제인 덕을 「도덕의 형이상학Metaphysics of Morals(Doctrine of Virtue)」에서 주로 다룬다. 「도덕의 형이상학의 기본 원리」에서 도덕의 근거인 선한 자유의지를 다루었다면, 도덕의 사회적·정치적 문제는 「도덕의 형이상학」에서 주로 다룬다. 여기에서 칸트는 세 가지 단계를 거쳐서 도덕의 형이상학을 전개한다. 첫째는 보편성의 원리이고, 둘째는 주체성의 원리이며, 마지막은 보편적 도덕법의 입안이다.[20] 도덕법에 이르는 과정을 살펴보자.

먼저 보편성의 문제이다. 어떤 행동이 선한 의지인지 여부는 행위가 보편성의 준칙에 맞는지 여부에 달려 있다. 이 보편성의 준칙은 행위의 선악 여부를 판단하는 중요한 기준이다. 그러므로 칸트는 "네 의지의 준칙이 항상 동시에 보편적 법칙 수립의 원리로서 타당할 수 있도록, 그렇게 행위하라."고 했다.[21] 또한 보편성의 원리는 「도덕의 형이상학의 기본원리」에서는 "준칙이 보편타당한 법

---

20 최재희, 1982, 『칸트의 생애와 철학』, 태양사, 109-165쪽.

칙이 되는 것을 네가 동시에 의욕할 수 있도록 하는 준칙을 따라서 행위하라."[22]고 표현되어 있다. 일상의 어떤 상황에서든지 보편 타당성을 그 본질로 하는 도덕법의 형식에 따라서 행위하라는 도덕적 요청이다. 이는 이성적 주체가 모든 직각들을 통합·종합하여 보편타당한 선험적 통각을 하듯이, 실천이성도 다양한 상황에서 보편타당성을 따른다는 표제이다.

이러한 보편적 준칙 준수는 모든 타자를 수단이 아닌 목적으로 대하는, 타자의 공경과 존중이라는 주체성의 표식으로 발전한다. "네 인격과 타자의 인격에서 인간성을 네가 한갓 수단으로 대우하지 말고 목적 자체로서 대우하도록 행위하라."[23]는 표제를 정립한

---

21 임마누엘 칸트/백종현 옮김, 2003, 『실천이성비판』, 아카넷, 86쪽.
22 Kant, 1954, *Grundlegung zur Metaphysik der Sitten*, Vorlaender, s.70.
23 "Act so as to treat humanity, in your own person as well as everyone else's, always as an end and never as a mere means." 이러한 표제의 성립의 이유는 매우 분명하다. 이 도덕 법칙은 인간 의지의 자율성에 기초해 있기 때문이다. 인간의 자유의지는 도덕의 성립 기반이며 인간의 복종하고 일치되어야 하는 궁극 법칙이기 때문이다. 칸트의 표현을 직접 보자. "목적들의 순서에 있어서 인간은 (그와 함께 모든 이성적 존재자는) 목적 그 자체라는 것, 다시 말해 인간은 동시에 그 자체로서 목적이 됨 없이, 결코 누군가의 (심지어 신의) 한낱 수단으로 사용될 수 없다는 것, 그러므로 우리 인격의 인간성은 우리 자신에게 신성하지 않을 수 없다는 것, 이것은 이제 당연한 결론이다. 왜냐하면 인간은 도덕 법칙의 주체요, 그러니까 그 자체로 신성한 것의 주체며, 이 주체를 위하여 그리고 이 주체와 일치해서만 도대체가 무엇인가가 신성하다고 말해질 수 있기 때문이다. 이 도덕법이 자유의지인 인간 의지의 자율에 기초해 있고, 자유의지는 인간의 보편적 법칙들에 따라 반드시 그가 복종해야만 할 것에 동시에 일치할 수 있어야만 하기 때문이다." 임마누엘 칸트/백종현 옮김, 2003, 274쪽(O131-2)

다. 목적 자체로서 대우하라는 것은 인간은 어떤 경우에도 대상이 아닌 주체적 존재이며 대상화되지 않는 본래적 존재(das eigentliche Selbst)라는 뜻이다. 즉 "오로지 인간만은, 그리고 그와 더불어 모든 이성적 피조물은 목적 그 자체이다. 인간은 곧 그의 자유와 자율의 힘에 의해, 신성한 도덕 법칙의 주체"라는 뜻이다.[24]

칸트의 '다른 사람을 목적으로 대하라.'는 명제에서 정치·사회적인 인권이 도출된다. 이 원리는 인권의 도덕적 근거인 셈이다. 칸트는 이른바 초기 시민론에서의 무제한적 개인권을 보편적·도덕적 인권으로 제어하는 것이다. 뿐만 아니라 개인의 무제한적 자유를 주장하는 방임주의적 자유와 달리, 보편적 도덕에 합치되는 자유라는 개념을 끌어낸다. 따라서 칸트에게서 자유는 도덕적 요청을 충족시켜야 한다. '무엇으로부터의 자유'라는 소극적 자유에서부터 나아가 '도덕적 인격 실현을 위한 독립적이고 자율적인 근대적 자유' 개념은 이처럼 칸트가 입론했다고 하겠다.[25]

마지막으로 보편성과 주체성의 원리가 결합하여 도덕법이 나온다. 도덕법은 보편성을 구현하려는 합리적 도덕 주체들이 상호 존중의 공동체를 구성하면서 자동적으로 요청된다. 칸트는 "모든 이성적 존재의 의지는 항상 입법적이라고 보여져야 한다."[26]고 하여 이성은 본질적으로 보편성을 입법으로 구현하려는 의지가 있다고

---

24 임마누엘 칸트/백종현 옮김, 2003, 195쪽(O156).
25 자유 개념의 역사와 근대적 자유개념에 대해서는 *John Gray*, 1990, *Liberali-sms: Essays in Political Philosophy*, London and New York: Rout-ledge, 49-50쪽.
26 Kant, 1954, s.89.

본다. 칸트는 이렇게 구성된 보편법이 시행되는 공동체를 목적의 왕국이라 불렀다. "목적의 왕국은 공동체적 법칙으로 상이한 이성적 존재자들이 체계적으로 결합하는 것을 뜻한다."[27] 도덕법에 의거한 목적의 왕국은 모든 존재들을 목적으로 대하기 때문에 정치적으로는 공화주의라 할 수 있다.

'목적의 왕국'에서는 개인권의 충돌과 제한을 홉스처럼 절대적인 주권sovereignty으로 해결하거나, 로크처럼 최소 국가에 의하여 해결하거나, 루소처럼 일반 의지(general will)에 의거하여 해결하는 것이 아니라, 상호성과 호혜성의 도덕법으로 해결한다.[28] 모든 사람들의 자유로운 의사들을 조화시킬 수 있다는 공화주의의 이상이 칸트에 의하여 도덕법으로 제시된 것이다. 이처럼 칸트는 상호주의와 공화주의의 맥락에서 개인권과 자유권이 제한되어야 하는 근거를 도덕에서 찾음으로써 성숙한 도덕적 시민 사회의 이상을 정립할 수 있었다.

성숙한 시민은 보편법의 입법자인 동시에 준법자이다. "합리적 존재는 목적의 왕국에 한 구성원으로 소속되나 왕국이 보편법을 입법할 경우 스스로 법을 준수한다. 그는 입법함으로써 통치로서 왕국에 소속되며 다른 여타의 의지에 복종하지는 않는다. … 목적의 왕국에서 의무는 통치자와 구성원 모두에게 똑같은 정도로 부가된다."[29] 목적의 왕국에서 모든 시민은 입법자면서 동시에 준법

---

27 *Ibid.*, s.87.
28 Leo Strauss, 1981, p. 565.
29 Kant, *Fundamental Principles of the Metaphysic of Moral*, Section 2.

자이기 때문에 법을 어긴다는 것은 자기가 자신을 배반하는 행위에 불과하다. 보편적 도덕법의 입법자인 자신이 만든 법을 어기는 어리석음을 도덕적 시민은 범하지 않는다는 것이다.

칸트가 정립한 도덕적 시민은 개인 이익과 개인 자유의 충돌의 장으로서의 시민 사회 또는 욕망 충족의 장으로서의 시민 사회와는[30] 달리, 도덕에 의하여 상호 합의된 시민 사회라 할 수 있다. 또한 칸트의 도덕적 시민은 공동체적 존재나 동양적 천덕을 구현한 군자와는 다르다. 칸트는 개인 권리를 기초로 한 사회가 아닌, 구성원들의 도덕적 의무감을 기초한 도덕적 시민 사회를 구상한 것이다. 이미 보았듯이 도덕법에 대한 의무는 공적 질서의 형성에 입법자로서 참여했기 때문에 발생한다. 준법의 의무는 도덕적 시민 사회를 유지하는 중요한 시민의 덕성이다.

칸트의 시민 사회가 도덕법적 의무에 의하여 지탱되듯이, 동양의 군자 사회는 군자의 의무에 의하여 유지된다. 그러나 유가에서 천명을 따르고 천리를 보존하는(順天命 存天理) 행위는 일견 외면적 보편 준칙을 주장하는 것 같지만, 실제로는 천명과 천리가 내재된 본성(性)이나 인의(仁義)와 같은 내면적 보편 준칙이 강조된다. 공자의 경우 내면적 보편적 준칙에 대한 강조가 보인다. 가령 인을 말하면서 '자신이 원치 않는 바를 남에게 베풀지 말라.'[31]라든가 '어짊이 없으면 예(禮)와 악(樂)이 다 무슨 소용인가.'[32]라고 한 언명에서

---

30 오문환, 1999, 「시민사회의 사상: 시민정부, 부르주아, 공공영역」, 이신행 외, 『시민사회운동: 이론적 배경과 국제적 사례』, 법문사, 19-31쪽.

31 『論語』, 「顏淵」 第十二, "己所不欲, 勿施於人."

볼 수 있듯이 우선되는 것은 외부적 보편법이 아니라 내면적 보편심이다. '극기복례克己復禮'를, 개인성을 극복하고 사회의 보편적 준칙으로 돌아가는 것으로 이해할 수도 있지만, 본뜻은 내면적 인仁의 사회적 확충 또는 확장의 의미가 강하다. 왜냐하면 공자에게 있어 군자의 공부는 '위기지학爲己之學'[33]으로, 기준을 자신에게서 찾기 때문이다. 맹자의 '만물이 모두 내게 갖추어졌다(萬物皆備於我).'[34]는 말은 내면적 보편성 노선을 극명하게 보여 주는 표현이다. "자기의 본심을 다하는 자는 본성을 자각할 수 있고, 본성을 자각할 수 있으면 천도를 자각할 수 있다."[35]는 언명에서도 맹자가 내면적 보편성을 마음에서 찾아 본성과 천도로 확장하고 있음을 볼 수 있다. 왕양명에 이르러 이러한 전통은 양지론良知論으로 확립된다.

칸트가 보편법이라고 하는 객관적 보편성의 기준이 적용되는 정치 사회를 꿈꾼 반면, 공맹은 인정仁政 또는 덕치德治라는 내재적 보편성이 기준이 되는 정치 사회를 꿈꾸었다. 즉, 칸트가 도덕법이라고 하는 외면적 보편성을 기초로 한 정치 사회를 꿈꾸었다면, 공맹 유가는 내면적 보편성을 기초로 한 정치 사회를 꿈꾸었다.

동학은 동양 심학 전통의 맥락에 서 있다. 동학의 덕론은 자신 안에 본래 갖추어진 천덕을 깨달아 남들에게 베푸는 것이 그 요체이다. 동학은 혼란의 원인을 천명을 돌아보지 아니하고(不顧天命) 사

---

32 『論語』, 「八佾」 第三, "人而不仁, 如禮何? 人而不仁, 如樂何?"
33 『論語』, 憲問, "子曰 古之學者爲己 今之學者爲人."
34 『孟子』, 盡心上, "孟子曰 萬物皆備於我矣."
35 『孟子』, 盡心 上, "盡其心者, 知其性也. 知其性, 則知天矣."

사로운 마음을 따르는 데서(各自爲心) 찾고 있다.³⁶ 이러한 언명은 기준을 천명·천주·천리와 같은 외면적 보편성이라고 주장하는 것 같지만 실상은 내면적 보편성이 근본이라 할 수 있다. 하늘을 자기 마음에서 찾기 때문이다. 동학의 내면적 보편성은 '도란 내가 나된 것 이외에 다름이 아니다.'³⁷라는 언명에서 극명하게 나타난다. 이는 수운이 1860년 4월 5일 하늘 체험에서 하늘로부터 들은 "내 마음이 네 마음이다(吾心卽汝心)."라는 말에서도 여실하게 드러난다. 외적 보편성의 상징인 하늘이 곧 내면적 보편성의 마음과 똑같다는 말이다. 천명과 천리와 같은 외면적 보편성은 본심 또는 천심과 같은 내면적 보편성일 따름이라는 말이다. 칸트가 강조한 보편성의 원리는 결코 내 마음을 떠나서 밖으로부터 강제되는 것이 아니라, 내면의 본심本心 또는 하늘 마음(天心)에서 나온다. 덕행의 보편성의 원리는 마음에서 나온다.

　수운은 "마음을 닦아야 덕을 알고, 덕을 오직 밝히는 것이 도이다."³⁸라고 하였다. 여기에서 외적 보편성인 천도 또는 천덕은 오직 하늘 마음에 기초하고 있음을 알 수 있다. 수운이 "심학이라 하였으니 불망기의 하였어라."³⁹라고 말한 이유도 여기에 있다고 하겠다. 객관적 보편성이라 할 수 있는 천도는 오직 내 마음이 곧 하늘 마음인 줄 알 때 열리는 경지이다. 먼저 마음을 닦아야, 우주 만물

---

36 수운, 「포덕문」.
37 수운, 「후팔절」, "我爲我而非他."
38 해월, 「탄도유심급」, "心修來而知德 德惟明而是道."
39 수운, 「교훈가」.

은 하늘의 베품에 의하여 탄생했고, 유지하다가, 환원한다는 사실을 알게 된다는 것이다. 내 마음이 어둡게 되면 자신을 낳아 준 부모를 모르고 효를 행하지 않듯이, 내 마음이 어둡게 되면 하늘이 자신을 포함한 모든 것을 낳아 준 천지부모라는 사실을 알지 못하여 효도를 하지 못한다는 것이다. 맹자가 '마음을 다한다(盡心)'고 한 말이나 수운이 '마음을 닦는다(修心)'고 표현한 것이나 결국 마음의 열림(開闢)을 강조한 것이다.

도의 보편성, 초월성, 선험성에 이르기 위해서는 하늘의 덕을 밝게 알아야 한다. 하늘의 덕을 밝게 알기 위해서는 먼저 마음이 열려야 한다. 마음이 열려 하늘의 덕을 알 때 비로소 도를 깨달을 수 있는 것이다. 하늘의 덕을 안다는 것은 내가 태어나서 삶을 살아가는 모든 것들이 궁극적으로 보자면 하늘의 은덕 아닌 것이 없다는 사실을 아는 것이다. 나를 낳아 준 부모님, 나를 먹여 살려 주시는 자연 만물, 나를 가르쳐 주시는 선생님, 나를 안전하게 해 주고 가정을 보호해 주는 국가 등등의 은덕을 입고서 살아가고 있다는 사실을 밝게 알아서, 그 은혜를 갚는 것이 곧 도라는 것이다.

천덕을 안다거나 밝힌다는 것은 하늘이라는 보편성의 이치를 마음으로 아는 것에 그치는 것이 아니라, 보편적인 하늘 기운이 생명 전체를 탄생·유지·환원시키고 있음을 몸으로 체득하는 것이라 할 수 있다. 마음을 닦는다는 것은 생각만으로 아는 것에 그치는 것이 아니라 몸으로 뚜렷하게 느끼고 실천하는 것까지 의미한다. 이렇게 될 때 비로소 사람은 도덕행을 하게 된다. 도덕 실천은 천도나 천덕에 있는 것이 아니라 천도를 깨닫고 천덕에 합일한 하늘 마음에서 나온다.

천덕을 안다는 것이 하늘의 덕이 한시도 쉬지 않고 일한다는 것을 안다는 것을 뜻한다. 여기에서 천덕은 정성으로 이해된다. 해월은 정성을 우주 만유의 근본이라고 말한다. 해월 말의 요지를 요약하면 "한시도 멈춤이 없는 우주의 운행과 임금부터 백성까지 모든 사회 구성원들의 쉬지 않는 역할 수행으로 만물이 탄생하고, 물자가 풍족하고, 학문이 발달하고, 정치가 고르고, 문명이 이루어지는 덕이 있기 때문에 지금·현재 내가 이렇게 살아가고 있다는 사실을 아는 것이 덕을 아는 것이다."[40] 하늘과 자연 그리고 사람들에게 입은 덕을 알면서 인간은 도덕 실천을 할 수 있게 된다. 천지 조화의 덕으로 살아가고 있음을 깨닫기 이전에는 사람은 도덕 실천을 할 수 없다. 보편적 천덕이 하나의 동작, 들고나는 호흡, 선악 간 마음 씀씀이와 같은 일체 현상에서 작용하고 있다는 사실의 자각에서 덕행은 시작된다고 본다. 천덕의 자각을 해월은 천지부모의 덕을 깨닫는 것에 비유한다.

해월에 의하면 인간은 자신의 존재 실상을 마음으로 알게 되면서 도덕 실천을 한다. 천지부모가 낳아 주고 천지 만물이 길러 주

---

[40] 해월, 「성경신」, "사시의 차례가 있음에 만물이 생성하고, 밤과 낮이 바뀜에 일월이 분명하고, 예와 지금이 길고 멀음에 이치와 기운이 변하지 아니하니, 이는 천지의 지극한 정성이 쉬지 않는 도인 것이니라. 나라 임금이 법을 지음에 모든 백성이 화락하고, 벼슬하는 사람이 법으로 다스림에 정부가 바르며 엄숙하고, 뭇 백성이 집을 다스림에 가도가 화순하고, 선비가 학업을 부지런히 함에 국운이 흥성하고, 농부가 힘써 일함에 의식이 풍족하고, 장사하는 사람이 부지런히 노고함에 재물이 다하지 않고, 공업하는 사람이 부지런히 일함에 기계가 고루 갖추어지니, 이는 인민이 지극한 정성을 잃지 않는 도이니라."

는 것이 나의 존재 실상임을 알아, 천지부모에게 효도하고 식고를 하는 도덕 실천을 한다는 것이다. 이러한 도덕 실천은 외적 강제가 아닌 마음의 자각에서부터 시작된다. 마음이 존재 실상을 알게 될 때 도덕 실천은 자동으로 된다고 할 수 있다. 해월은 존재의 실상을 이천식천以天食天으로 표현한다. 나는 다른 사람은 한 동포(人吾同胞)일 뿐만 아니라 자연 사물과도 한 동포(物吾同胞)이기 때문에[41] 모든 사람들을 하늘과 똑같이 섬기는(事人如天) 도덕 실천을 한다고 하였다. 이처럼 동학의 도덕 실천은 형이상학적 요청에서 비롯하는 것이 아니라, 우주 실상이 그러하기 때문에 다른 존재들을 하늘로 섬기는 것이다. 해월은 며느리도 하늘이라 하였고, 어린아이도 하늘을 모셨으니 때리지 말라고 하였고, 머슴도 하늘이라 하였고, 사람이 오면 사람이 왔다고 하지 말고 한울님이 오셨다고 하라고 했으며, 일체의 인위적 차별도 없애라고 하였다.[42] 왜냐하면 모든 사람들이 외면적·인위적 차이점에도 불구하고 본성상 같은 한울님이기 때문이다.

　의암은 도덕 실천의 마음을 '위하고 위하는 마음(爲爲心)'이라 하였다. 남을 위하고 위하는 마음이 곧 하늘 마음이며, 이 마음에서부터 우주가 탄생하였다고 의암은 강조한다. 위하는 마음이 있으므로 천지도 있고, 세계도 있고, 길(道)도 생겼다.[43] 위하는 마음이

---

41 해월, 「삼경」.
42 해월, 「내수도문」, 해월은 「내수도문」에서 부인들이 일상생활에서 일체 존재들과 일들을 오직 하늘로 공경하는 도덕적 삶을 기술하고 있다.
43 의암, 「무체법경」, 성범설.

있었기에 하늘도 생기고, 땅도 생기고, 인간이 태어났다. 이 위하는 마음이 공공적적하여 아무런 움직임이 없는 성품에 이르러 활발한 움직임을 불어 넣었고, 이 위하는 마음이 진진몽몽塵塵蒙蒙하여 티끌이 자욱한 우주 만물에 뚫고 들어가 따스한 정情을 불어 넣었다.[44] 위하는 마음의 정이 고요한 하늘과 티끌이 자욱한 땅을 하나로 연결시킨 것이다.[45] 하늘과 땅에 정을 불어 넣는 마음을 의암은 원원충충圓圓充充한 마음이라 하였다.[46] 일체의 모든 것을 감싸안을 뿐만 아니라 일체의 모든 것의 가장 내밀한 곳까지 들어가 있다는 뜻이다. 이처럼 하늘 마음은 우주를 감싸안을 만큼 넓을 뿐만 아니라, 먼지 티끌까지 뚫지 못하는 곳이 없다.

이처럼 위하고 위하는 마음이 '본래의 나'의 마음이고, 성인의 마음이며, 도덕 실천의 마음이다. 도덕 실천의 근거가 다른 곳에 있는 것이 아니라 내 본래의 위하는 마음에 있는 것이다. 이 마음에는 동서가 따로 없으며 고금이 따로 없다. 그러므로 이 마음을 알면 천만 년 이전 사람이나 천만 년 이후 사람이 본래 하나인 줄 알게 된다.[47] 이 본래의 위하는 마음에서는 "나와 하늘이 둘이 아니요, 성품과 마음이 둘이 아니요, 성인과 범인이 아니요, 삶과 죽음

---

44 의암, 「무체법경」, 성범설.
45 의암, 「무체법경」, 성심신 삼단, "마음은 바로 성품으로써 몸으로 나타날 때 생기어 형상이 없이 성품과 몸 둘 사이에 있어 만리만사를 소개하는 요긴한 중추가 되느니라. 心是生於 以性見身之時 無形立於 性身兩間而 爲紹介萬理萬事之要樞."
46 의암, 「무체법경」, 성심신 삼단.
47 의암, 「이신환성설2」.

이 둘이 아니니라."고 했다.⁴⁸ 내가 나온 마음도 이곳이며, 하늘이 나온 곳도 이 마음이며, 고요한 성품과 활발한 마음이 나온 곳도 이곳이며, 성인도 범인도 모두 이 마음을 타고 났으나, 성인은 이 마음을 지키어 쓰며 범인은 이 마음을 잃어버려 사사로운 마음을 쓴다. 나도 이 마음에서 나왔으며, 하늘도 이 마음에서 나왔으며, 우주 만물도 이 마음에서 나왔다. 삶이라 부르는 깨어난 의식도 이 마음에서 나온 것이며, 죽음이라 부르는 일종의 무의식도 이 마음에서 나온 것이다.

　이 마음이야말로 참 존재이다. 우주 만물도, 수많은 마음들도 모두 이 마음에서 태어났다. 모든 마음들은 모두 이 마음에서 나왔기 때문에 이 마음을 회복한 사람은 온 인류의 마음을 하나로 통일시킬 수 있다. 뿐만 아니라 티끌 세상과도 하나로 통하니 이 마음은 스스로 그러하여 자연성과 어긋나지 않는다. 의암은 이 마음은 곧 '본래의 나'를 찾으니 나에게 이로운 마음이며, 다른 사람들도 이 마음을 알게 하니 이타심利他心이며, 너와 내가 다 이 마음에서 나온 마음이니 공화심共和心이며, 나와 너 그리고 나와 그것들 사이에 일체 차이가 없이 얽매이지 않으니 자유심自由心이며, 일체 존재들의 경계선을 허물어 일체가 나이니 이것이 곧 극락심極樂心이라 하였다.⁴⁹ 쉽게 말하자면 내 마음도 타인의 마음도 모두 하나의 위위심에서 나왔으며, 이 마음이야말로 오로지 즐거우며 아래로는 먼지 티끌부터 위로는 하늘까지 매이지 않고 오직 자유로울 뿐이다.

48　의암, 「무체법경」, 진심불염.
49　의암, 「무체법경」, 성범설.

동학에서 도덕 실천은 이와 같은 존재의 실상을 마음으로 자각하는 데서부터 시작한다. 수운은 마음으로 천덕을 알게 되면서 도덕 실천이 시작된다고 하여 우주론적 맥락에서 도덕 발생을 설명하였고, 해월은 마음으로 천지부모가 나를 낳고 천지 조화가 나를 기름을 알아 도덕 실천이 나온다고 하여 삶의 도덕 실천의 일상성을 강조하였고, 의암은 위하고 위하는 마음에서 천지가 시작되었고, 만물이 탄생하였고, 삶이 시작되었다고 하여 인간 존재론적인 실상에서 도덕 실천의 근거를 찾아냈다.

지금까지 살펴본 동학의 도덕 실천론과 칸트의 도덕 실천론의 특징을 다음의 몇 가지로 정리할 수 있겠다.

첫째, 동학에서 천덕을 깨닫는 마음, 타자를 하늘로 섬기는 마음, 위하고 위하는 마음은 '본래의 나'의 마음일 따름이다. 설명 방식은 다르지만 동학의 도덕 실천은 형이상학적 요청이나 철학적 사유에서 나오는 것이 아니라 삶의 실상을 마음으로 깨닫는 데서 나왔다. 칸트의 '인간을 목적으로 대하라'는 도덕적 행위의 명제가 형이상학적 요청이라면, 동학의 '사람을 하늘과 똑같이 섬기라(事人如天).'는 명제는 본체론적·우주론적·존재론적·인간론적 존재 실상을 자각한 데서 나온 도덕 실천이다. '목적으로 대하라'는 명제가 실천이성의 요청인 반면, 사인여천은 마음의 자각에서 나오는 생활 자체이다. 길을 아는 것과 길을 가는 것의 차이라 할 수 있다. 칸트는 도덕적 길을 알아 말하지만 해월은 도덕의 길을 걷고 있는 것이다. 동학에서 도덕 실천을 하는 것은 밖의 명령이나 강제를 기다려서 하는 것이 아니라 실상을 아는 사람이 자율적으로 행하는 것이다. 즉, 지행합일이다.

둘째, 칸트가 도덕 실천을 도덕법이라고 하는 객관적 보편법으로 입법화하려고 하였다면 동학은 도덕 실천을 하늘 마음이라고 하는 내면적 보편법으로 입법화하려고 하였다. 동학에서 도덕 실천은 내 본래의 마음에서부터 자동으로 비롯하는 행위일 따름이다. 따라서 도덕 실천은 존재자의 가장 자연스러운 행위이다. 동학에서는 무위이화無爲而化라는 개념으로 도덕 실천의 자연성을 표현한다. 칸트가 객관적 도덕법으로 모든 사람들의 행위를 강제할 수 있는 보편 기준을 마련했다면, 동학은 주관적 도덕법으로 모든 사람들이 자발적으로 도덕 실천을 할 수 있는 내면적 양심법의 기준을 마련했다. 칸트의 도덕법은 인간의 외적 행위를 규제할 수 있으나 내면적 양심은 규제하지 못한다. 반면 동학의 내면적 양심법은 인간의 도덕 실천을 안내하는 기준은 제공했으나 외면적 행위를 강제하지 못한다. 외적 규제를 통하여 내면적 보편성을 확보할 수는 없지만 도덕적 내적 자제를 통해서는 외적 보편성을 확립할 수 있다는 것이 동학의 후천개벽론이라 할 수 있다.

셋째, 칸트의 도덕적 보편법 제정은 법치국가론으로 발전하고, 이어 영구 평화론으로 정립된다. 그리하여 칸트는 서구 이상주의의 형이상학적 체계를 완비하였다. 그러나 동학은 존재 실상을 깨닫는 심성 수련을 통한 신인간의 탄생을 중시하였다. 신인간은 외면적 법치가 아닌 내면적 도덕심이 지배하는 후천개벽의 사회를 만들어간다. 마침내 자율적 도덕심에 의거하여, 오로지 창생을 위하고 위하는 정치 권력이 들어서면 지상천국이 도래한다. 칸트의 영구 평화론이 도덕법이 지배하는 사회라면, 동학의 지상천국은 내면적 도덕심이 지배하는 사회라 할 수 있다. 동학은 외면적 보편법의 입법에 의한 객관화의 길이 아니라 수심정기守心正氣라고 하는 내면적 본심 회복과 사회적·정치적 확충의 구체적 실천의 길이다.

넷째, 동학의 도덕 실천이 칸트의 도덕의 형이상학과 뚜렷하게 구분되는 점은 동식물과 자연에 대한 덕행의 문제이다. 칸트는 동식물과 자연에까지 자신의 도덕률을 적용시키지는 않는다. 칸트의 도덕률은 합리적 시민들 사이의 도덕일 뿐이다. 반면 동학의 도덕은 동식물과 자연에까지 적용된다. 가령 새소리도 하늘을 모시고 있다거나 땅을 어머니 살처럼 보호하라는[50] 말과 해월의 행위는 동학의 도덕이 우주적 보편성을 가지는 보편적 이치이자 도덕 실천이라는 사실을 알 수 있다. 그러므로 하늘의 덕이라 할 수 있다.

마지막으로 동학의 도덕 실천은 개체성 간의 상호성이 아니라 모든 개체성을 하나로 관통하는 덕성이다. 사람뿐만 아니라 하늘과 땅까지도 관통하는 덕성인 것이다. 이를 일러 천덕이라 한다. 이러한 천덕을 알면 억지로 설득하거나 시키지 않아도 사람들은 도덕행을 자율적으로 행하게 된다. 이러한 사회를 동학은 후천개벽 또는 지상천국이라 표현하였다.

4. 영구 평화와 개벽

칸트는 도덕법이 준수되는 '목적의 왕국'에서는 '영구 평화'가 가능할 것으로 보았다. 도덕적 시민들이 상호주의에 의거하여 전

---

50 해월, 「성경신」.

세계 수준에서 보편법을 입안하고 준수할 때 세계 시민 사회를 건설할 수 있다고 보았다. 그러므로 칸트는 그로티우스 같은 국제법론자나 현실주의자의 세력 균형론은 합리적인 세계적 보편법을 간과한다고 비판한다. 그러나 칸트가 지향하는 세계 질서는 보편 국가는 아니다. 합리적 시민들 간의 상호주의에 의거한 도덕적 시민 사회를 신뢰한 것처럼, 칸트는 단일한 보편 국가보다는 공화국들 간의 합리적 도덕적·법적 질서를 신뢰했다. 칸트의 이상은 세계적 차원의 공화주의인 것이다. 이 공화국은 도덕을 기초로 한 보편법의 입법에 의하여 유지된다. 칸트는 「도덕의 형이상학Metaphysics of Morals」의 「법론Doctrine of Law」에서 세계적 보편법의 가능성이 비록 매우 낮지만 보편법이 없는 상황에서는 국가의 안전과 소유의 안전이 잠정적일 수밖에 없으므로 모든 국가는 보편법으로 나아간다고 보았다. 안전과 소유를 법적으로 보호할 필요성과 함께, 도덕은 속성상 보편적 시민법과 영구 평화를 요청할 수밖에 없기 때문에 점진적으로 역사는 영구 평화를 향하여 나갈 것으로 전망한다. 영구 평화는 선한 자유의지의 현실적 결과이다.

　수운은 문명을 처음 연 사람으로 천황씨를 들었다. 천황씨가 선천 도덕 문명을 열었다면 수운은 후천 도덕 문명을 열었다고 한다. 「불연기연」에서 수운은 천황씨는 최초의 사람이며, 최초의 스승이고, 최초의 왕이라고 하였다. 그리 될 수 있었던 것은 '내가 곧 하늘이다.'라는 진리를 깨달았기 때문이다. 이제 천황씨의 운을 동학이 받았으므로 동학은 참사람으로 태어나는 길이며, 참스승으로 배우려는 사람들에게 덕을 베푸는 가르침이며, 나아가 공동체의 모든 구성원들에게 도덕 정치를 베푸는 운을 타고 났다고 한다. 동학의 도덕은 '내가 곧 하늘이다.'라는 진리를 깨달아 참사람이 되는 길을 가르치는 것이며, 이 천도를 나로부터 시작하여 밖으로 확충하여 이 천덕을 베풀면 도덕 정치가 되는 것이다. 천도와 천덕이 실현된 사회를 동학에서는 '다시개벽'·'후천개벽'이라고 하며 또는 '지상천국'이라고 한다. 칸트의 '영구 평화'가 도덕법이라고 하는 객관적 법치에 의하여 도래한다면, 동학의 지상천국은 내면적 보편성인 천도를 깨달아 밖으로 실천할 때 도래한다.

동학은 도덕의 실현을 새로운 하늘과 새로운 땅이 열리는 것에 비유하였다. 후천개벽은 안으로 자신 안에 모셔진 천주조화를 깨달아 밖으로 실천하고 확장하는 것이다. 그러므로 후천개벽은 먼저 자기의 마음이 하늘에 열려 하늘처럼 무한하고, 고요하고, 물들지 않아야 하며, 또한 하늘의 덕처럼 우주의 뭇 생명에게 무궁한 덕을 베푸는 인격체가 탄생하는 것이다. 이를 흔히 인심개벽이라 한다. 마음이 도덕에 완전히 열리는 것을 뜻한다.

'도성덕립'된 인격은 자기 혼자만 그 즐거움을 누리는 것이 아니라 모든 존재들에게 그 무궁한 덕을 베풀어 함께 즐거워한다. 그리하여 천도를 가르치는 덕을 베풂으로써 교육이 시작되고 문화가 탄생하는 것이다. 이런 교육이 시행됨으로써 사람과 사물을 오로지 하늘과 똑같이 섬기고 공경하는 문명이 탄생하는 것이다. 동학은 칸트의 도덕법과 같은 객관적 규율 장치가 아닌, 우주적 형제애와 공경과 같은 내면적 도덕의 개발을 중시하였다. 이렇게 내면적 보편 규범이 통용되는 사회가 '후천개벽' 사회이다.

그 덕의 베풂이 국가에 미치면 지상천국이라고 하는 도덕 국가가 건설된다. 도덕이 지상에서 구현되었기 때문에 지상천국이라 하였다. 도덕에는 민족이나 국경선이 없다. 그러므로 권력 중심에 도덕이 서는 날 인류는 참 평화 세계의 틀을 보게 된다. 후천개벽은 한 사회나 국가에 한정되는 것이 아니라 문명적 개벽이다.

해월은 한 사람이 도와 덕에 완전히 열리면서 시작되는 '후천개벽'은 아무도 막을 수 없다고 확신하였다. "한 사람이 착해짐에 천하가 착해지고, 한 사람이 화해짐에 한 집안이 화해지고, 한 집안이 화해짐에 한 나라가 화해지고, 한 나라가 화해짐에 천하가 같이 화하리니, 비 내리듯 하는 것을 누가 능히 막으리오."[51]

후천개벽은 한 사람의 마음의 변화와 긴밀한 관계가 있기 때문에 전체의 관계망에서 고립된 개체는 없다. 따라서 한 사람의 개벽은 우주 차원의 개벽과 긴밀한 관계가 있다.

---

51 해월, 「대인접물」.

제3부 공동체의 다시개벽: 통일 철학

제7장 동학·천도교의 통일 철학

제8장 동학에서 찾아 본 통일 철학

제7장 동학·천도교의 통일 철학:
개체성과 계급성 비판*

1. 통일 철학으로서의 동학

한반도에서 냉전은 아직 끝나지 않고 있다. 근대성을 떠받치고 있는 자본주의와 공산주의 이데올로기는 한반도에서는 여전히 현실로 작동하고 있다. 반도의 남쪽에서는 근대성의 패러다임이 만들어낸 진보와 보수의 입장이 사사건건 대립하고 있으며, 북쪽에서는 생존을 건 핵무기 개발로 한국과 주변 강국들이 첨예하게 부딪치고 있다. 북한은 현재의 권력 구조를 유지하는 연방제적 통일론을 제시하고, 남한은 권력 구조와 무관한 경제 교류나 문화 교류부터 시작하자는 기능주의적 통일론을 주장한다. 이러한 차이에도 불구하고 남북 간의 합의에 의한 평화 통일론은 가장 바람직한 통일 방안으로 제시된다. 이는 남북 간에 1973년에 이미 합의된 내용이기도 하다. 그렇지만 구호적 합의이지 통일의 구체적이고 실체적인 절차·과정은 아직 오리무중이다.

평화 통일이 되기 위해서는 남북 간에는 차이보다는 공감대가

---

*『민족통일학보』 2호, 2004, 민족통일학회, 315-336쪽.

커져야 한다. 공감대를 늘리기 위해서는 남북이 공감할 수 있는 공통의 정치 철학이 있어야 할 것이다. 자본주의와 공산주의의 대립을 통일하려는 정치 철학적 노력은 이미 세계의 여러 학자들에 의하여 제기되었고 국가 정책으로서 수행되고 있다고 할 수 있다. 영국의 '제3의 길'과 중국의 '시장사회주의'를 대표적인 것으로 들수 있다. 이러한 논의는 남북의 정치 이념적 차이를 극복하는 데 타산지석이 될 수 있다.

'제3의 길'은 사회주의와 자본주의의 유구한 역사를 가진 영국의 경험에서 이끌어낸 노선이다. 앤서니 기든스는 생산력 증대와 평등 사회 구현을 '제3의 길'이라는 개념으로 제시하였다.[1] 이는 현재 한국 사회에서 진행되고 있는 보수와 진보의 대결을 슬기롭게 통합하는 지혜로서 활용될 수도 있을 것이다. 그렇지만 제3의 길은 한반도 통일 철학으로 논하기에는 한국의 상황이 영국과 너무 다르다. 그렇다고 제3의 길의 한국적 변용까지 부정하는 것은 아니다.

'시장사회주의'는 등소평이라는 정치 지도자가 만들어낸 개념이자 정책이다. 이론적으로는 자본주의의 생산력과 공산주의의 일당 통치를 통합하는 길이라고는 하지만 중화민족주의를 바탕으로 하지 않고서는 이해하기 어렵다. '시장사회주의'는 중국의 발전을 위해서는 자본주의와 공산주의를 개의치 않고 활용하겠다는, 어찌보면 통속적인 절충론으로 보인다. 그러나 이면에는 극단을 배제하고 가운데를 쓴다는 중용적 민족주의(中華主義)가 바탕에 깔려 있

---

1 앤서니 기든스 지음, 2000, 한상진·박찬욱 옮김, 『제3의 길』, 생각의 나무.

다.[2] 생산력 증대를 위하여 자본주의의 자본과 기술 그리고 경영을 배우겠다는 중국의 '시장사회주의'는 북한이 깊이 연구할 과제라 할 수 있다. 그렇지만 '제3의 길'처럼 '시장사회주의'도 한반도 통일 철학으로는 그다지 설득력이 높지 않다.

'제3의 길'이나 '시장사회주의'는 영국과 중국의 역사와 현실이 요청하는 개혁 방안으로 제시되었기 때문에 남북 양 체제의 통일론과는 다를 수밖에 없다. 그러므로 이 글은 19세기적 전통 동양과 서구 근대의 충돌을 극복하기 위한 대안이었던 동학에서 남북 통일론을 찾아보고자 한다.

동학은 이미 좌우 통일론의 역사를 가지고 있었다. 1920년대부터 천도교는 좌파와 우파의 충돌이라는 현실 구조 속에서 두 편으로 분열되는 양상도 보였지만 양자를 통합하려는 경향도 보이게 된다. 그리하여 좌우 통합론은 동학·천도교는 유물·유심론을 하나로 통일시키는 철학이며, 개인주의와 계급주의를 통합하는 사상이며, 공산주의의 중심 가치인 평등과 자본주의의 중심 가치인 자유를 통합시키는 이념이며, 미국과 소련으로 상징되는 분단 세력에 대항한 민족 자주의 세력이라고 주장하게 된다. 강한 주장에도 불구하고 좌우 통합론은 남북 간의 분열을 통합시키지는 못하였다.

이돈화는 유심론과 유물론을 철학적으로 통합시키고자 하였다. "유심唯心 유물唯物의 현상現象을 더듬어 올라가 그 극極, 즉卽 만물萬物의 본원本源에 도달하고 보면 여기에는 물질物質이라고 볼 수도 없

---

[2] 오문환, 2000,「등소평의 개혁적 안정주의와 중용사상」,『대한정치학회보』 제8집2호, 21-44쪽.

고 정신精神이라고 칭칭稱할 수도 없는 일원적一元的 극極이 있다는 것이다. 극은 무엇으로 된 것이냐 하면 수운水雲은 이것을 지기至氣라 명명命名하였다."³ 이른바 '지기일원론'에 의거하여 유심론과 유물론을 통합시키고자 한 것이다. 이러한 사상은 천도교 청우당에⁴ 의하여 채택되어 정치 운동으로 현실화되었으나 좌우 이데올로기적 분열과 남북 분단의 대세를 막기에는 역부족이었다.

동학·천도교는 민족 자주의 입장에서 일원론적 철학을 견지하고 있었으며 정당 설립을 통하여 좌우 통합의 사상을 실현시키고자 하였음을 알 수 있다. 그렇지만 어떻게 동학이 좌우 대립의 사상을 통일시킬 수 있는지에 대한 철학적·사상적 연구들은 상대적으로 빈곤한 편이다.

본 연구는 선언적 차원에서 머물고 있는 동학의 통일 철학을 조금 세밀하게 해체주의적 방식으로 논증해 보고자 한다. 자유 민주주의와 인민 민주주의의 인간관을 비판적으로 분석·해체한 뒤 동학·천도교의 인간관을 통일 철학의 대안으로 제시해 보는 데 그 목적이 있다. 즉, 자유 민주주의의 토대라고 할 수 있는 개체성을 비판적으로 분석하여 동학·천도교의 영성적 주체의 회복을 제시하고, 인민 민주주의의 이론적 가정이라고 할 수 있는 계급성을 비판적으로 분석하여 동학·천도교의 우주적 공동체성의 회복을 제시하고자 한다. 영성적 주체성과 우주적 공동체성은 동학·천도교

---

3 李敦化, 1982, 『新人哲學』, 천도교중앙총부, 30쪽.
4 천도교청우당에 대해서는 임형진, 2004, 『동학의 정치사상: 천도교 청우당을 중심으로』, 모시는사람들. 참조.

가 보는 인간 존재의 근본 실상이다. 다시 말하자면 통일은 인간 근본 실상의 회복을 통해서만 이루어질 수 있다는 점을 논하는 것이 이 글의 목적인 것이다. 따라서 이 글은 좌우의 이데올로기를 통합하는 것이 아니라 좌우 이데올로기를 해체하여 그 근본 실상을 회복함으로써 남북 통일의 길을 찾고자 하는 것이다.

2. 개체성 비판과 영적 주체

근대성의 가장 핵심적인 논제는 주체의 문제이다. 철학적으로 근대의 주체는 데카르트의 '생각하는 자아cogito'에서부터 탄생했다. 데카르트는 자신의 존재 근거를 외부의 신이나 자연에 의존하지 않고 자신의 사유에서 찾았다는 점에서 인간 주체성의 철학적 기초를 마련했다. 즉, 데카르트는 의심하고 있는 자신 이외에 다른 모든 것은 의심스럽기 때문에 결국 의심할 수 없는 것은 의심하고 있는 자신뿐이라는 것이다. 이렇게 근대적 인간은 의심하는 주체로 등장하였으나 결국 세계 구성의 주체로 발전한다. 그렇기 때문에 근대를 흔히 인간 중심의 시대 또는 주체의 시대라 일컫는다. 주체로서의 인간은 자신의 존재 근거이면서 동시에 사회와 정치권력의 주체가 된다.

주체를 기초로 정치 철학을 정립한 정치 철학자는 홉스이다. 그러므로 정치 철학적 근대는 일반적으로 홉스에게서 찾는다. "홉스는 현대 정치 철학의 아버지이다. 홉스는 그 누구보다도 분명하게 자연법이나 신법의 개념을 빌리지 않고 개인의 권리 관념을 정치 철학의 기초로서 정립했다. 홉스는 법과 권리의 차이를 명확하게 인식했을 뿐만 아니라 법이 권리에 복속된다는 점을 확실하게 밝혔다. 이는 가히 혁명적인 것이다."[5] 홉스가 찾아낸 정치적 주체는 먼저 제반 권리의 주체이며, 이를 보호하기 위하여 법이 만들어지고 권력이 등장했다는 점을 철학적으로 논증한 것이다. 권력의 근거를 중세적 신이나 세습권에서 찾지 않고 개인들의 권리에서 찾았다는 점에서 근대적이라는 것이다. 그러나 그는 자연 상태에서 개인 주체는 절대권을 갖지만 '만인에 대한 만인의 투쟁' 상태에서 언제 목숨을 잃어버릴지 모른다는 공포심에서 절대권을 레바이아탄Leviathan이라는 국가에 헌납했다고 주장한다. 그리하여 논의의 초점이 인권보다 국가 주권으로 옮겨간다.

개인 주체의 절대권은 오히려 로크에 의해 확고하게 정립되어, 법과 국가는 개인의 생명, 자유, 재산을 보호하기 위한 것이라는 자유 방임주의로 발전한다. 로크는 홉스와는 반대로 자연 상태를 홉스처럼 암울하게 그리지 않고 인간을 좀더 이성적인 존재로 그려 낸다. 그러므로 이성적으로 상호간 계약이나 합의를 통하여 공통의 규칙이나 법을 제정한다고 보았다. 사회와 정치가 공리적인 계산에 의하여 탄생한다는 초기 계약론자들의 논의에 대하여 당대를 함께 살았던 루소는 개인적 이익 동기보다 동감sympathy과 일반의지(general will)라고 하는 이성 이전의 감성을 기초로 한 자연주의

---

5 Leo Strauss/Translated by Elsa M. Sinclair, 1963, *The Political Philosophy of Hobbes*, Chicago and London: The University of Chicago Press, p. 156.

적이고 낭만적인 사회를 그리고 있다. 밀J.S. Mill은 개인권을 넘어서는 공공선의 존재와 가치를 인정하여 정치 질서를 개인 이상으로 보았으며, 개인은 정치 참여를 통하여 시민으로 성숙하는 것으로 그려 낸다. 칸트는 시민 사회를 더 이상 개인들의 이익 충돌의 장으로 보지 않고, 합리적 개인은 언제나 보편법의 준칙에 맞게 행동하므로 개체성과 보편성을 조화한 목적의 왕국을 이룰 수 있다고 보았다. 즉, 합리적 개인은 언제든지 보편적 선의 의지에 입각하여 도덕적 시민 사회를 구성하기 때문에, 목적의 왕국에서는 개인성의 충돌은 없다는 것이다. 이렇듯이 근대 자유주의 정치 철학은 개인을 토대로 하여 근대적 정치 사회의 법과 구조를 형성하는 데 중심적 역할을 하였다. 자유주의 정치 철학은 근대성을 형성하는 중요한 한 축이기 때문에, 논자에 따라서 매우 다양한 입장과 논지가 제기된다. 그러므로 여기에서는 논의의 편의상 자유주의 정치 철학의 기본 바탕 또는 기본 전제가 되는 개체성의 문제를 동학의 입장에서 비판적으로 분석하는 데 논의를 한정한다.

  동학은 인간을 우주의 주체로 본다는 점에서는 모더니티의 주체를 닮았다. 그러나 모더니티의 생각하는 주체, 소유하는 주체, 권리를 소유한 주체와는 일정한 거리가 있다. 서구 근대성의 주체가 생각하는 주체의 정립을 기초로 외연적으로 발전한 데 반하여, 동학의 주체는 내면적으로 발전해 가는 뚜렷한 차이점이 있다. 즉, 모더니티의 주체가 현실 사회 속에서의 정치권·경제권·문화권을 소유한 구체적·외향적 방향으로 발전해 나간 반면, 동학의 주체는 보편 주체성의 내면적 실현 방향으로 발전해 나간 것이다. 즉, 동학의 주체는 경제적·정치적·역사적 차원으로까지 외연이 확장되지는 않았다. 그럼에도 불구하고 동학이 주장하는 주체는 한국 근대사에서 동학혁명, 근대화 운동, 3·1독립 운동 등으로 뚜렷한 자취를 남겼다. 그러나 역사 속의 동학을 논하기 이전에 동학의 인간관 분석을 통한 주체성의 문제를 먼저 살펴볼 필요가 있다.

동학에서 인간은 자신 안에 천주를 모시고 있으며(侍天主), 자연의 스스로 그러한(無爲而化) 지극한 한 기운에 통하는(造化定)[6] 존재라 한다. 즉, 안으로는 자신 안에 천주를 모시고 있다는 사실을 자각하고 밖으로는 우주 자연을 움직이는 근원적인 힘에 통해 있는 존재가 사람이라는 주장이다. 주체성의 근원이 '생각하는 나cogito'에 있지 아니하고, 천주天主 또는 신령神靈이라고 하는 내면적 보편성이 내 안에 있기 때문이라고 한다. 흥미있는 것은 인간 주체성의 근원이 개체성이 아닌 보편적 영성으로 설정되고 있다는 점이다. 또 다른 한 가지는 동학에서 보는 주체는 우주를 창조하고 변화시키는 하나의 기운과 소통한 존재라는 점이다. 즉, 관계적 존재로서의 개체성을 말하고 있는 것이다. 개체의 관계성에 대해서는 다음 장에서 좀더 자세하게 다룰 예정이다. 동학은 주체적 개인은 내면적 영성과 외면적 우주 공동체성의 두 계기를 안고 있다고 본다.

엄밀한 의미에서 동학에는 서구의 개체적 주체성이 없다고 할 수 있다. 동학은 참 주체를 영성이라 보며 우주적·공동체적 주체라 보기 때문이다. 사실 우주적·공동체적 주체라는 개념은 역설적 표현이다. 왜냐하면 주체의 실체성이 있는 것이 아니라 우주적 관계성 또는 우주적 공동체성만이 있기 때문이다. 모더니티의 주체

---

6 수운, 「논학문」.

성을 동학은 영성과 우주적 공동체성이라는 두 방향으로 해체시켜 버린 것이다. 따라서 동학에는 모더니티 철학과 같은 의미의 주체성은 없다고 할 수 있다.

해월은 개체의 주체성을 완전히 해체한다. 해월은 참된 주체성이라 할 수 있는 영성 또는 천주를 '천지부모天地父母'라 표현하였다. 천주가 천지부모라는 이야기이다. 이 말은 '참 나'는 곧 천지부모라는 이야기이다. 해월은 천지부모야말로 진정한 '본래의 나'이며 참된 주체이기 때문에 이를 믿고, 정성하고, 공경해야 한다고 강조한다. 그리하여 해월은 '사람이 곧 하늘(人卽天)'이라고 하였다. 주체성의 내면적 보편화이다. 이러한 맥락에서 보자면 실상 서구적 의미에서의 주체는 동학에는 없다.

의암은 주체성의 두 계기를 완전히 내면화하였다는 점에서 모더니티의 주체성과 가장 가깝게 논의될 수 있는 점이 있다. 의암은 인간의 본 마음은 티끌의 물질계와 무형의 본성계를 상호 소통시키고 매개한다고 하여,[7] 마음에 신과 자연을 통합할 수 있는 적극적 자유를 부여하였다. 마음의 절대적 주체성인 것이다. 여기에서 인간은 신과 우주를 연결하는 중심 주체로 이해되고 있음을 알 수 있다. 의암이 말하는 주체성은 신과 자연 그리고 사람을 오로지 위하고 위하는 마음(爲爲心), 또는 신과 자연 그리고 사람에 매이지 않는 완전한 자유심自由心이라 하였다. 의암은 인간의 완전한 주체성을 말하고 있다. 그렇지만 이 마음은 모더니티가 설정하는 개체적 주체성은 아니다. 의암의 마음은 위로는 하늘에 통해 있고, 아래로

---

7 의암, 「무체법경」, 성심신삼단.

는 땅에 통해 있고, 수평으로는 사람에 통해 있는 본래 마음을 뜻한다. 위위심이란 모든 삼라만상에게 오직 덕을 베풀어 위하는 마음이지만, 결코 마음이나 말이나 생각으로 일체 무엇을 위한다는 생각이 없이 스스로 그러한 마음이다. 의암은 이 마음의 한편을 무형계라 하고 또 다른 한편을 물질계라 하였다. 즉, 신과 자연이 이 마음 안에 들어와 있다는 것이다. 또한 이 마음으로부터 하늘과 자연이 나왔다고 하였다. 의암에 의하면 이 마음이 참 주체이다.

수운이 신령神靈으로, 해월이 천지부모로, 의암이 자유심으로 설명하는 동학의 주체성을 어떻게 정치 철학적으로 해석할 것인가?

첫째, 동학은 참 주체를 비어 있는 것으로 본다. 즉, 동학이 보는 참 주체의 자리는 허·공·무虛空無라는 것이다. 주체에 실체성을 부여하지 않는다. 참 주체는 '생각하는 자아cogito'라기보다는 '신령', '대아大我', '참나(眞我)', '본래의 나', '본심', '도심', '천심' 등의 개념으로 이해할 수 있다. 수운은 자신의 도는 '자기가 자기된 것 이외에 다른 것이 아니다(我爲我而非他).'[8]라고 말한다. 뒤의 '나(我)'가 바로 하늘 마음(天心)이며, 도심道心이며, 영성靈性이다. 이것이 참 주체라는 것이다. 이는 개체의 마음이 아니라 보편 마음이며, 욕망적·물질적 마음이라기보다는 영적 마음이다. 이 마음에서 모든 것이 태어났기 때문에 천지부모라 한다. 또한 우주 만물을 모두 자식처럼 오로지 위하고 위하는 마음이라고도 한다. 여기에서 우리는 동학이 보는 참 주체는 개체성이 아니라 보편적 개체성이라 할 수 있다. 즉, 내면적 보편성이 '본래의 나'라는 의미이며 이는

---

8 수운, 「팔절」.

개체의 참모습이 우주적 보편성이라는 뜻이다.

그러나 서구 근대에는 개체적 주체의 참모습이 곧 비어 있는 내면적 보편성이라고 이야기하지 않는다. 그러므로 근대의 정치 철학자들은 개체에 주체성을 부여하였다. 그리하여 정치 권력이나 사회 같은 공동체를 설명하기 위해서는 개인들 간의 계약이나 합의와 같은 절차가 필요했던 것이다. 계약이나 합의 절차에 대한 정치 철학적 성찰에서 절차적 민주주의가 발전했다.

반면 동학은 자기 안의 보편성을 개발하는 마음공부에 집중하였다. 동학은 내면적 보편성을 개발한 인격체들이 많아진다면 자연히 개체성이 아닌 모든 사람들의 보편적 마음에 부합되는 정치를 할 수 있을 것으로 보았기 때문에, 계약이나 합의 절차보다 내면적 보편성의 터득에 집중하였다. 따라서 동학은 자기 안의 보편심을 개발하는 데 노력을 기울였지 개체들 간의 합의를 통한 객관적 공공성의 구현에는 소홀했다고 할 수 있다. 왜냐하면 개체를 실체로 보지 않고 개체성이란 원래 없다고 보았기 때문이다.

둘째, 동학은 개체의 자유를 해탈로 보았다. 해탈이란 형이상의 신이나 형이하의 물질 또는 양자를 통합하는 인간 마음으로부터 완전히 벗어나는 자유를 뜻한다.

근대 자유주의는 신정神政과 절대왕정으로부터의 개인의 독립과 자율을 곧 정치적 자유로 보았으며, 이를 실현하기 위한 법과 국가를 구상했다. 신앙과 종교의 자유, 언론의 자유, 집회·결사의 자유, 경제적 자유 등은 모두 개인권의 외면적·법적 보호를 통하여 구현할 수 있다고 보았다. 개체성 간의 자유의 대립과 갈등을 조정하는 장치로 법이 발달하였다.

동학에서 자유란 '본래의 나'를 실현하여, 개체성을 넘어 보편성에 이를 때 나타나는 마음의 경지이다. 의암은 이 점을 매우 뚜렷하게 하였다. '본래의 나'는 "일동일정과 일용행사를 내가 반드시 자유롭게 하나니 좋으면 좋고, 착하면 착하고, 노하면 노하고, 살면 살고, 죽으면 죽고, 모든 일과 모든 쓰임을 마음 없이 행하고 거리낌없이 행하니 이것을 천체의 공도공행이라 하나라."[9]라고 한 데서 보듯이 억지가 없이 자연스럽게 생각하고, 말하고, 행하지만 그것이 보편법에 어긋나지 않는 보편적 행위가 된다는 것이다. 사람은 외면적·법적 강제를 통하여 보편적 준칙에 어긋나지 않도록 행동하는 것이 아니라, 내면적 자유심에 의거하여 보편적 준칙에 합치될 수 있다는 것이다.

셋째, 동학은 대립과 갈등보다 조화와 통일을 모든 생명의 실상으로 본다. 국가 사회도 대립물을 조화·통일을 시키는 능력이 있을 때 비로소 다음 단계로 진보한다고 본다. 사회는 개체성들 간의 모순과 갈등 그리고 전쟁의 장이 아니라, 저마다 자기 안의 자유심에 의거하여 행위한다면 사회에는 대립과 갈등 대신 조화와 통일이 지배하게 될 것이다. 이러한 정치 사회를 덕치德治라 하였다. 덕치란 외적 강제가 아닌 모든 사람들이 내적 본심에 의하여 행위할 때 저절로 질서가 이루어지는 정치 사회를 뜻한다. 그러므로 모든 사람들이 자기의 본심을 찾는 수양이 가장 중시된다. 이러한 도덕 정치는 모든 인간은 자기 안의 보편적 하늘 또는 보편적 마음을 간직하고 있으며 이를 실현할 수 있다는, 인간에 대한 신뢰와 낙관에서

---

9 의암, 「무체법경」, 삼심관.

나왔다고 할 수 있다. 이러한 도덕 정치론은 현대 사회에서 정치 지도자의 기본적 자격 요건으로 제시될 수 있을 것이다. 내면적 보편성은 강제할 수 없다는 한계점이 있다. 그러나 이러한 내면적 보편성이야말로 가장 이상적인 공공성의 경지라 할 수 있다. 즉 보편성을 완전히 구현한 이상적 인간 공동체인 것이다.

3. 계급성 비판과 우주적 공동체

국가와 사회가 개체적 주체들의 계약과 합의로 형성되었다고 보는 자유주의적 시각에 대립되는 시각이 역사의 주체를 프롤레타리아트로 설정하는 계급론이다. 계급론은 정치·사회·역사의 주체성을 개체에 부여하는 것이 아니라 계급에 부여한다. 사회와 역사를 만들어가는 주체성을 국가에 부여할 경우 전체주의로 발전하고 절대 통치자에 부여할 경우에는 전제주의로 발전해 간다. 헤겔이 주체성을 절대정신에 부여하여 전체주의의 가능성을 가지고 있었다면, 마르크스는 주체성을 계급에게 부여하여 계급 독재의 가능성을 가지고 있었다. 계급 독재가 계급 대표 1인에게로 집중되면서 공산주의는 전제주의로 치달았다. '사람이 모든 것의 주인이며 모든 것을 결정한다.'는 북한의 주체사상도 근대적 주체성 철학의 연장선상에서 나왔다. 주체사상은 결국 수령론으로 귀결되었다.

계급론자들은 개체성을 허구라고 비판한다. 개체 의식은 허위 의식이 되고 참된 의식은 계급 의식이라고 한다. 계급론은 공동체론의 한 부류이지만 여기에서는 주로 계급론을 다루기 때문에 문맥에 따라서는 계급론 대신 공동체론이라는 말도 쓴다.

공동체론은 인간 주체성을 공동체성에서 찾았다. 유적 존재 또는 공동체성이 인간 주체라는 뜻이다. 루소는 자신의 이익을 합리적으로 계산하기 이전에 상대방이 어려움에 처했을 때 사정을 딱하게 여기고 무조건적으로 도와주려는 공감sympathy의 마음이 인간의 기본 바탕이라고 보았다. 이러한 공감은 이성이나 사유 이전에 존재한다고 하였다. 루소의 자연 상태란 이러한 공감에 의하여 평화롭게 살아가는 사회이며, 이를 회복하는 것을 중요 과제로 설정하였다. 그러므로 후대 연구자들은 루소를 '계몽주의의 이단아'로 부르곤 한다. 이성의 계몽이라는 시대적 조류를 거슬러 낭만적·목가적 사회를 꿈꾸었기 때문이다.

루소의 일반 의지는 칸트의 선한 자유의지로 도덕의 선험적 근거로 받아들여진다. 칸트에게 있어서 보편적 도덕법에 의한 목적의 왕국은 어디까지나 인류가 도달해야 할 이상이었으나,[10] 헤겔은 인간 이성은 현실로 구현할 수 있다고 보았다. 왜냐하면 이성은 스스로 변증법적 발전 과정을 통하여 절대정신으로 승화하여 역사를 꿰뚫는 역사 이성이 될 수 있다고 보았기 때문이다. 이렇게 절대정신을 구현한 인간은 역사에 합리성을 완전히 구현할 수 있다는 것이다. 그러나 헤겔의 이러한 생각은 아직까지 관념적 철학이었지 현실적 실천을 뜻하는 것은 아니었다.

이성을 역사 현실에 적용하여 현실화한 사상가는 역시 마르크스이다. 이러한 지적 전통을 마르크스는 유적 존재로서의 인간을 강

---

10 좀더 자세한 논의는 '제6장 동학과 칸트의 도덕론' 비교를 참조.

조하여 개인권이 아닌 계급 의식과 역사 현실에서의 실천을 중시하였다. 그리하여 역사를 움직이는 것은 개인 간의 갈등, 경쟁, 계약, 합의 같은 것이 아니라 계급투쟁이 그 근본 속성이라 하였다.

마르크스는 인간은 계급에 매인 존재이지만 동시에 계급으로부터 자유로운 존재가 될 수 있다고 생각했다. 그리하여 그는 반대물의 통합이라고 하는 변증법적 논리에 의거하여 무계급의 계급을 설정한다. 그는 계급에서 벗어나기 위해서는 보편적으로 생각하고 생활해야 하는데, 노동을 통하여 계급으로부터의 자유가 가능하다고 보았다. 인간은 노동을 통하여 동료들과의 인간적 유대관계를 형성하여 유적 본질을 실현할 수 있고, 노동을 통하여 자연의 내밀한 법칙을 터득할 수 있기 때문에 보편 계급이 될 수 있다는 것이다. 그렇기 때문에 노동자 계급만이 개인성이나 계급성으로부터 해방되어, 보편적 해방의 전사가 되어 계급투쟁의 역사를 종식시켜 평등한 공산 사회를 건설할 수 있다는 것이다.

동학은 인간을 본래 우주의 지극한 하나의 기운과 소통하고 합일된(造化定) 존재로 본다. 이 점에서 동학은 인간 주체는 안으로는 영적 주체이면서 동시에 밖으로는 우주적 공동체성을 갖는 존재로 본다. 헤겔처럼 사유를 통하여 절대정신을 발전시키든, 마르크스처럼 노동을 통하여 프롤레타리아트 계급 의식을 터득하든 역사를 창조해 나가는 주체는 공동체적 주체라는 점에서 동학은 공동체론의 범주에 속한다고 할 수 있다. 즉, 동학은 인간을 우주 기운과 소통된 공동체적 존재로 본다는 점에서 기본적으로 공동체론이다. 그러나 동학의 공동체성은 집단, 민족, 계급, 국가와 같은 인위적 공동체에 한정되지 않는다. 동학의 공동체성을 잘 보여 주는 조화정 개념에서 이 점이 뚜렷하게 드러난다. 조화정은 무위이화하는 자연 법칙과 어떤 차이점도 없으며 자연의 한 기운과 결코 떨어질 수 없다는 점을 강조한다는 점에서 우주적 공동체주의라 할 수 있다. 이것이 서구 공동체론과의 뚜렷한 차이점이다.

같은 공동체성이지만 마르크시즘의 유적 존재의 개념과 지극한 하나의 기운에 통한 인간이라는 개념에는 넘을 수 없는 차이가 있다. 가장 뚜렷한 차이는 우주의 지극한 한 기운에 통한 주체는 더 이상 일반적인 의미에서의 인간 주체가 아니라는 점이다. 주체는 주체이되 자연의 운행에 어긋나지 않는 주체이다. 무위이화無爲而化 개념에 이 점이 뚜렷하게 부각된다. 자연보다 더 자연스러운 인간 주체이다.

무위이화란 일체의 작위성이나 인위성을 떠나서 스스로 그러한 자연과 한치도 어긋나지 않고 운행한다는 뜻이 들어 있다. 의암은 이러한 인격체의 행위를 공도공행公道公行이라는 개념으로 풀이하였다. 즉, 보편적 공공성의 길을 따라서 보편적 공공성을 실천한다는 뜻이다. 일체의 사적 동기나 인간적 동기 또는 특정 집단이나 계급적 차원에 매인 의식이 아니라 자연 만물과 함께 더불어 움직인다는 것이다. 반면 헤겔의 절대정신이나 마르크스의 계급 의식은 역사를 움직이는 주인으로서의 인간성을 떠나지 못한다. 인간과 자연은 하나로 통일될 수 없다는 것이다. 동학의 무위이화가 자연성을 자기 안에서 구현한 인격체를 주체로 제시하는 반면, 헤겔이나 마르크스의 절대정신 또는 계급 의식은 자연과는 뚜렷하게 구분된다. 이들에 의하면 자연은 인과법칙이 지배되는 필연의 왕국인데 반하여, 절대정신이 지배하는 국가와 계급 의식이 지배하는 공산사회라는 자유의 왕국을 그린다.

　마르크스는 비록 노동 계급을 특정 계급에 매이지 않은 무계급적 계급으로서 역사 주체로 설정했으나, 동학처럼 우주 만물과 하나가 되어 돌아가는 보편적 주체는 아니다. 마르크스는 그러한 노동 계급이 지배하는 완전한 공산 사회는 하나의 이상으로 제시하고 과도기로서 계급 독재를 설정한다. 공산 사회는 유토피아일 뿐이며 계급 독재가 현실이다. 계급 독재이기는 하지만 노동 계급은 무계급의 계급이기 때문에 전제 정치가 아닌 민주 집중제라고 레닌은 강조한다. 레닌의 민주 집중제는 소련에서는 스탈린 전제 정치로 귀결되었고, 북한에서는 철학적 기반은 다르지만 수령론으로 정립되었다. 여기에서 마르크스는 실체로서의 주체를 결코 넘어서지 못했음을 알 수 있다. 동학에 의하면 실체로서의 주체는 존재하지 않는다. 존재하는 실체는 보편적 관계성 또는 우주적 공동체성 뿐이다. 달리 말하자면 주체는 관계의 집합일 뿐이라는 것이다.

　동학에서 인간은 우주적·공동체적 주체로서 하늘과 똑같이 오로지 베풀 따름이다. 이를 하늘의 덕에 합한다(合其德)고 하였다. 또는 하늘의 무차별적 마음에 정한다(定其心)라고도 표현한다. 이 점에서 보자면 동학에서 참된 주체는 하늘이다. 즉, 마르크시즘이 주장하는 것과 같은 실체적 주체성이 있는 것이 아니다. 그 대신 있는 것은 동포의식이라 할 수 있다. 해월은 자연 사물과 내가 한 동포(物吾同胞)이며 다른 사람과 내가 또한 한 동포(人吾同胞)라 하였다. 모두가 동포이기 때문에 해월은 식사하는 것을 '하늘이 하늘을 먹는다(以天食天).'라고 하였다. 따라서 있는 실상은 계급투쟁이나 자연 정복이 아니라 하늘과 하늘의 평등한 열린 관계망이다. 이것이 동학이 보는 우주적 공동체성이다. 동학의 공동체론은 계급이나 민족 또는 국가에 그치지 아니하고 궁극의 끝까지 공동체성을 확장시킨다는 점을 알 수 있다.

우주적·공동체적 주체라는 것은 우주의 모든 존재자들을 부모의 마음(天地父母)으로 바라보고, 보살피고, 봉사하는 마음이 있다는 뜻이다. 자기만의 마음이 사라졌으며 모든 존재들을 자식으로 바라보는 부모의 마음이 있을 뿐이다. 어떤 것에도 매이지 않는 보편적 자유심이 있을 뿐이다. 모든 존재들을 관통하는 하나의 마음 기운이 있을 뿐이다. 이 마음 기운은 자기에게 국한되지도 않고, 타인에게 제한되지도 않고, 계급에도 매이지 않는다. 모든 것들을 자유자재로 관통하고 통일시키는 하나의 기운이다. 그렇기 때문에 보편적 공동체성이라 한다.

민주 집중제가 권력을 인민에게서 소비에트로, 소비에트에서 대표 1인으로 집중시켜 나가는 반면, 동학은 권력을 천명을 받은 모든 사람들에게로 확장시킨다. 즉, 천명이라고 하는 보편적 공공성을 터득한 사람은 황제일 필요도 없으며, 사대부일 필요도 없으며, 부자일 필요도 없으며, 지식인일 필요도 없다. 밖으로 사람들과 자연을 관통하는 하나의 기운에 자유로이 소통할 수 있으면 그 사람들이 곧 권력의 중심이 되어야 한다고 보는 것이다. 계급적 공동체성이 아니라 우주적·보편적 공동체성에 이른 사람들이 권력의 중심에 자리잡아야 한다는 주장이다. 그렇기 때문에 '신민주주의'니 '참 민주주의'니 하는 개념으로 동학의 민주주의를 표현했다.

황제의 마음과 민의 마음이 따로 있는 것이 아니며, 통치자와 피치자의 마음이 고립된 것이 아니다. 이렇게 모든 존재가 하나의 기운으로 통하여 연결된 사회를 개벽 사회라 하며, 이러한 정치를 도덕 정치라 한다. 중요한 것은 누구나 이러한 인격체가 될 수 있다는 평등 사상이다. 황제만 천명을 받는 것도 아니며 사서삼경을 읽는 사대부만 천리와 천명에 통하는 것도 아니다. 모든 사람들이 모두 자기 안에 보편적 천주를 모시고 있으며, 우주적·공동체적 존재로서 우주 만물과 함께 호흡하며 살아간다. 동학에서는 이러한 국가 사회를 지상천국이라 하였다.

북의 주체 철학은 수령에게만 인민 전체의 사회성을 대표하는 기능을 부여하였다. 수령은 인민 전체의 수령으로서 '자주적, 창조적, 사회적 존재'라는 것이다. 수령을 무계급성의 화신으로 보는 입장은 중소 분쟁에서 민족 자주를 주장하려는 현실적 원인도 있었지만, 인간의 우주적 공동체성에 대한 정치 철학적 이해 부족에서 나왔다고 하겠다. 동학의 정치 철학사적 의미는 우주적 보편성에 이를 수 있는 문호를 누구에게나 개방하였다는 사실이다. 누구나 우주적 공동체성을 터득하여 민심과 하나가 되고 자연과 하나가 될 수 있다는 것이다. 민심과 하나가 되면 왕으로 추대되는 것이고 자연과 하나가 되면 무위지치無爲之治를 베풀 수 있는 것이다. 우주적 공동체성을 터득한 사람은 누구나 그렇게 될 수 있다는 것이다. 반면 수령론은 권력을 장악한 자가 천자라는 이데올로기로 빠질 위험이 매우 높다. 실제로 북한에서 수령론은 권력 정당화론이라고도 할 수 있다. 반면 동학은 우주적 공동체성에 이르러 사사로움을 완전히 극복하여 우주적 공공성을 구현한 인격이면 누구나 통치자가 될 수 있다고 보았다. 그런 사회가 도덕 사회이며 후천개벽 사회이며 지상천국의 국가이다.

수운의 무위이화, 해월의 물오동포와 인오동포, 의암의 위하고 위하는 마음(爲爲心)을 우주적 공동체성을 표현한 개념으로 볼 경우 정치 철학적으로 어떻게 해석할 수 있는가?

첫째, 동학의 공동체성은 우주 만물과 하나로 돌아가는 자연스러운 덕치이다. 덕치란 하늘이 계절에 따라서 비·이슬·서리·눈(雨露霜雪)을 베풀 듯이 정치도 그러하다는 뜻이다. 인위적 계급성의 극복은 철저한 우주적 공동체성의 구현을 통해서만 가능하다. 개인성과 마찬가지로 계급성도 극복 대상인 것이다. 무계급의 계급이라는 보편적 공동체성은 노동을 통하여 될 수 있는 것이 아니라 의식을 우주 끝까지 확장함으로써 가능하다. 또한 노동을 통하여 자연 법칙을 터득하여 보편성을 갖는 것이 아니라, 덕을 베풂이 자연 사물에까지 이름으로써(敬物) 인간은 자연성을 마음 안에서 터득할 수 있다는 것이다. 사물과 인간을 관통하는 우주적 공동체성에서부터 남을 배려하는 도덕이 나오고 절대적 평등이 나온다. 도덕이나 평등은 외면적 강제에서 나올 수 없다.

마르크시즘은 인간의 외적 공동체성에 주목하여 '무계급의 계급'으로서 프롤레타리아트를 설정하였으나 실제로 이들을 정치와 역사의 주체로 등장시키지는 못했다. 오히려 현실 역사에서 정치 주체로 등장한 것은 공산당과 공산당 제1비서였을 뿐이다. 즉, 프롤레타리아트를 대표하는 공산당과 수령에게 현실적 권력을 집중시킴으로써 새로운 통치 계급을 형성하였을 뿐이다. 그러나 동학은 인간의 우주적 공동체성을 철저하게 실현한 인격체는 어떤 개체성, 당파성, 계급성도 일체 없기 때문에 오직 공도공행公道公行할 따름이다. 즉 하늘의 덕(天德), 천지부모天地父母의 마음, 위하고 위하는 마음(爲爲心), 자유심自由心을 행사할 뿐이다. 동학은 이러한 마음을 정치 권력의 중심에 세우고자 하였다. 그 때 무위이화의 정치가 시행되며 도덕 정치가 도래한다.

둘째, 동학은 혁명이 아닌 개벽으로서 우주적 공동체성이 실현된 사회를 창건할 수 있다고 본다. 인간이 계급성을 벗어날 수 없다면 역사는 계급투쟁사이겠지만, 개벽이라는 내적 혁명을 통하여 우주적 공동체성이 가능하다면 이들이 도덕 사회를 건설할 수 있다. 혁명은 외면적 파괴를 통하여 정치 질서를 수립하려 하지만, 개벽은 내면적 열림을 통하여 새로운 문명을 건설하고자 한다.

이런 마음이 열린 인격체가 정치와 역사를 이끌어간다는 것이다. 이러한 인격체는 타인에게는 물론이고 먼지 티끌에게까지 덕을 베풀기 때문에 모든 존재가 저절로 항복해 오는 것이다. 실상 이러한 인격체에게 타인이나 타자가 없다. 모두가 다 하나로 연결된 나이기 때문이다. 이렇듯이 우주적·공동체적 인간은 개인·집단·계급·정당·국가와 같은 유한한 공동체성에서 완전히 해방되어 본래의 자유와 평등과 평화를 누릴 수 있도록 해 준다.

셋째, 동학은 권리의 평등이나 경제적 평등보다는 모든 인간은 하늘을 자기 안에 모시고 있다는 점에서 평등하다고 본다. 본성이나 본심의 맥락에서 본다면 모든 인간은 평등하다. 이러한 평등한 마음에서 남을 배려하고 보살피는 도덕과 윤리가 나왔다. 평등은 마음이 우주의 티끌까지 골고루 미치어 그 덕이 닿지 아니한 곳이 없는 경지에 이를 때 비로소 나타난다. 모든 존재자들이 본래 하나에 통하여 있다는 점에서 절대로 평등하다. 정치적 권리, 물질적 재부, 지식의 유무 등과 같은 외면적 측면에서 인간은 평등할 수 없으며, 모든 것을 완전히 다 아는 본성의 거울을 누구나 하나씩 가지고 태어났다는 점에서 평등한 것이다. 이러한 마음을 의암은 '여여심如如心'이라 하였다. 내면적 평등을 주장하는 동학과 외면적 평등을 주장하는 공동체론이 현실 사회에 큰 차이를 가져다 준다. 내면적 평등은 마음의 평화를 가져다 주며, 외면적 차이는 사회에 활력을 가져다 준다. 그러나 외면적 평등은 사회에 무기력과 정체성을 가져오며 내면적 불평등은 인간의 신분적 차이를 고착시킨다. 그러나 경제적인 차이를 어느 정도로 하여 비례적 평등을 통한 역동성을 보장할 것인지에 대해서는 깊은 연구가 필요하다.

4. 동귀일체

동학에서 통일은 둘을 하나로 통일시킨다는 의미라기보다는, 본래 하나였던 것을 둘로 착각하는 마음을 해방시켜 원래의 하나를 깨닫게 한다는 의미에서 통일이다. 개체성과 공동체성은 마치 겨울과 여름이 모순으로 보이는 것처럼, 서로 대립하는 것으로 보인다. 겨울은 고요한 하나요 여름은 활발한 다양성이다. 그렇지만 계절의 중심에 서 있는 마음은 둘을 다 이해하고 둘이 하나의 우주 순환의 이치에서 나왔음을 강조한다. 생명은 대립과 모순을 통일시키는 조화의 힘에서 나왔다. 모순을 통일시키는 조화의 힘이 본래의 하나의 기운이다. 동학에서 이 기운을 지기至氣 또는 혼원일기渾元一氣라 한다. 동학의 통일론은 이 하나의 기운으로 돌아가는 것이다. 이 한 기운의 주인을 천주라 하고 신령이라 한다. 천주와 조화造化, 신령과 기화氣化는 둘이 아니라 하나다. 그러므로 동학을 일원론이라 한다. 일원론이기 때문에 대립·모순·갈등·전쟁을 하나로 통일시킬 수 있다. '산하 대운이 이 도로 돌아온다(山河大運 盡歸此道).'[11]고 하는 근거도 여기에 있다. 하나로 돌아오지 않고 갈라지면 생명력은 약화되고 한민족의 역사는 퇴보된다. 통일은 당위가 아니라 존재의 참모습이다. 이 참모습을 회복하는 것이 동학의 통일론이다. 먼저 자기의 참모습을 찾고 민족의 참모습을 회복하는 것이다. 본래 하나였기 때문에 하나됨을 회복하자는 것일 뿐이다.

개체주의와 공동체주의는 서구 근대성의 산물이다. 동학·천도는 자주적 근대성으로 제시된 길이다. 개체적 공동체성 또는 공동체적 개체성은 인간의 실상인 반면 개체주의나 공동체주의는 실상이 아니라 이론적 구성물에 불과하다. 실제 있는 것은 공동체적 개체성이다. 이론적 구성물이 사회·정치적 영향력을 발휘할 때 이데올로기가 된다. 개체론과 공동체론의 대립은 이데올로기적 허상 간의 갈등이라 할 수 있다. 통일은 허상을 비판하여 실상으로 돌아올 때 자연스럽게 도래한다. 그리하여 이 글은 개체성 비판을 통하여 내면적 보편성인 영성을 드러내 보였고, 계급성 비판을 통하여 우주적 공동체성을 밝혀 보았다.

개체성과 공동체성은 서로 갈등하지만 동학에서 영성과 우주적 공동체성은 안과 밖을 이루는 하나의 체의 두 측면이다. 이는 영성과 기운의 통일을 의미한다고 할 수 있다. 즉, 유심론과 유물론의 통일이라고도 표현할 수 있겠다. 물질이 따로 있는 것이 아니라 기

---

11 수운, 「탄도유심급」.

운의 응결일 따름이며, 하늘이 따로 있는 것이 아니라 마음 기운이 고요의 경지에 이르러 무한에 통하면 곧 하늘이다. 하늘과 자연은 둘이 아니라 사람의 마음에 의하여 하나로 통일된다. 하늘의 본 모습과 자연의 본 모습에 이른 사람에게는 분열이 없다.

동학은 주체로서의 인간을 깊게 성찰하여 영성적 본성과 우주적 공동체성을 발견하였다. 마음이 영성적 본성에 이르면 사람이 곧 천주이며, 우주적 공동체성에 통하면 사람이 곧 조화 기운임을 알게 된다. 사람이 천주라는 것은 '본래의 마음'이 천주처럼 고요하고, 무한하고, 영원하고, 절대라는 의미이지 결코 외부의 어떤 실체를 설정하는 것은 아니다. 또한 사람이 조화 기운이라는 것은 '본래의 마음'이 스스로 그렇게 창조하고 변화하는 자연처럼 활동할 수 있다는 의미이지 자연을 결코 외부적 실체로 설정하지는 않는다. 그렇게 함으로써 동학은 천주 조화를 사람 안에서 되찾아 주었으며, 신령 기화를 내 안에서 찾았다.

분열과 모순의 길에서 통일과 조화의 길로 가기 위해서는 남과 북은 모더니티적 인간이 아닌 동학적 인간을 교육시키는 데 진력하여야 할 것이다. 그렇게 함으로써 허무한 이데올로기의 노예가 되지 않고 실상 자체에 충실한 인격을 형성하여야 할 것이다. 개체성의 이데올로기에서 해방되기 위해서는 그 중심으로 들어가야 한다. 개체의 중심에는 천주 또는 신령이라고 하는 '본래의 나'가 있으니 이 존재가 새로운 문명의 주춧돌이며 참 주체임을 분명히 해야 할 것이다. 또한 개체성은 공동체적 존재이니 이를 '무궁한 나'라고 하며 우주적 공동체성이라 말한다. 무궁한 나를 이기적이고 이성적인 자아나 유한한 계급주의나 국가주의 등으로 제한하지 말아야 할 것이다. 공동체성은 우주적 차원으로까지 확장되어야 한다. 이데올로기로부터 해방된 동학적 인격은 통일의 가장 중요한 전제조건이라 할 수 있다.

우리는 역사적 경험을 통하여 자유 민주주의에서는 법적 장치를 통하여 개체의 자유를 보장할 수 있고, 공산주의에서는 혁명을 통하여 계급적 평등을 이룰 수 있음을 알고 있다. 그러나 법이나 혁명을 통한 자유와 평등은 매우 중요하지만 그보다 더욱 중요한 것은 실질적으로 자유로운 인격과 평등한 인간관계라 할 수 있다. 자유와 평등은 현실적 권리인 동시에 마음의 내면 가치이기도 하다. 즉, 자유와 평등은 마음의 경지라는 점도 동시에 인식할 필요가 있다. 정치적 자유와 함께 마음의 자유를 얻어야 하며, 경제적 평등과 함께 마음의 평등도 얻어야 한다. 동학에 의하면 일차적인 중요성은 마음의 자유와 마음의 평등이다.

마음의 자유는 외적인 법이 제공할 수 없으며 마음 스스로가 유무형의 일체 장애물로부터 자유로울 때 가능한 것이다. 뿐만 아니라 평등이란 경제적·정치적·사회적·문화적 맥락에서의 평등이기도 하지만, 그보다는 모든 인간을 포함한 자연까지 하나의 동포로 바라볼 수 있는 천지부모의 마음에서 비로소 모두를 평등하게 대할 수 있다. 정치적 자유와 경제적 평등은 상충하는 가치이지만 심학에서 보면 마음이 모든 존재들을 평등하게 바라볼 때 비로소 자유로우며, 마음이 일체에 매이지 않고 자유로울 때 비로소 평등할 수 있다. 진정한 자유와 평등은 마음의 차원에서 얻어지는 것이지 현실에서는 정교한 상대적·비율적인 자유와 평등이 요청될 뿐이다. 자유와 평등을 외면적으로만 규정하는 곳에서 자유를 방종으로, 평등을 균등으로 이해하여 각각 혼란과 무기력을 가져올 뿐이다. 현실에서 자유와 평등은 자기 제어 장치를 갖추어야 한다. 반면 마음에서 자유와 평등은 무제한이며 무궁하다.

　자유심과 평등심을 얻어 모든 존재자들을 평등한 마음으로 대할 수 있으며 그 어떤 것으로부터 자유로운 인격체가 통일 국가를 건설하는 주체라는 것이 동학의 통일론이다. 즉, 개인들의 합의에 의한 권력이나 계급 독재 권력은 통일 국가의 권력 구조가 될 수 없다. 통일 국가의 권력은 안으로는 '본래의 영적인 주체성'을 회복하고 밖으로는 모든 인민과 평등하게 소통하는 사람들에게 돌아가야 한다. 즉, 도성덕립한 인격체가 통일 국가를 이끌어가야 한다. 이들만이 권력을 사사로이 쓰지 않고 공공성에 맞게 쓰기 때문이다. 이들만이 특정 개인, 집단, 계급, 지역에 매이지 않고 모든 사람들에게 자연스럽게 이익이 될 수 있게 덕을 베풀기 때문이다.

제8장 동학에서 찾아본 통일 철학*

1. 새로운 생각

남북 분단은 근대성의 유물이다. 공산주의와 자본주의라는 근대성의 유령이 살과 피를 가진 구조물로 한반도에서 현실화된 것이 분단이다. 분단은 한민족의 자기 결정력보다 근대성의 외적 결정력이 강했기 때문에 초래된 결과이다. 통일은 민족의 자기 결정력을 향상시키는 가운데서 찾아질 것이다. 한 민족이 한 국가를 건설한다는 것도 근대적인 관념일 수 있지만 한반도에서의 남북 분단은 결코 자연스러운 국가 형성은 아니다. 여기서 민족의 자기 결정력이란 한민족이 주체적으로 발전시킨 종교·철학·사상과 삶의 양식, 사회 양식, 정치 구조 등을 뜻하는 넓은 의미의 개념이다. 다양한 차원에서 민족의 자기 결정력을 높여갈 수 있겠지만 가장 밑바탕에 자리하는 것은 역시 종교나 철학 같은 가치관의 공유라 할 수 있다. 남북이 만약 생각에 큰 차이가 없다면 통일로 가는 길은 그만큼 넓어질 것이다. 생각의 골만큼이나 분단의 골은 깊어진다.

동학은 좌우 대립이 시작되기 이전에 동양적 전통과 서구적 근

---
* 『국회도서관보』, 2005년 1월호.

대성이 부딪치는 상황에서 나온 자주적·자생적·독창적 대안이었기 때문에 민족의 자기 결정력의 철학적 입각점이 될 수 있는 요건을 갖추었다. 그러나 이미 한반도에서 현실 구조로 굳건하게 자리를 잡은 사상적·제도적 근대성을 부정하거나 해체하거나 거부하기는 어려울 것이다. 또한 근대성은 이미 세계적 구조이기 때문에 이로부터 벗어난다는 것도 또 다른 환상이 될 수 있다. 모더니티를 해체한다는 탈근대주의도 해체하는 자신마저 해체의 위험에 처하게 되는 딜레마를 피하기 어렵다. 어떤 점에서 서구보다 동양은 유리한 지점에 서 있다. 이 글에서는 동학을 통하여 현재 우리의 삶을 고착화시키는 사상과 제도를 비판적으로 바라보고자 한다. 그렇게 함으로써 남북이 집착하는 생각들을 해체시켜 상호 소통할 수 있는 여지를 찾을 수 있을 것이다. 이 글에서 남북의 정치 구조나 경제 양식 등과 같은 체제 문제나 교류에 대하여 논의하지는 않을 것이다. 그 문제를 논하는 글들은 수없이 많기 때문이다.

얼핏 생각하면 새로운 생각은 쉬운 것 같지만 마음의 차원 변화가 없이는 쉽게 일어나지 않는 일이다. 마음을 바꾼다는 것은 말처럼 쉽지 않다. 그러므로 우리들은 마음을 바꾸기보다는 자연 대상을 바꾸는 데 익숙하다. 대상을 바꾸기는 쉬워도 주체를 바꾸기는 어렵다. 그러므로 세상 사람들은 마음은 바꾸는 일보다 대상을 바꾸는 데 익숙하다. 대상은 이것에서 저것으로 쉽게 바꿀 수 있지만, 이 마음에서 저 마음으로 완전히 바꾸기 위해서는 주체의 죽음이라는 과정을 거쳐야 하기 때문에 쉽지 않다. 주체가 바뀐다는 것은 전체가 바뀌는 것이다. 이를 남북 관계에 대비시켜 보면 남북은 서로 상대방이 바뀌어야 통일이 되는 것으로 생각하지 결코 자신이 바뀌어야 한다고 생각하지는 않는다. 왜냐하면 자신이 바뀐다는 것은 모든 것이 다 바뀌는 일이기 때문에 쉽사리 시도하기 어렵다. 완전히 굳어져 버린 생각의 체계를 바꾼다는 것은 독실한 신앙인을 개종시키는 일보다 어렵다고도 할 수 있다.

새로운 생각은 비유로 말하면 평면적 사유에서 입체적 사유로의 차원 변화에서나 가능하다. 동학은 모든 존재들과 생각들이 하나의 꼭지점에 연결되어 있음을 강조한다. 의식이 평면에 매여 있는 한 꼭지점은 보이지 않지만, 생각이 바뀌면 '나와 너', '나와 그것'을 넘어서는 하나의 꼭지점에 모두 연결된 실상을 보게 되어 그곳으로 돌아간다고 말한다. 그러므로 동학은 '앞으로 오는 모든 일은 다 하나로 돌아간다(萬化歸一)'고 말한다. 흥미로운 표현이다. 하나로 돌아간다는 것은 '나'와 '너'의 차이, '나'와 '그것'의 차별이 무기력해지면서 오직 관통하는 하나의 실상만 남는 것을 뜻한다. 매우 추상적이지만 남북에 존재하는 생각의 차이는 본래 하나의 두 측면일 뿐이라는 점을 모색해 보고자 한다. 평면에서 보면 넘을 수 없는 대립과 갈등이지만, 실상을 보면 그 둘은 본래 하나라는 자각에서부터 통일 철학을 모색해 보려는 것이다. 평면적 사고에서 벗어나지 못하는 한 통일은 불가능하다. 반면 입체적 사고를 하면 통일은 하늘의 명령(天命)이다. 그러므로 천도만이 통일할 수 있다.

2. 신과 자연

남북 간 생각의 차이를 들자면 한이 없지만 그 가운데 가장 통속적인 차이는 아마도 신과 자연에 대한 상반되는 생각일 것이다. 이는 매우 근본적인 문제이기 때문에 남북이 합의를 한다거나 동의를 하기 매우 어려울 것이다. 뿐만 아니라 남이나 북에서도 사람에 따라서 서로 동의하기 참으로 어려운 문제이다. 그렇지만 일반적으로 볼 때 유물론에 입각한 북北보다는 생각의 차이를 존중하여 종교와 사상의 자유를 보장하는 남南이 좀더 포용적이며 현실적이라고 할 수 있다. 신과 자연에 대해서는 실로 다양한 의견들이 있기 때문에 여기에서는 단지 동학의 입장을 이야기하는 것으로 만족해야 할 것 같다. 왜냐하면 제한된 지면에서 너무나 다양한 논쟁적 견해들을 일일이 다 거론할 수 없기 때문이다.

    동학은 유신론有神論이라 할 수 있다. 그러나 그 신이 어디 초월적인 곳에 존재하는 것이 아니라 내 마음에, 동식물에, 자연 사물에 내려와 있다(降臨)고 본다. 유신론이지만 다른 종교들처럼 어떤 초월적 실체를 섬기거나 숭배하는 것이 아니라 우주 만물 속에 내려와 모든 존재자들을 하나로 관통시키는 신에게 정성을 드리고 공경을 한다는 점에서 다른 종교들과 다르다. 한마디로 말하자면 동학에서 신은 보이지 않는 하늘이고 자연은 보이는 하늘일 뿐이다. 따라서 자연은 보이는 신이라고도 표현할 수 있다. 즉, 우주는 신의 드러난 모습인 것이다.

    동학을 창건한 수운 최제우는 한울님(天主)으로부터 '내 마음이 네 마음이다(吾心卽汝心).'라는 말과 '귀신이라는 것도 나니라(鬼神者吾也).'라는 말을 들었다고 전해진다. 이는 사람이나 동식물 또는 자연 사물에 들어와 움직이는 주체라고 하는 귀신도 알고 보면 한울님이라는 것이며, 그 한울님은 어떤 초월적 절대 존재가 아니라 곧 사람의 마음이라는 것이다. 그러므로 수운은 사람을 포함한 모든 존재자들은 똑같이 '한울님을 모시고 있다(侍天主).'고 하였다. 세상 사람들은 현재 의식만을 자기 마음으로 알지만 수운은 하늘 마음이 곧 자기 마음이라는 사실을 알았다. 귀신이라 부르는 존재도 알고 보면 하늘 마음이므로 수운은 귀신 또한 내 마음인 줄 알았다.

수운이 깨달은 것은 결국 마음의 새로운 차원이다. 내 안의 하늘 마음을 일러 우리는 한울님, 부처님, 여호와, 상제 등으로 인격화한다는 것이다. 왜냐하면 그 하늘 마음은 비록 내 안에 있지만 현재 의식으로는 어떻게 이해한다거나, 설명한다거나, 느낀다거나 할 수 없는 전혀 다른 차원의 마음이기 때문이다. 그렇기 때문에 특별한 개념으로 표현하는 것이다.

동학은 신을 믿지만 그 신이 내 마음과 동일하므로 실상은 '본래의 나'를 믿는 것이라고도 할 수 있다. 이 '본래의 나'가 진짜 주체라 할 수 있다. 어느 특정한 한 사람만 주체가 아니라 모든 사람들이 다 천주를 모시고 있기 때문에 모두가 주체다. 이성을 가졌기 때문에 주체가 아니라 '본래의 나' 또는 '신령적 나' 또는 '하늘 나'를 모시고 있기 때문에 사람은 누구나 주체인 것이다. 정치적 권력, 경제적 부, 사회적 명망 등을 가졌기 때문에 주체가 되는 것이 아니라 '본래의 나'를 모시고 있기 때문에 주체인 것이다.

이 '본래의 나'는 신의 노예도 아니며, 이성적 개체도 아니며, 역사 이성이나 계급 의식도 아니다. '본래의 나'는 원래 자유로우며 원래 우주적 기운과 소통하여 호흡하는 우주적 존재이다. '본래의 나'는 개인이나 계급으로 한정한다거나 이성적 존재나 욕망적 존재로 규정할 수 없는 무한한 존재이며 무궁한 존재라 할 수 있다.

쉽게 말하자면 '사람이 하늘이다.' 그러나 하늘은 저 높은 창공이 아니라 우주 삼라만상의 중심에 내려와 있다.

마음의 중심에 내려와 있는 하늘이 자연의 중심에도 내려와 있다는 것이 동학의 자연관이다. 자연 사물의 다양한 겉모습은 창조와 변화의 기운에 의하여 만들어졌지만 창조와 변화의 근본 원리와 근본 재료는 하늘이라는 것이 동학·천도교의 주장이다. 의암은 이 점을 매우 분명하게 밝혔다. 그는 성심性心으로 설명한다. 의암은 무형의 성性을 원리원소原理原素라 하였다. 즉, 모든 우주 만물을 창조하고 변화시키는 근본 원리이자 근본 재료를 바로 보이지 않는 성性이라 한 것이다. 무형의 성에 마음 기운이 작용하면서 유형의 우주 만물이 나타났다는 것이 동학의 우주론이다.

창조는 마음 기운이 무형의 원소를 재료로 삼아 이들을 무형의 원리에 따라서 묶으면서 시작되었다. 그러므로 우주 탄생은 마음 기운이 성품을 묶으면서 시작되었다고 할 수 있다. 의암은 마음 기운이 묶기 이전의 세계를 잠긴 세계라 하였고 마음 기운에 의하여 발현이 시작된 세계를 드러난 세계라 하였다. 성품을 묶어 나타난 최초의 마음을 의암은 위하고 위하는 마음(爲爲心)이라고 하였다. 이 마음에서 다음 단계의 마음들이 나오고 기운이 나오고 물질이 탄생하였다고 할 수 있다. 이 마음을 도심 또는 천심이라 하기도 하고 천지부모의 마음이라 하기도 한다. 이 마음에서 우주 만물이 나왔기 때문에 이 마음을 회복하면 모든 존재를 자기 자식들로 보는 것이다. 동서고금의 성인과 현철이 모두 이 마음을 회복하여 사용했기 때문에 이 마음에 다다르면 알지 못하는 일이 없으며 통하지 아니하는 곳이 없다. 역사와 사회에 따라서 많은 종교가들은 비록 가르치는 말은 다르지만 실상은 이 본래의 마음을 회복하는 길을 가르쳤다. 이 마음은 태어나거나 죽거나 하는 일이 없기 때문에 영생한다고 말하며, 이 마음은 내 것이거나 네 것이라고 말할 수 없기 때문에 '한마음'이라 말한다.

마음은 기운이기 때문에 수운은 우주 만물을 탄생시킨 음양 두 기운이 나온 고향인, 하나의 혼원한 기운(渾元一氣) 또는 지극한 기운(至氣)을 말한다. 해월은 내 마음과 우주 만물이 하나로 통해져 있으며 잠시라도 떨어질 수 없다고 하여 천지가 곧 부모라고 하였다. 우리 모두는 하나의 기운에서 나왔기 때문에 오로지 하나의 부모님밖에 없으며, 이 천지부모에게 효도하는 길이 바로 동학의 길이라 하였다. 그러므로 동학에서는 자연을 형상 있는 한울님이라 한다. 또한 우리의 육신을 '몸 하늘(身天)'이라고 한다. 그러므로 수운은 「포덕문」에서 한울님과 그 조화 능력이 다른 곳에 있는 것이 아니라 바로 사계절이 돌아가고 밤과 낮이 바뀌는 자연 순환에 뚜렷하게 나타나 있다고 한다. 해월은 한울님과 그 조화 기운이 다른 곳에 있는 것이 아니라 밥 한 그릇 안에 다 들어 있다고 하였다. 의암은 우주는 성령의 표현이라고 하였다. 물질이란 마음 기운이 묶은 대로 굳어져 버린 성품이라 하겠다.

이렇게 본다면 자연 사물을 그 궁극에까지 분석해 들어가면 결국 비고 고요한 한울님과 만난다고 할 수 있다. 자연 사물이란 하나의 우주 기운이 다양하게 굳어진 것일 뿐이다. 그 근본 재료와 근본 이치는 결국 하늘인 것이다. 신과 자연이 따로 있는 것이 아니라, 신은 보이지 않는 하늘이며 자연은 보이는 하늘일 따름이다. 신과 자연은 하나의 안과 밖인 것이다.

사람의 마음은 자연 사물을 창조해 내고 변화시키는 우주 기운에 완전히 소통할 수 있다고 한다. 동학에서는 이를 조화정造化定 또는 외유기화外有氣化라고 표현한다. 창조하고 변화시키는 우주 기운에 내 마음 기운이 완전히 하나로 통할 수 있다는 뜻이다. 이렇게 되면 사람의 마음은 자연이 창조하고 변화시키는 기운을 운용할 수 있게 된다. 흔히 이를 '조화를 부린다'고 표현한다. 자연 사물을 창조하고 움직이는 근원적인 기운을 사람은 마음으로 운용할 수 있다는 것이다. 조화정은 물질을 만들어 내고 움직이는 것이 곧 마음이라는 점을 주장한다. 여기에서 마음이란 일반 상식적인 현재의식을 뜻하는 것이 아니라 창조하고 변화하는 하늘의 기운에 소통한 마음을 뜻한다.

　우주 기운에 소통한 마음만이 자연 사물을 창조하고 변화시키는 기운을 자유로이 운용할 수 있다. 사람의 마음이 우주 자연의 기운과 소통하면 마음은 억지로 하지 않아도 자연처럼 저절로 모든 일을 이루어 낼 수 있다고 한다. 이를 동학에서는 무위이화無爲而化라고 하였다. 신과 자연은 사람의 마음으로 하나로 통일되었음을 밝힌 것이 동학의 독특한 통일 철학이다. 남북의 통일 철학이 아니라 신과 자연의 통일 철학인 것이다. 수운은 그러므로 '천지 역시 귀신이요 귀신 역시 음양'이라 하였다. 하늘과 땅 그리고 사람이 본래 하나인 줄 모르기 때문에 신과 사람 사이에는 건널 수 없는 심연이 가로 놓여 있다는 주장이 사람들을 현혹시키고 있으며, 또한 사람과 자연 사이에는 하늘과 땅처럼 벌어져 메울 수 없는 틈이 있다는 주장이 세상을 지배하고 있다. 그러나 실상은 신과 자연은 보이지 않는 하늘과 보이는 하늘일 따름이다. 또 달리 표현하면 신은 고요한 마음이요 자연은 활동하는 마음일 따름이다. 이 점이 명확하지 않았기 때문에 세상이 소란스러웠다는 것이다. 그러므로 알면 통하고, 통하면 하나로 돌아간다.

선가禪家에서는 일체의 집착을 놓으면(放下着) 실상이 보인다고 한다. 신이든 사람이든 물질이든 지금까지의 집착을 놓으면 오직 하나인 실상에 이른다고 한다. 근본 실상에 이르는 그 길이 통일의 길이다. 신도 자연도 환영일 따름이며 실상은 오로지 하나일 뿐이다. 하나라는 것은 허·공·무라는 뜻이다. 안다거나 움직인다는 것은 둘 이상이 있을 때 이루어지며, 아는 주체도 알려지는 대상도 아는 행위도 없을 때에는 모든 것이 고요하고 비고 없는 하나의 세계이다. 따라서 신이 있다거나 세상이 있다거나 또는 반대로 신이 없다거나 세상이 없다거나 하는 일체의 생각들은 마음이 만들어낸 환영이다. 모르는 사람은 분열시키지만 아는 사람은 통일시킨다. 그리하여 고요의 세계로 들어간다. 신은 내 마음의 고요로 와 있으며, 자연은 내 마음의 무위이화 활동으로 와 있다. 천도에서 신과 자연은 하나로 통일된다.

3. 개인과 인민

『광장』이라는 소설은 남북의 생각의 차이를 대중적으로 비교적 잘 표현해 준 소설로 평가받는다. 소설로 다루어질 만큼 개인주의와 공동체주의는 남과 북을 이해하는 핵심 개념이다. 소설에서 주인공은 양 극단이 아닌 제3의 길을 선택하여 한반도를 떠나지만 우리는 제3의 길을 찾아 한반도를 떠날 수 없다.

　우리는 사람은 공동체적 개인이며 개인적 공동체의 존재라는 사실을 잘 알고 있다. 때로는 동굴 속에서 혼자 수도하고 사색하고 싶고, 때로는 광장에서 토론도 하고, 장사도 하고, 혁명도 하고 싶다. 왜 그런지에 대하여 철학적으로, 논리적으로 일관성 있게 제시하지는 못하지만 우리는 상식적으로 사람은 지극히 개인적이면서도 공동체적인 존재임을 잘 알고 있다.

　그럼에도 불구하고 우리는 왜 양 극단의 극한 대립이라는 현실 상황에서 벗어나지 못하고 있는가? 분단이 실상은 있지도 않은 개인과 계급이라는 편집증적 환영의 산물이라면, 통일은 실제로 피와 살을 가지고 생생하게 살아가는 상식적 삶의 회복이라 할 수 있다. 어쩌면 분단이라는 현실은 일부 극단적 환영주의자들의 힘의 의지가 정치·사회적으로 투영되었기 때문이라 할 수 있다. 그렇다면 환상을 현실로 착각하도록 만든 권력에의 욕망에서 벗어나는 것이 통일의 길이라 할 수 있다. 어떻게 하면 환영에서 벗어날 수 있는가? 그 실마리를 동학에서 찾아보자.

　개체주의와 계급주의에 매인 환영적 마음을 자유롭게 해 주는 데서 통일의 길이 열린다. 개체는 물리학의 원자atom처럼 근대 사회의 기초로 이해되었다. 그러나 계몽주의에서의 개인은 물리학의 원자처럼 이론적 가정에 불과하다. 사회와 정치의 기본 단위로서 이론적으로 요청되었을 따름이다. 실상 시간적인 역사성과 공간적인 사회성에서 독립된 개체는 존재하지 않는다. 즉 역사성과 의식의 중층성에서 자유로운 존재는 아무도 없다는 뜻이다. 개인이란 역사성과 중층적 의식을 통합하는 하나의 매듭이라 할 수 있다. 헤겔과 마르크스를 들지 않더라도 우리는 인간 존재의 역사성을 잘 알고 있다. 프로이드와 융을 거론하지 않더라도 현재의식 아래 거대한 잠재의식과 집단 무의식이 있음을 안다.

우리는 공동체의 기본 단위로서 자유주의처럼 개인을 설정할 수도 있고, 유가처럼 가족을 설정할 수도 있고, 계급론자처럼 계급을 설정할 수도 있다. 그러나 중요한 것은 인간 실존이 곧 개인, 가족, 계급이 아니라는 사실이다. 인간은 그 이상의 존재이다. 인간은 개인이면서 가족 구성원이면서 계급 구속적일 수 있다. 계급에서 그치는 것이 아니라 인간은 우주적·공동체적 존재다. 동양에서는 이 점이 일찍부터 강조되었다.

사람이 왜 우주적·공동체적 존재인가는 깊은 철학적 사색을 하지 않아도 상식으로 알 수 있다. 왜냐하면 사람은 밥을 먹고 물을 마셔야 살며, 산소를 들이쉬고 이산화탄소를 내쉬어야 살 수 있으며, 태양 에너지를 받아야 살 수 있고, 나아가 우주 에너지와 교감하여야 살 수 있는 존재라는 사실을 누구나 알 수 있기 때문이다. 인간은 우주적 존재인 것이다. 동학에서는 그러므로 인간은 우주적 존재이며 하늘의 기운과 한 순간도 떨어져 살 수 없는 존재라고 한다. 이것이 동학이 보는 인간의 실상이다. 모든 존재는 우주와 보이지 않는 줄에 의하여 연결된 연기緣起적 존재이다.

환경 파괴 때문에 생명 자체가 위기에 처한 오늘날 이러한 생명의 그물망 이해는 상식이 되고 있다. 토양 오염, 수질 오염, 공기 오염, 오존층 파괴, 자기장의 변화 등이 생명과 긴밀한 관계가 있다는 사실을 체감하면서 현대인에게 우주적·그물망적 존재로서의 사람은 이미 상식이다. 동학에서는 나와 다른 사람은 하나의 동포요(人吾同胞), 나와 자연 사물도 하나의 동포(物吾同胞)라고 한다. 이러한 우주적 인간 존재를 개체성으로, 계급성으로 한정하는 것은 하나의 이론적 가정은 될 수 있지만 실상과는 거리가 멀다. 틀린 가정에 입각한 이론은 일찍 폐기처분할수록 좋다. 비유하자면 한강이 우유라고 가정하여 세운 서울시 발전 계획은 빨리 폐기하고, 한강의 근본 실상에 기초하여 다시 발전 계획을 짜야 한다는 것이다.

모든 생명체는 보이지 않는 중심과의 관계망 속에서만 살아갈 수 있다는 인식은 매우 소중하다. 모든 존재는 가장 깊은 내면에 보이지 않고 들을 수 없고 생각할 수 없는, 허·공·무로 표현할 수밖에 없는 한울님과의 관계 속에서만 존재할 수 있다는 자각은 참으로 소중한 각성이다. 내 안에 이 존재가 있기 때문에 사람은 영적 주체가 될 수 있으며, 하늘과 똑같이 존엄할 수 있으며, 다른 사람의 말을 기다리지 않아도, 밖의 강요가 없어도 다른 사람의 마음에 통하여 공경할 수 있으며, 자연이 느끼는 것을 내 몸도 똑같이 느끼므로 자연을 하늘로 공경할 수 있는 것이다. 이 보이지 않고 들리지 않는 지경에 이르러야 사람은 물질(物相)에 물들지 않고, 자기 고집(我相)에 얽매이지 않고, 옥경대의 상제와 같은 신(神相)에 얽매이지 않아 스스로 자유롭게 된다. 의암은 이러한 경지를 '공도공행公道公行'이라 하였다. 이 마음이 있을 때 모두가 하나이며, 민民을 내 몸처럼 생각하고, 민을 내 자식처럼 생각할 수 있게 된다.

세상이 어지러워진 것은 공도公道와 공행公行이 사라졌기 때문이다. 나의 도가 있고, 너의 도가 있고, 나라의 도가 있고, 하늘의 도가 있고, 땅의 도가 있고, 사람의 도가 따로 따로 있는 것이 아니다. 도는 오로지 하나일 뿐이다. 천지인을 관통하고 남북을 통하고 동서고금을 회통한다. 이 길을 걸으며 이 도를 행하는 사람은 하늘이 하늘 일을 할 뿐이다. 해월은 '사람이 밥을 먹는다.' 하지 않고 '하늘이 하늘을 먹는다(以天食天).'고 말했으며, '사람이 사람을 가르친다.'고 하지 않고 '하늘이 하늘을 교화한다(以天化天).'고 했다. 그러므로 '나'라는 생각도 일이라는 생각도 무엇을 한다는 생각도 없다. 오로지 하늘이 스스로 그렇게 자연스럽게 운행하듯이 공도에 이른 사람은 모든 일을 하늘의 뜻에 따라서 자동으로 할 뿐이다. 이러한 경지를 무위이화無爲而化라 한다. 인위적으로 하지 않아도 자연스럽게 모든 일이 이루어진다는 뜻이다.

자연은 부자연스러운 것을 오래 용납하지 않는다. 남북은 이제 억지를 벗어던져야 한다. 부자연스러운 억지로부터 자유로워져야 한다. 개인이든 공동체든 질병은 부자연스러움에서 발생한다. 우주를 창조하고 변화시키는 근원적인 하나의 기운에 완전히 자유롭게 소통하는 존재가 사람이다. 그러한 완전 자유의 소통 구조를 인위적으로 가로막는 것은 부자연스러운 일이다. 사람과 하늘은 원래 하나로 그 소통에 막힘이 전혀 없다. 사람의 마음과 하늘의 마음은 본래 하나이다. 마음은 무한과도 소통하는 존재인데 다른 사람들과의 자유로운 의사 소통을 막는다는 것은 반 인간적인 행위이며, 반 자연적인 행위이며, 신의 뜻을 거역하는 행위이다.

기운과 마음처럼 장기적으로 볼 때 상품과 서비스도 자유롭게 무한 순환을 할 수 있도록 해야 할 것이다. 물론 해당 공동체의 역사적·사회적 상황에 따라서 속도 완급을 조절해야 하겠지만, 세계는 이미 하나로 소통되어 가고 있다. 이러한 흐름을 막을 수 있는 힘은 아무 것도 없다. 원래 세상은 모두가 서로 연결된 하나이기 때문이다. 세상만 하나일 뿐만 아니라 마음도 오로지 한 마음뿐이다. 기운도 오직 하나의 기운뿐이다. 분열과 대립의 상징이었던 남북이 지금까지의 환영을 벗어던지고 하나됨의 실상에 가까이 접근할 때 통일은 원치 않아도 자연스럽게 올 것이다. 벗어던질 수 없는 암울함을 묵은 때 벗기듯 시원하게 초탈하여 본래의 실상을 회복할 수 있을 것이다. 통일이라는 것은 자기가 본래의 자기를 회복하는 것 이외에 다른 것이 아니다. 다른 민족을 통합하는 것이 이 나라 본래 하나의 민족이 본래 하나로 돌아가는 것이 통일이다.

4. 하나로 돌아감

수운은 '산하의 큰 운수가 모두 이 도로 돌아온다(山河大運 盡歸此道).'고 하였다. 또는 '모든 일이 한 몸으로 돌아온다(同歸一體).'고 하였다. 이 때 '이 도'와 '한 몸'은 무엇을 뜻하는가? 무극대도無極大道 또는 천도天道라 할 수 있다. 천도는 우주의 중심 또는 허·공·무 虛空無라 부를 수 있는 빈 하나의 중심을 뜻한다고 할 수 있다.

수운은 '오직 중을 잡는 것은 사람이 할 바(惟一執中 人事之察)'라고 하였다. 중은 마음의 중심을 뜻하며, 마음의 중심은 성품(性)이라 할 수 있고, 성은 곧 하늘을 의미한다. 맹자는 마음을 다하면 성품을 보고, 성품을 보면 하늘을 알게 된다고 하였다. 다시 말해 사람의 일(人事)은 매매사사에 잊지 않고 한울님을 믿고, 한울님을 공경하고, 한울님께 정성 들이는 일이다. 종교적으로 들릴 수 있지만 실상은 자기가 자신을 믿고, 자기가 자신을 공경하고, 자기가 자신에게 정성 들이는 일이다. 동학은 모든 인간이 한울님을 자각케 하고, 한울님으로 기르기 위하여 탄생하였다고 할 수 있다.

　수운은 동학을 천황씨의 운에 비유했다. 천황씨의 운이란 인류 역사상 처음으로 사람이 태어나고, 처음으로 도와 덕을 가르친 스승이 나타났으며, 처음으로 한 공동체의 왕이 탄생한 운이다. 수운의 뜻은 지금까지와는 다른 새로운 문명의 탄생을 말하고 싶은 것이다. 지금까지의 인류 역사와는 완전히 다른 참사람이 태어나고, 참 교육이 등장하고, 참 정권이 태어나는 것이다. 문명 차원의 대기획이다. 동학에서는 다시개벽 또는 후천개벽이라 부른다.

　통일은 우리 눈이 평면에 머물러 서로 다른 둘을 종합하는 것이 아니라, 우리 눈이 피라밋의 꼭지점에 이르러 평면에서는 서로 다르게 보이지만 본래 하나였다는 사실을 자각하는 일에서 출발한다. 거짓을 벗어던지고 실상을 회복할 때 통일은 원치 않아도 저절로 도래한다. 남북 통일은 새로운 생각에서만 나올 수 있다. 어진 기운으로 만물을 살리는 봄 기운과 만물을 불평 없이 엄정하게 죽이는 숙살의 가을 기운은 어떤 경우에도 양립할 수 없는 대립 모순이지만, 계절의 중심에서 보면 우주 기운의 두 측면일 따름이다. 두 기운을 서로 조화시키면 생명이 번창하고 두 기운을 서로 조화시키지 못하면 죽음이다. 음과 양의 조화에서 우주 만물이 탄생하였다. 그 음양 조화를 이루는 힘이 하나의 혼원한 기운이다. 마음으로 이 하나의 혼원한 기운에 통하는 길을 천도라 하며 집중이라 한다. 통일은 모순을 새로운 차원으로 통일시켜 새로운 생명을 탄생시키는 길이다. 남북이 통일되기 이전에 내 마음이 천지와 먼저 통해야 한다. 그러면 남북 통일은 현실로 성큼 다가올 것이다.

|참고문헌|

東學農民戰爭史料叢書編纂委員, 1996, 『東學農民戰爭史料叢書』1-30, 史芸硏究所.
鄭喬, 「大韓季年史」, 『東學農民戰爭史料叢書』4.
崔起榮·朴孟洙 編, 1997, 『韓末天道敎資料集』1·2, 서울: 國學資料院
韓國學文獻硏究所 編, 1979, 『東學思想資料集』壹貳參, 亞細亞文化社.
韓國學文獻硏究所 編, 1979, 『東學思想資料集』壹, 亞細亞文化社.
韓國學文獻硏究所, 1979, 『東學思想資料集』2, 서울: 아세아문화사.
黃元吉註解, 中華民國五十七年, 『道德經精義』, 臺灣: 自由出版社.
『論語』
『道德經』
『東經大全』
『孟子』
『용담유사』
『周易』
『中庸』

김지하, 1995, 『이야기모음-밥』, 솔.
老子/오강남 풀이, 1999, 『道德經』, 현암사.
牟宗三, 1997, 『中國哲學十九講』, 北京: 上海古籍出版社.
牟宗三, 1998, 『心體與性體』, 一二三, 臺北: 正中書局.
앤서니 기든스 지음/한상진·박찬욱 옮김, 2000, 『제3의 길』, 생각의나무.
오문환, 1999, 「시민사회의 사상: 시민정부·부르주아·공공영역」, 이신행 외, 『시민사회운동: 이론적 배경과 국제적 사례』, 법문사.
오문환, 2000, 「등소평의 개혁적 안정주의와 중용사상」, 『대한정치학회보』제8집2호.

오문환, 2003, 『해월 최시형의 정치사상』, 모시는사람들.
오문환, 2003b, 『동학의 정치철학: 도덕·생명·혁명』, 서울: 모시는사람들.
오익제, 1988, 「동학사상과 통일이념」, 『통일논총』, 천도교중앙총부.
유동환, 1998, 「칸트 철학의 유학적 재해석: 모종삼의 도덕 형이상학을 중심으로」, 『시대와 철학』9, 한국철학사상연구회.
李敦化, 1982, 『新人哲學』, 천도교중앙총부.
이돈화, 1970, 『天道敎創建史(영인본)』, 서울: 경인문화사.
임마누엘 칸트/백종현 옮김, 2003, 『실천이성비판』, 아카넷.
임형진, 2004, 『동학의 정치사상: 천도교 청우당을 중심으로』, 모시는사람들.
趙基周 編著, 1982, 『東學의 原流』, 서울: 天道敎中央摠部.
天道敎中央總部, 1981, 『天道敎百年略史』, 天道敎中央總部.
天道敎中央總部, 1993, 『天道敎經典』, 天道敎中央總部出版部.
최재희, 1982, 『칸트의 생애와 철학』, 태양사.
프리초프 카프라/김용정·김동광 옮김, 1999, 『생명의 그물』, 범양사출판사.

Gray, John, 1990, *Liberalisms: Essays in Political Philosophy*, London and New York: Routledge.
Habermas, Jürgen, 1981, *Theorie des kommunikativen Hadelns Band 2 -Zur Kritik der funktionalistischen Vernunft*, Frankfurt am Main: Suhrkamp Verlag.
Husserl, Edmund, 1954, *Husserliana Bd. VI. Die Krisis der europäschen Wissenschaften und die transzendentale Phäomenologie*, hrsg, von W. Biemel.
Husserl, Edmund. Translated. with and Introduction by David Carr, 1970, *The Crisis of European Sciences and Transcendental Phenomenology*, Evanston: Northwestern University Press.

Jullien, Francois, 2004, 「孟子의 惻隱之心과 루소의 동정심 Sympathy」, 동아시아학 해외 석학 초청 집중강좌 발표논문. 성균관대학교 600주년기념관. 2004.10.14.

Kant, Immanuel, 1954, *Grundlegung zur Metaphysik der Sitten*, Vorlaender.

New York Times. 13 July 2004.

Strauss, Leo/Translated by Elsa M. Sinclair, 1963, *The Political Philosophy of Hobbes*, Chicago and London: The University of Chicago Press.

Strauss. Leo and Joseph Cropsey, 1981, *History of Political Philosophy*, The University of Chicago Press: Chicago and London.

Wittgenstein, Ludwig/trans. C.K. Ogden, 1981, *Tractatus Logico-Philosophicus London*, Boston: Routledge & Kegan Paul Lt.

|찾아보기|

【ㄱ】

가상세계 84
가상현실 84
가을 116
가정 124
가족 253
가치관 243
각심 36, 158, 178, 184
각자위심 43, 203
감옥 75
강령 42, 44, 148
강령주문 42, 164
개벽 18, 19, 34, 36, 38, 46, 52, 59, 81, 89, 91, 95, 97, 105, 106, 113, 114, 117, 139, 177, 178, 204, 211, 237
개벽 사회 235
개벽운수 90, 175
개인 200, 252, 253
개인적 공동체 252
개인주의 219, 251
개체 227
개체 의식 229
개체성 211, 221, 238, 240, 254
개체적 공동체성 239
개체주의 239, 252

객관적 도덕법 210
객관적 보편법 210
거짓 81, 172
견성 36, 158, 178
견성각심 32, 34, 35, 59, 194
경물 38, 156, 236
경전 16
경험성 194, 195
경험적 191
계급 231, 252, 253
계급 독재 233
계급 의식 229, 231, 232
계급론 229, 253
계급성 229, 236, 254
계급주의 219, 252
계급투쟁 231
계몽주의 186, 230
고요한 마음 26, 30, 57, 71, 251
고요한 성품 36, 57, 158, 177, 194, 208
공감 230
공경 46, 95, 101, 123, 127, 128, 130, 135, 198, 213, 256
공공적 135, 194
공기 43, 115
공도공행 174, 232, 254, 236
공동체 24, 41, 43, 50, 64, 80, 90, 176, 197, 212, 253, 257
공동체론 230, 231
공동체성 230, 236, 238, 239
공동체적 개인 252

공동체적 개체성 239
공동체주의 239, 251
공맹 127, 202
공부 36, 41, 53, 57, 61, 67, 70,
    86, 132, 137, 176, 202
공산 사회 233
공산당 236
공산주의 51, 217, 243
공자 104, 125, 128, 202
공화심 177, 208
공화주의 200
과학 17, 62, 83, 122
과학자 80
관계성 224
광장 251
광제창생 35, 139
괴질운수 41, 91
교 31
교육 22, 30, 36, 53, 80, 98, 213
교육 철학 36
교육관 41
교정쌍전 51, 55
교화 41
구미산 59
구원 38
국가 91, 99, 229
군자 60, 138, 189, 201, 202
군자 사회 201
궁궁 27, 164
궁궁심 33
궁을심 33, 49

권력 51, 55, 72, 78, 99, 179, 183,
    214, 222, 234, 242, 252
귀신 21, 57, 59, 100, 192, 246
그로티우스 212
극기복례 202
극락심 177, 208
근대성 217, 221, 243, 244
근대인 179
근본 15, 18, 58, 67, 77, 92, 100,
    114, 133, 149, 168, 185, 205,
    251
기둥 77
기연 125, 136
기운 27, 44, 58, 61, 65, 101, 162
기운 공부 57, 61, 67, 70
기화 162, 192, 239
김지하 156
꽃소식 59

【ㄴ】

나막신 29
남 246
남북 254
내면적 보편법 210
내면적 보편성 203
내성외왕 183
내세 112
내수도 73
내수도문 129, 135
내유신령 26

내칙 140
냉전 217
노동 231
노동 계급 233
노이무공 97
노자 145
노장 24
논학문 149

【ㄷ】

다시개벽 20, 23, 25, 31, 41, 43, 45, 47, 52, 54, 57, 89, 90, 97, 106, 110, 123, 213, 257
다양성 71, 82
단련 61
대기 116
대덕 40
대도 40, 130
대생명 146, 155
대승기신론 109, 184
대아 226
대인 60, 95, 127, 190
대인접물 39, 183
대자유 137
덕 28, 34, 41, 48, 95, 99, 124, 133, 213, 236
덕론 183, 202
덕성 128, 211
덕치 99, 202, 228, 236
덕행 165, 166, 183, 203, 211

데카르트 179, 221
도 28, 41, 58, 111, 121
도가 48
도덕 21, 24, 37, 40, 51, 53, 55, 80, 103, 182, 184, 188, 194, 196, 212, 214, 236
도덕 교육 41, 53
도덕 문명 48, 50, 52, 53, 80, 123
도덕 생명 143
도덕 실천 193, 196, 205, 209, 211
도덕 실천론 209
도덕 완성 190
도덕 정치 22, 48, 51, 213, 228
도덕 철학 187
도덕 형이상학 40, 183, 189, 194
도덕론 196
도덕문명 22
도덕법 182, 184, 197, 199, 210
도덕성 181, 188
도덕의 형이상학 182, 187, 188, 189, 197, 211, 212
도덕적 시민 182, 196, 201
도덕적 인격 196
도덕행 204
도론 183
도법자연 48
도성덕립 35, 59, 213, 242
도심 18, 33, 37, 71, 170, 226, 248
도인 138
도통 96, 156
도학 122

도학일여 59
동감 222
동귀일심 110
동귀일체 110, 238, 256
동서고금 255
동양 40, 51, 122, 143, 171, 183, 185
동양 문명 22, 154
동양 철학 40
동일성 82
동정심 181, 186
동조 148
동포성 167
동학 26, 30, 35, 38, 57, 60, 73, 80, 90, 110, 128, 143, 151, 162, 183, 189, 192, 194, 196, 202, 209, 217, 219, 220, 223, 227, 231, 233, 234, 236, 238, 240, 243, 246, 250, 253, 257
동학혁명 51, 224
두려움 102
드러난 세계 248
득의 97
등소평 218
땅 29, 34, 35, 57, 89, 96, 121, 155, 250

【ㄹ】

레닌 233
로크 200, 222

루소 181, 186, 220, 222, 230

【ㅁ】

마르크스 181, 230, 231, 232, 253
마르크시즘 236
마음 17, 21, 29, 30, 33, 36, 46, 51, 57, 58, 61, 63, 64, 70, 73, 75, 76, 79, 85, 103, 108, 111, 113, 135, 139, 142, 145, 159, 164, 194, 204, 238, 241, 247, 250
마음 기운 48, 57, 69, 87, 100, 106, 162, 169, 192, 196, 234, 248
마음공부 22, 30, 36, 38, 39, 43, 57, 58, 60, 63, 66, 72, 75, 86, 113, 159, 160, 227
마음기둥 78
마탈심 171
만국병마 115
만물 화생 42
만사지 73, 100, 150, 197
만화귀일 245
매트릭스 84
맹자 202, 256
머슴 206
며느리 34, 206
명 102, 104
명령 62
명예욕 134
모더니티 179, 223, 244

모종삼 40, 143, 183, 184, 189
목적의 왕국 182, 184, 200, 211, 223
몸 29, 59, 61, 85, 111, 159, 204
무궁 74
무궁조화 26, 54, 78, 162, 185, 192
무궁한 나 240
무극대도 22, 26, 78, 153, 162, 185, 192, 256
무릉도원 39
무왕불복 46, 48, 62, 121
무위이화 22, 26, 48, 71, 81, 101, 110, 157, 162, 165, 210, 224, 236, 250, 255
무위자연 157
무체법경 34
무형 158
무형계 226
무형의 개벽 115
무형의 하늘 163
무형천 158, 159
문명 21, 24, 30, 42, 49, 60, 66, 68, 90, 98, 123, 176, 212, 213
문명사 97
문명적 개벽 214
문화 129, 213
물상 254
물오동포 28, 46, 206, 233, 236, 254
물욕 134
물질 63, 80

물질 문명 129
물질계 225, 226
민족 자주 220
민주 집중제 234
민주주의 51, 234
믿음 48, 108, 123, 124, 126, 128, 137
밀 223

【ㅂ】

바다 68
밝음 92, 95, 103
밥 28, 43, 124, 156, 249
배아 줄기세포 141
범인 207
법 227
법문 86
변화 165, 250
병 68
보수 218
보편법 182, 188, 195, 200, 212
보편성 188, 195, 197, 199, 202, 204
보편적 시민법 212
본래의 나 39, 75, 93, 101, 129, 153, 176, 207, 209, 225, 226, 228, 240, 247
본래의 마음 49, 93, 210, 240, 249
본래적 존재 199
본성 18, 58, 80, 131, 153, 189,

201, 202, 237
본성계 225
본심 18, 170, 203, 226, 237
본주문 32, 42, 149
본질계 181
본체 18, 26, 32, 58, 95, 153
본체론 33
본체론적 209
부모 25, 37, 79,
부처 48, 125, 128
부처님 247
북 246
분단 243, 252
분석적 방법 186
불가 32, 162
불교 170, 184
불로장생 130
불사약 78, 130
불생불멸 85
불성 125, 126, 136, 144, 153, 189
불연기연 23, 44, 144, 192, 212
불효 37
붓디 18, 71
브라마 109
비트겐슈타인 145
뿌리 77

【ㅅ】

사계절 249
사람 24, 26, 30, 38, 52, 59, 89, 92, 96, 100, 128, 129, 196, 250
사랑 48
사상 243
사인여천 38, 183, 197, 206, 209
사회 67, 229
사후 세계 112
삼라만상 87, 133, 248
상극 42
상제 122, 247
상품 255
상호성 200
상호주의 200
생명 27, 29, 80, 100, 103, 141, 145, 149, 150, 154, 160, 169, 172, 174, 177, 185, 228, 238, 257
생명 복제 141
생명 사상 149
생명공학 142
생명과학 142
생명관 149
생명의 중심 161
생명의 활동 161
생명체 141
생명학 143
생태계 67
생활 125, 137
생활 세계 180
서구 51, 122, 185, 227
서양 40, 171

서양 철학 40, 124
선 48
선가 57, 251
선악 107, 111
선천 도덕 문명 212
선천 문명 24, 154
선한 자유의지 182, 183, 184, 187, 195, 212
선험성 184, 188, 191, 192, 194, 195, 204
성 32, 34, 58, 79, 100, 139, 157, 166, 256
성경신 140, 196
성공 97
성령 249
성령출세설 163
성심 32, 59, 170, 194, 248
성심론 32, 161, 170, 196
성심신 159
성심쌍전 59
성심일여 59
성인 60, 107, 171, 189, 207
성천 159, 160
성품 34, 36, 49, 71, 79, 159, 169, 194
성품 공부 57, 72, 82
성학 143
세계 126
세상 72, 85
소리 61
소립자 16

소비에트 234
소인 127
소크라테스 122, 124
소통 44, 67, 157, 177, 196, 244, 255
수도 31, 39, 72
수련 61, 62, 67, 81, 82
수령 235
수령론 229
수심 204
수심정기 32, 36, 38, 39, 40, 41, 54, 59, 69, 211
수양 228
수양론 59, 92
수운 20, 23, 28, 30, 31, 34, 36, 40, 44, 49, 52, 107, 121, 123, 125, 127, 133, 137, 152, 154, 159, 175, 191, 195, 203, 209, 212, 220, 226, 236, 246, 249, 256
수운 52, 57, 69, 73, 77, 86, 91, 95
수운 심법 28
수행 60, 175, 186
수행론 189
순수이성 180, 181
순수이성비판 188
순환 133
스승 25, 98
습관천 157, 159
시민 200
시민 사회 188, 201, 223

시민론 199
시원 15, 18
시장사회주의 218
시정지 117
시중 136
시천주 26, 32, 43, 58, 147, 149, 151, 155, 157, 164, 271, 192, 224, 247
식고 58, 96, 156, 193, 196, 206
신 39, 49, 83, 122, 246
신령 43, 151, 153, 162, 192, 224, 239, 240
신비 44
신선 60, 138
신성 189
신인간 138, 210
신인류 97
신천 159, 160, 249
실상 72
실천론 150, 196
실천성 192
실천이성 181, 186, 209
심 32, 100
심고 64, 136
심령 148, 159, 164
심법 34, 58
심성 수련 210
심성론 58, 170
심천 159
심학 27, 31, 42, 62, 142, 160, 186, 202, 203, 241

심학자 16

【ㅇ】

아내 175
아버지 23
아브라함 122
아상 254
안심가 175
앤서니 기든스 218
양수 45
양심법 210
어린이 34, 155
어머니 23, 29, 131, 155
여성 140
여세동귀 21, 50
여여심 238
여호와 247
역 144, 161, 190
연기 168
연방제 217
영구 평화 177, 182, 211, 212
영구 평화론 210
영국 218
영부 53, 164
영생 78, 84, 112
영성 54, 59, 71, 142, 224, 239
영성적 주체성 220
영세불망 197
예수 48, 124
오만년 74, 78, 97

오심즉여심 57, 203
옥경대 25
옴 16
왕양명 202
외면적 보편성 202
외유기화 26, 250
요순 99, 127
용담 59, 68
우리나라 91
요순 98, 170
우주 16, 29, 32, 39, 44, 78, 82, 89, 93, 99, 106, 116, 122, 127, 131, 139, 148, 155, 163, 170, 193, 206, 213, 223
우주 기운 43, 45, 47, 50, 59, 177, 194, 196, 249, 250
우주 만물 30, 34, 42, 58, 79, 171
우주 순환 106
우주 의식 43
우주 자연 194, 196
우주론 59, 196, 209
우주적 공동체 220, 229, 233, 235, 236, 240
우주적 공동체주의 232
우파니샤드 16
운 23, 49, 52, 78, 257
운동 41
운수 52, 90, 114, 256
원리원소 32, 79, 169
원효 161
위기 66

위기지학 202
위선 81
위위심 35, 78, 157, 170, 172, 178, 206, 225, 236, 248
유가 23, 32, 48, 125, 170, 183, 184, 201, 253
유물 219
유물론 239, 246
유신론 246
유심 219
유심론 239
유일신 128
유정천 157, 159
유토피아 41, 233
유학 36
유형의 개벽 115
유형의 하늘 163
육신 139
윤리 37, 196
윤집궐중 51
융 253
은덕 25, 133, 204
은혜 204
음수 45, 116, 168
음양 42, 101, 164, 168, 176, 191, 249, 256
음양론 163
음양오행 27, 42, 147
의식 혁명 38
의암 32, 34, 36, 45, 51, 59, 64, 69, 79, 86, 93, 115, 129, 133,

136, 152, 157, 159, 163, 170,
173, 194, 196, 206, 208, 225,
228, 248, 249
이기론 33, 161
이기일원 59
이돈화 219
이론이성 186
이상정치 125
이성 180, 230, 247
이신환성 49, 117, 160
이원론 191, 195
이원성 95, 125
이원화 66
이천식천 156, 193, 233, 255
이천화천 255
이타심 177, 208
이학 143
인간관 220
인간관계 241
인간론 33, 196, 209
인격 142, 241
인과법 62, 159
인권 199, 222
인내천 185
인도 89
인류 97
인명재천 150
인문 정신 128
인민 234
인민 민주주의 220
인심 166

인심개벽 213
인의 122
인오동포 28, 46, 206, 233, 236, 254
인의 201
인의예지 36
인치 99
일반 의지 181, 200, 222
일상생활 39, 41
일상적 124
일성일쇠 133
일심이문 184
일원론 192, 195, 239
일원성 194
일원적 191, 220
입문 149

【ㅈ】

자기 결정력 243, 244
자기장 116
자리심 177
자본주의 217, 243
자비심 48
자신 72
자연 49, 96, 122, 128, 211, 240,
246, 255
자연 만물 52
자연 문명 49
자연 사물 32, 250
자연 숭배 128
자연관 248

자연론 33
자연주의자 122
자유 38, 60, 174, 189, 219, 227, 241
자유 민주주의 51, 220, 241
자유 방임주의 222
자유권 200
자유심 157, 173, 177, 194, 208, 225, 234, 237
자유의지 102, 181
자유주의 253
자율 189
자재연원 98
자주 182, 189, 218, 235
잠긴 세계 248
전쟁 66
전체주의 229
절대 명령 188
절대신 128
절대왕정 227
절대자 105
절대정신 229, 231, 232
정기심 233
정성 34, 38, 77, 92, 94, 121, 127, 132, 134, 167, 205, 225, 246, 256
정시정문 74, 110
정치 50, 55, 99
정치 철학 51, 218
제3의 길 218, 251
조화 27, 32, 34, 36, 42, 52, 58, 67, 162, 165, 166, 192, 228, 238, 240, 249
조화 공부 82
조화 기운 240
조화정 26, 150, 151, 160, 165, 192, 224, 231, 250
존엄성 128
존재론 150, 209
종교 22, 31, 55, 110, 124, 243
종교 문명 129
종교 혁명 38
종말론 41
종합적 방법 186
주관적 도덕법 210
주권 200, 222
주렴계 164
주문 31, 53, 60, 65, 133, 146, 166
주문 공부 41
주인 129
주체 179, 185, 221, 226, 229, 233
주체 철학 235
주체성 197, 198, 199, 221, 224
주체의 철학 179
주체적 존재 199
주희 143
죽음 257
중국 143, 218
중도 81
중심 248, 256
중용 31, 94, 123, 132, 136, 166, 190

즐거움 83
지금·여기 15, 86
지기 27, 37, 42, 161, 164, 220, 238, 249
지기일원론 220
지리 105, 121, 122
지상천국 35, 39, 49, 80, 210, 213, 235,
지천명 104
지축 105
지행합일 196, 209
지혜 65, 95, 103
진리 24, 25, 110, 122, 185
진보 218
진시황 78, 84
진심 204
질병 42, 53, 130
집중 95, 257

【ㅊ】

참나 153, 226
참사람 22, 23, 30, 31, 212
창조 165, 248, 250
창조성 166
천고청비 71
천국 83, 95
천덕 35, 36, 40, 57, 89, 96, 98, 108, 165, 166, 184, 192, 195, 196, 201, 203, 205, 209, 211, 213, 203, 213, 256

천도교 26, 58, 60, 65, 73, 80, 110, 219, 220
천도교 청우당 220
천명 31, 121, 178, 202, 234, 245
천생만민 150
천시 105, 166, 170
천심 18, 33, 37, 71, 166, 170, 203, 226, 248
천인합일 165
천주 20, 24, 25, 29, 31, 32, 34, 37, 40, 52, 77, 80, 87, 151, 152, 156, 160, 162, 191, 192, 194, 196, 224, 238, 240, 246,
천주조화 31, 161, 213
천지 101
천지 조화 34, 37, 129, 132
천지개벽 20
천지부모 27, 34, 35, 58, 96, 133, 152, 154, 178, 193, 194, 196, 205, 225, 226, 234, 236, 241, 248, 249
천지이기 168
천지인 190, 254
천황씨 22, 23, 30, 50, 78, 90, 98, 99, 114, 122, 154, 212, 257
철학 124, 189, 243
초월성 204
최소 국가 200
충 99
충성 48
측은지심 186

【ㅋ】

칸트 180, 181, 183, 184, 186, 188, 191, 192, 195, 196, 199, 200, 201, 203, 209, 210, 212
클론 142

【ㅌ】

탄도유심급 28
태교 140
태극 27, 164
태극도설 164
통속 124, 125
통일 228, 238, 240, 243, 252, 257
통일 국가 242
통일 철학 217, 218, 243, 250

【ㅍ】

파동 148
팔절 24, 89
평등 219, 236, 237, 241
평화 174, 178
평화 통일 217
포덕천하 35
포스트 모더니스트 179
포태 52
포태지수 97, 114
프로이드 253
프롤레타리아트 229, 231, 236
필연성 188

【ㅎ】

하나 47, 82, 84, 131, 162
하나님 125
하늘 30, 35, 52, 57, 65, 89, 92, 98, 100, 104, 121, 152, 172, 192, 204, 206, 240, 246, 249, 250, 256
하늘 기둥 112
하늘 마음 20, 33, 38, 81, 117, 128, 203, 207
하늘 명령 35, 165
하늘 성품 31, 48
하늘길 108, 110
하늘나라 25
하늘의 덕 95
하늘의 명령 102
하버마스 180
학 58
학문 39
한국 218
한글 147
한마음 171, 249
한민족 243
한반도 217, 243
한울님 101, 109, 127, 129, 134, 138, 147, 152, 206, 246, 256
합기덕 233

합동 96
합리성 181
합리적 개인 182
해방 39, 62, 147, 238, 240
해월 24, 28, 34, 40, 46, 52, 58, 69, 73, 76, 86, 92, 111, 114, 123, 127, 129, 131, 133, 137, 140, 152, 154, 159, 164, 167, 172, 193, 195, 205, 206, 209, 214, 225, 236, 249
해탈 60, 227
핵무기 217
핵문제 67
허공무 184, 226, 251, 254, 256
헤겔 230, 231, 232, 252
헤브라이즘 122
헬레니즘 122
혁명 237
현대 131
현대 과학 65
현상계 181
현상학 180
현상학자 179
협동 28, 67, 177
형이상 32, 142, 194
형이상학 151, 196
형이하 32, 194
호혜성 200
혼원일기 27, 33, 37, 42, 52, 161, 164, 238, 249
홉스 221

화복 107, 111
활동 26
활동성 169
활동하는 마음 26
활발 160
활발한 마음 208
활활발발 195
황제 79
효 48
효도 96, 193, 194, 196, 206
후설 180
후천 21
후천 도덕 30
후천 도덕 문명 212
후천 문명 30
후천개벽 20, 30, 31, 40, 41, 43, 45, 47, 50, 52, 89, 106, 110, 123, 213, 214, 235, 257
후천개벽론 210
휴머니즘 128
흄 181

【기타】

13자 149
21자 149
3·1독립 운동 224
3·1운동 51

다시개벽의 심학

등록 1994.7.1 제1-1071
인쇄 2006년 1월 5일
발행 2006년 1월 15일

지은이 오문환
펴낸이 박길수
펴낸곳 도서출판 모시는사람들
　　　110-775/서울시 종로구 경운동 수운회관 1303호
전화 735-7173, 737-7173 / 팩스 730-7173

편집디자인 이주향
출　력 삼영그래픽스(02-2277-1694)
인쇄·제본 (주)상지피엔비(031-955-3636)
홈페이지 http://www.donghakbook.com

값은 표지 뒷면에 있습니다.

ISBN 89-90699-35-5
(세트) ISBN 89-90699-10-X